复杂工程管理书系
理论研究与探索丛书

跨组织项目网络组织间学习机制与策略研究

Research on Inter-Organizational Learning Mechanism and Strategy of Inter-Organizational Project Networks

吴智磊　乐　云　著

同济大学出版社
TONGJI UNIVERSITY PRESS

前　言

近年来，社会分工专业化的深入促使组织间合作兴起。跨组织项目是一种重要的临时性组织间合作方式，可以在特定时间内充分发挥各组织在不同资源和能力上的专业化优势，以实现对项目共同资源的整合和开发。然而，随着项目复杂性的提升和外部环境动态变化的加剧，跨组织项目对项目参与组织知识和能力的多样性和复合性要求越来越高，项目参与组织迫切需要寻求快速提升组织知识和能力的路径与方法。

组织间学习是知识和能力提升的捷径，而跨组织项目为项目参与组织开展组织间学习实践提供了有利的条件。然而，现有跨组织项目情境下的组织间学习实践存在弊端：项目中不同层次和不同组织主导的组织间学习实践缺乏互动性，各个组织间学习实践局限于对局部项目知识资源的探索和利用，未能充分发挥整个项目组织在知识创造、整合和利用中的规模效应，对各个组织知识和能力水平的提升存在"孤岛效应"。产生学习问题的根源在于项目管理实践者对跨组织项目情境下的组织间学习机制缺乏全景式考察和系统性认识，未考虑个体和组织学习行为在整个项目层次的涌现效应，对项目知识资源的整体利用和系统整合缺乏项目层次的策略设计。

随着项目管理理论的发展，不少学者认为，项目会嵌入组织间关系网络中，形成一种临时性组织间合作网络，即跨组织项目网络。网络学习理论认为，组织间关系形成的网络和组织一样具有学习功能，把学习主体从个体、组织、二元关系组织拓展到组织间合作网络，这为跨组织项目情境下网络层次的组织间学习研究提供新的研究视角。然而，受限于研究案例较少，网络学习机制和策略相关研究较为缺乏。

本书基于网络学习理论、元网络理论和双元学习理论，把跨组织项目网络作为研究对象，综合采用文献研究、元分析、专家访谈、系统建模和计算实验等多种研究方法对其组织间学习内在机制和学习策略选择问题进行了深入研究，为项目管理实践者破解跨组织项目情境下局部学习的"孤岛效应"困境、提升整个项目的组织间学习收益提供有益的理论指导。具体而言，本书主要的研究内容和研究结论如下：

第一，跨组织项目网络组织间学习机制影响因素分析。本书对 1991—2019 年跨组织项目情境下的组织间学习实证研究文献进行系统性梳理和元分析，以得出跨组织项目情境下组织间学习与关键影响因素关系的一般性结论。研究发现，不同研究视角下的跨组织项目组织间学习影响因素识别结果具有较高的一致性，组织间学习主要受到学习主体因素、组织间关系因素和项目环境因素的影响。其中学习主体因素中的学习意愿和相对吸收能力是最重要的影响因素，而项目环境因素对组织间学习过程的影响弱于学习主体因素和组织间关系因素的影响。研究对项目管理实践者的重要启示是：激发项目参与组织学习意愿，提高吸收能力水平和加强组织间合作关系是改进跨组织项目情境下组织间学习实践的重要发力点。

第二，跨组织项目网络组织间学习机制仿真模型构建。本书对跨组织项目网络组织间学习系统进行深入分析，识别了组织间学习过程和学习主体构成，厘清了学习主体、组织间关系和项目环境在学习过程中复杂交互作用机理，明确了组织间学习与组织内学习的相互动态转化机制，以此构建了跨组织项目网络组织间学习机制仿真理论模型。在此基础上，本书基于项目元网络构建方法和组织探索式—利用式学习仿真模型，实现跨组织项目网络组织间学习过程机制的可计算化，构建了相应的学习机制仿真模型，并验证了仿真模型的有效性，为跨组织项目网络组织间学习策略研究提供了方法和工具支持。

第三，跨组织项目网络组织间学习策略选择。本书从学习方式和学习资源层次配置两个维度对跨组织项目网络组织间学习策略进行细分，并基于不同项目网络组织情境探究了不同组织间学习策略对项目知识水平的影响机理，以此提出最优组织间学习策略选择。研究发现，项目网络的组织间学习策略选择具有权变特征，需要综合考虑学习目标和项目网络的组织特征进行决策。对于致力于培养个体精英和致力于培育优秀组织的项目网络，其最优组织间学习策略在学习方式上具有一致性，在学习资源层次配置上具有差异性。对于致力于推动项目共同创新的项目网络，其组织间学习策略需要和组织内学习策略以及个体和组织的知识水平差异性相适应。为此，本书提出了二维视角下的项目共同知识水平提升导向的组织间学习策略选择模型。本书的研究可以为项目管理实践者在跨组织项目情境下组织间学习资源的系统性配置决策提供理论依据。

本书研究的创新性主要体现在以下几方面:第一,本书首次将网络学习理论应用于项目管理领域,突破了现有项目情境下组织间学习研究视角和研究对象的局限性,为进一步打开跨组织项目情境下组织间学习过程的"黑箱"提供了新的研究思路;第二,本书的研究克服了现有实证研究方法对项目情境下组织间学习研究的局限性,通过构建跨组织项目网络组织间学习机制仿真模型,实现了组织间学习策略对项目知识水平动态影响机理的计算实验研究,在研究方法上具有一定的创新性;第三,本书的研究突破了现有项目管理领域单个组织学习视角下学习策略研究的局限性,提出了具有权变特性的跨组织项目网络整体性组织间学习策略选择方法,为项目管理实践者解决组织间局部学习问题提供了新的决策思路。

本书研究基于作者长期参与重大科研项目的工作背景而开展,是作者在同济大学复杂工程管理研究院工作学习的重要科研成果。本书的研究获得了国家自然科学基金重大项目"重大基础设施工程的组织行为与模式创新研究"(项目批准号 71390523)和面上项目"复杂项目组织能力与任务分配的适应性测度及优化"(项目批准号 71471136)的支持。在写作过程中,本书得到同济大学复杂工程管理研究院李永奎教授和众多研究生们的指导和帮助,在此衷心感谢他们为本书研究所付出的努力。

吴智磊

2020 年 6 月

目　　录

第 1 章

绪　论

1.1　研究背景

1.1.1　现实背景

随着社会分工专业化的深入，组织间合作成为组织提升自身竞争力的重要手段（彭新艳，2018）。跨组织项目指两个或两个以上组织在预设时间内协同工作实现合作目标的项目（Jones and Lichtenstein, 2009），具有临时性组织间合作组织特征。相比于单个组织内成立的项目型组织，跨组织项目注重基于特定项目合作目标形成的组织间合作关系对项目共同资源的整合和开发，以充分发挥各个组织在不同资源和能力上的专业化优势（Chroner and Backlund, 2015; Zhang et al., 2018）。同时，相较于联合经营体、组织间联盟等永久性组织间合作，跨组织项目的组织间合作关系可以根据不同项目情境进行适应性调整，以实现组织资源和能力的最大化利用（Zhang et al., 2018）。因此，兼具组织间合作组织和临时性项目组织的双重优点使跨组织项目在各个领域中得到普遍应用，以更好地实现资源的有效整合和利用。在建设工程领域，总投资超过 340 亿元的上海迪士尼工程项目，主要由 9 个园区/片区和配套基础设施构成，其项目合作参建单位达到 100 多家（鄢璐，赵奥，2016）。总投资超过 1 100 亿元的港珠澳大桥，其主体工程签约合作建设单位超过 50 家（朱永灵，曾亦军，2019）。在科学研究领域，根据国家自然科学基金委员会统计，我国国际（地区）合作研究项目的年度资助数量由 2006 年的 39 项增加到 2015 年的 151 项（魏芹等，2016），而申请数量 2018 年比 2017 年增加 18.2%（田起宏等，2019），这表明国家政策对跨组织科研项目的资助力度在逐步提升，以更好地支持跨学科和跨领域的科研合作创新。

随着项目复杂性的提升和外部环境动态变化性的加剧，跨组织项目对项目参与组织知识和能力的多样性和复合性要求越来越高，这使得项目参与组织很难完全具备项目任务所需的所有知识和能力要求（李永奎，2019）。传统的项目管理实践者主要采用科学的项目参与组织筛选机制，例如工程招标采购机制，对项目投标单位进行择优选择，以解决项目参与组织与项目任务和环境的不完全适应性（Watt et al.，2009；Yao and Ma，2012）。然而，随着项目复杂性和项目新颖性的提升，具备类似项目经验的组织在市场中越来越稀缺，组织筛选机制的边际效用逐步降低。在重大跨组织项目中，项目面临众多在项目技术和管理方面的全新挑战，且缺乏类似项目经验和项目案例可供借鉴，项目组织者很难从市场上寻找具备胜任项目任务所有知识和能力的组织。在港珠澳大桥工程项目中，项目多元体制的复杂性、标准规范的统一性和跨界通行的复杂性使得项目的实施和运营实践在全世界范围内缺乏可供借鉴的成功范例，尽管项目业主单位采用了科学的工程招标策略和方法对项目参与组织进行有效筛选，但在项目实施过程中项目参与组织依然面临工程技术、材料装备、寿命保障、工程管理、安全运营和绿色环保等多方面的项目挑战（高星林等，2016）。因此，项目管理领域的实践者和理论研究者需要转变解决问题的思路，探索新的解决项目参与组织对项目环境的不完全适应性的方法。

组织间学习是组织通过基于组织间共同准则的组织间知识交互和知识整合行为来快速提升组织知识和能力水平的有效途径（Larsson et al.，1998；Hamel，1991；Kale and Singh，2007）。在战略联盟、合作网络、供应链整合和企业集团化等永久性组织间合作组织中，各个组织通过组织间学习实现共同知识的创造、交互、吸收和应用，既促进自身组织的知识和能力水平提升，又有效提升了整个合作组织的知识水平和行业竞争力。在跨组织项目中，源于专业分工产生的知识异质性和能力水平差异性，不同项目参与组织在优势知识资源储备和知识交互需求上存在差异性，这为项目参与组织的组织间学习提供了契机。因此，利用跨组织项目中的组织间合作关系，开展有效的组织间学习活动，以快速提升项目参与组织的知识和能力水平，并促进组织间合作创新，逐渐被认为是提升整个项目组织对项目环境的适应性的重要路径。

不少跨组织项目参与组织的管理者对如何利用组织间学习，快速提升组织知识和能力水平进行了探索性实践。在上海世博会建设工程项目中，指挥部办公室（主要的业主管理单位）除了自身做强，加强管理之外，委托专业化的管理公司，通过与外部专业化咨询机构的互动学习来强化甲方的基本管理能力(胡延楣，2011)。在上海市级医院建设项目中，上海申康卫生基建管理有限公司(医院建设项目的代建方)，为了推进医院建设项目的科学管理，组织主要参建单位对上海10余年70余项医院建设项目的探索经验进行凝练和总结(吴锦华等，2015)。然而，无论是通过与外部专业咨询机构组织间交互学习，还是业主单位主导下的组织间知识整合学习，都局限于业主单位的学习视角，实质上是借助业主单位自身的组织间合作关系资源对其他项目参与单位知识资源的识别、转移、吸收和内化。因此，单个项目参与组织主导下的跨组织项目组织间学习实践是对项目知识资源的局部探索和利用，缺乏对整个项目中所有组织间学习机制的全景式考察和系统性分析，未能调动其他项目参与组织的学习能动性，无法充分发挥它们在知识创造、整合和利用中的规模效应，这使得学习实践对项目参与组织知识和能力水平提升存在“孤岛效应”[1]，容易陷入局部学习带来知识同质化和相对知识水平倒退的陷阱。

在跨组织重大项目中，项目管理实践者开始尝试从多个层次开展组织间学习活动，以支持各个项目参与组织对项目知识资源的有效探索和利用。在港珠澳大桥工程项目中，项目业主单位从3个层次对组织间学习和合作科研创新进行了规划:①在项目层次，由交通运输部组织，21家企事业单位和8所高等院校对外海厚软基大回淤超长沉管隧道建设技术、外海厚软基桥隧转换人工岛建设技术、海上装配化桥梁建设关键技术、混凝土结构120年使用寿命保障技术、跨境工程管理、防灾减灾及节能环保技术五方面工程建设的关键技术进行组织间合作探索学习；②在业主单位层次，业主单位采取学习国际合作伙伴的新管理理论和新技术，并在34个专题领域开展了组织间学习和合作科研工作，有效提升了业主单位的技术和管理水平；③在承建单位层次，各个承建单位也自行组织开展了160多项专题的探索性研究，以解决各自承担项目任务中的关键技术和管理问题(高星林等，2016；罗晓燕，苏权科，2018；朱永灵，曾亦军，2019)。然而，跨组织项目合作的临时性特征使得业主单位和各个承建单位的组织间探索性学习实践都是基于各

[1] “孤岛效应”是原指生态系统内的子系统与该系统其他组分间缺乏应有的物质交换与能量循环，而出现不相协调发展的封闭现象(解学梅，2010)。本书基于组织间学习情境对该术语的内涵进行了发展，指系统中的子系统与该系统其他组分间缺乏应有的知识交互，从而出现子系统知识发展和整个系统不协调、子系统知识水平提升可能明显落后于整个系统平均知识水平提升的现象。

自利益考虑，项目知识资源的获取和利用主要依赖于自身的组织间合作关系资源，不同层次和不同项目参与组织主导下的组织间学习实践缺乏互动性，这使得各个层次的组织间学习实践对项目知识资源的探索和利用是局部而分散的，缺乏有效的系统整合和优化配置。因此，如何对跨组织项目中各个项目参与组织主导的组织间学习活动进行系统性整合和顶层设计，以实现整个项目组织知识和能力水平的快速提升，解决项目参与组织知识和能力中的“短板”对跨组织项目管理者利用组织间学习，快速提升整个项目组织知识水平，具有重要的实践意义。

跨组织项目是一个复杂系统，涉及多个参与组织间的相互合作和协同的跨界行为，因此参与组织和组织内个体的学习行为具有层次性特征且存在相互交互，这使得不同组织间学习行为对整个项目知识管理的影响是各个学习主体相互交互共同作用的涌现。鉴于此，项目管理领域研究需要采用新的视角对跨组织项目情境下的组织间过程机制和学习资源配置决策进行系统性理论分析，为跨组织项目管理者更有效地开展组织间学习实践提供理论指导。

1.1.2 理论背景

组织间学习研究源于正式的组织间关系（Holmqvist, 2003b）。早期的组织间学习研究主要从学习组织自身出发，关注该组织与其他组织交互学习过程（Hamel, 1991; Kale and Singh, 2007; Larsson et al., 1998）。随着组织间关系研究的深入，Selnes 和 Sallis (2003)意识到组织间学习过程和组织间关系的互动性，提出了基于关系学习视角的组织间学习概念，突出了关系学习双方在学习过程中共同解释和知识整合行为。关系学习研究把组织学习主体从单一组织拓展到了关系组织二元体，为组织间双边合作学习实践提供了理论指导（Albort-Morant et al., 2018; Albort-Morant et al., 2018; Chang and Gotcher, 2008; Chen et al., 2009; Leal-Millán et al., 2016）。随着组织间合作范围的扩大化，合作网络、合作联盟、供应链整合等多方组织间合作方式兴起，组织间学习过程不再局限于二元组织间互动，组织间知识共同创造和整合活动开始涉及多方组织的共同合作行动。为了更好地探究多个组织如何像一个整体一样进行组织学习，以实现共同知识的提升，Knight(2002)提出了网络学习的概念，认为各个组织形成的网络和组织一样具有学习功能，网络学习的过程可以看作是网络与网络中个体和组织相互交互学习的过程（Knight, 2002; Knight and Pye, 2005）。网络学习研究是组织学习研究在组织间关系形成网络情境下的拓展研究，把组织学习主体从组织、关系组织二元体进一步拓展到了组织间网络，把整个组织间网络中的学习过程更好地联系在一起，为全面考察组织间网络中各个层次不同主体主导的学习过程和学习方式以及探索整个网络学习资源系统优化提供了理论基础。不少学者基于网络学习理论对组织间合作联盟等永久性组织间合作组织下的组织学习过程进行论证性研究（Engestrom and Kerosuo，2007；Sienkiewicz-Małyjurek et al.，2019）。特别是，Dyer 和 Nobeoka(2000)在研究丰田集团知识管理案例时发现，丰田集团通过与供应商构建合作联盟，设立和推行一系列网络学习机制，实现了整个供应链的知识共享和共同创造，大大提升了整个合作联盟在行业中的整体竞争力，这是网络学习理论在现实案例中的有效应用。然而，受限于研究案例较少，网络学习机制和策略相关研究较为缺乏，尤其是具有临时性组织间合作特征的跨组织项目情境下的研究更为不足(Gibb et al.，2017)。跨组织项目情境下是否具有网络学习功能的临时性组织间合作网络，这些组织间合作网络开展组织间层次学习活动的过程和方式如何，以及如何实现对合作网络学习资源的优化配置等问题已成为项目管理与组织学习领域亟待解决的科学问题。

随着项目管理理论的发展，有学者发现，项目不仅仅局限于某个特定的组织、行业和地区，项目还会嵌入组织间关系网络中，具有网络特征，以此提出了“项目网络”的概念(Hellgren and Stjernberg，1995)。不同于传统项目型组织，项目网络强调项目对组织间合作关系的依赖性，组织间往往通过协调机制实现项目合作目标(De Fillippi and Sydow，2016；Kujala and Vuorinen，2018)。与传统项目型组织治理机制相比，项目网络治理是基于组织间关系的维护和发展，更加注重组织间资源共享和互助协调，有利于组织间相互学习和项目共同知识的创造和整合(Von Danwitz，2018)。因此，项目网络是一种临时性组织间合作网络，和组织本身一样具有学习功能，跨组织项目网络的组织间学习过程可以看作是项目网络中个体、组织和网络本身基于组织间关系的相互学习过程。项目网络的提出为跨组织项目情境下的组织间学习研究提供了新的研究视角，有助于项目管理研究解决传统以业主组织或其他项目参与组织下单一研究视角带来研究结论适用局限性的问题，有助于更全面系统性地认识项目本身与项目嵌入的组织间关系的互动关系。不少学者基于项目网络视角对组织间学习过程进行了探索性探究(Davies and Brady，2000；Ayas，1996；Manning，2005；Gao et al.，2019)，但这些研究把学习主体局限于项目网络中的单个或几个组织，因此难以解释项目网络与项目型组织在组织间学习中的差异性。

鉴于此，本书需要对跨组织项目网络的组织间层次的学习过程发生和演化机制以及学习资源配置和优化策略进行系统性理论研究，以论证网络学习理论在项目情境下的适用性，弥补项目情境下网络层次学习机制和策略研究的不足。

1.2 研究问题与相关概念界定

1.2.1 问题提出

本书的研究隶属于国家自然科学基金面上项目“复杂项目组织能力与任务分配的适应性测度及优化(71471136)”。在该课题立项规划中提道：项目网络中组织的能力并非静态不变的，可以通过学习、不断提高，组织间合作和知识的传播使项目网络中组织完成任务所拥有的能力不仅包括自身所拥有的能力，还包括项目网络中其他组织所拥有的知识，以及组织获取这些知识的能力，因此，在复杂项目环境下，需要从组织的学习能力和跨项目、跨组织知识网络传播视角重新思考复杂项目网络组织能力提升问题。因此，基于组织间学习实践提升跨组织项目网络组织能力的过程不仅仅包括项目网络中单个或多个组织自发利用组织间合作关系资源探索和利用组织间知识资源的过程，还涉及整个项目组织网络中组织和个体通过合作学习实现项目共同知识创造和整合的过程。有效的组织间学习实践需要项目网络管理者不仅对整个项目网络组织间学习机制进行全景式考察和系统性认识，还需要从整个项目网络利益出发，对项目学习资源进行统筹规划和对学习实践路径进行顶层设计，以破解局部学习带来的知识同质化和知识资源孤岛化的学习困境。本书的研究融合组织间学习和项目管理研究的最新发展，借鉴网络学习理论、双元学习平衡理论和元网络理论，提出“跨组织项目网络”的概念，认为跨组织项目参与组织可以通过组织间学习改变项目层次共同认知和提升自身知识和能力水平的过程。在此基础上，本书从学习机制和学习策略选择两方面对跨组织项目网络组织间学习的关键问题进行探索性研究，为提升跨组织项目情境下的组织间学习实践提供理论依据。具体而言，本书主要对以下三个问题进行了深入分析：

(1) 跨组织项目情境下组织间学习机制影响因素问题

影响跨组织项目网络组织间学习机制的因素有哪些？这些因素是如何影响组织间学习过程的？

(2) 跨组织项目网络组织间学习机制仿真模型构建问题

跨组织项目网络组织间学习系统构成如何？构成要素间的关系和相互作用如何？学习机制仿真的理论模型如何构建？仿真模型的可计算化如何实现？仿真模型的有效性如何验证？

(3) 跨组织项目网络组织间学习策略设计问题

跨组织项目网络的组织间学习策略有哪些？组织间学习策略如何影响项目知识水平？有哪些因素会影响组织间学习策略的选择？

1.2.2 相关概念界定

1. 跨组织项目网络

跨组织项目(inter-organisational project)，最早由 Jones 和 Lichtenstein 在 2009 年提出，是指两个或两个以上组织在预设时间内协同工作实现合作目标的项目。不少学者提出了类似概念，如多组织项目(multi-organizational project)、企业间项目(inter-firm project)、多企业合作项目(multi-firm project)等(Zhang et al., 2018; Calamel et al., 2012; Leufkens and Noorderhaven, 2011; Ruuska et al., 2011; Söderlund, 2004; Sydow and Braun, 2018; Von Danwitz, 2018)。为了对跨组织项目进行更明确的界定，Von Danwitz (2018)提出跨组织项目应具备三大特征：①跨组织项目是由两个或两个以上组织构成的，这些组织是相互独立的；②跨组织项目中所有活动具有临时性特点，受到项目结束时间或项目合作目标的约束；③跨组织项目具有明确的合作目标，这也是组织间合作的基础，项目中各组织的行动都是合作目标导向的(Bakker et al., 2013)。

根据 Von Danwitz (2018)提出的界定标准，跨组织项目可以认为是一种临时性的组织间合作组织(Jones and Lichtenstein, 2009)。跨组织项目不同于项目型组织(project-based organizations)，后者指那些以项目方式运作的组织，往往存在的时间更长久，以处理各种项目需求(Chronéer and Backlund, 2015)。跨组织项目主要应对组织间的合作问题，往往只针对特定的某个项目，属于临时性组织

(Lindner and Wald, 2011)。与组织内项目(internal project)相比,跨组织项目更强调组织间层次的合作(Cacciatori et al., 2012;Zhang et al., 2018)。与那些联合经营体、组织间联盟等一般的组织间合作组织相比,跨组织项目的临时性组织特征决定了其组织间关系受到项目时间或项目合作目标的影响,一旦项目结束,组织间关系便不复存在(Zhang et al., 2018)。

项目网络最早由 Hellgren 和 Stjernberg(1995)提出,指同时具备三种特征要素构成的组织:①嵌入网络中的组织和个体相对独立,整个网络中不存在具有绝对权力的主体;②不存在对网络边界进行识别和控制的明确标准,网络是开放的;③网络具有时效性且动态变化的,会随着项目的结束和新项目的开始而重新构建。Sydow 和 Staber(2002)认为 Hellgren 和 Stjernberg(1995)没有考虑到不同项目间的组织关系,项目网络不应局限于临时性关系,而是对一系列项目进行管理的组织间关系的集合。Jones 和 Lichtenstein(2009)认为 Hellgren(1995)和 Sydow(2002)关于项目网络界定的主要区别在于:网络中的组织间关系的构建是基于单个特定的项目情境还是基于一系列项目的管理。现有项目管理研究领域对项目网络的界定主要沿用 Hellgren 和 Stjernberg(1995)的研究,主要研究特定项目情境中形成的网络组织(DeFillippi and Sydow, 2016;Kujala and Vuorinen, 2018)。Oliveira 和 Lumineau(2017)则根据项目网络中的组织间关系是否跨越组织边界,提出了跨组织项目网络,以区别那些在项目型组织中为某个特定项目构建的组织内关系网络(Oliveira and Lumineau, 2017)。

本书把跨组织项目网络定义为来自两个或两个以上组织及其组织间关系形成的临时性网络组织,以在预设时间内完成一系列复杂的组织间合作目标。跨组织项目网络同时具备跨组织项目特性和项目网络特性:①跨组织项目网络是临时性的组织间关系网络,旨在预设时间内完成一系列复杂的组织间合作任务;②跨组织项目网络中的组织和个体行动具有相对独立性,不存在绝对的管理权威者;③跨组织项目网络中的组织和个体行动是合作任务驱动的,受到项目资源条件的约束,同时受到组织自身特性的影响。

2. 组织间学习

现有研究对组织间学习的界定主要基于两种研究视角:组织间交互学习视角和关系视角,但尚未形成统一的界定。组织间交互学习视角强调组织间学习是组织间知识交互和共同创造的过程(Larsson et al., 1998;Hamel, 1991;Kale and

Singh, 2007),关系视角强调组织间学习是组织通过知识共享和整合来影响组织间关系的共同活动(Selnes and Sallis, 2003)。根据第 2 章对现有组织间学习内涵和过程研究的系统性梳理,本书得出以下结论。

(1) 组织间学习的主体可以是个体、组织、二元关系组织(dyad)、组织间网络和联盟。组织间学习发生的环境包括组织间关系和组织间网络,属于组织间层次范畴。

(2) 组织间学习的过程主要指组织间的知识交互和知识整合。其中组织间的知识交互主要包括源于不同组织的个体间信息交互过程、个体与外部组织的信息交互过程以及源于不同组织的个体间共同知识解释过程。组织间知识整合主要指组织、二元关系组织和组织间网络和联盟等学习主体对源于外部知识的整合,是知识内化的过程。

(3) 组织间学习是组织间层次的共同行动结果,受到组织间共同行为准则和组织间关系的影响,同时也受到组织内学习的影响。

基于上述结论,本书把组织间学习定义为:两个或两个以上组织,基于一定的组织间交互协议或共同行为准则,进行组织间知识交互和知识整合活动,以实现组织层次的知识获取和知识创造目标,并对组织间层次的共同认知和行为产生影响的过程。

3. 跨组织项目网络的组织间学习

基于 Knight (2002)提出的网络学习理论,组织形成的组织间合作网络可以作为学习主体,通过组织学习以实现网络层次的认知和行为变化。跨组织项目网络是具有共同组织间合作目标的组织及其组织间关系形成的临时性网络组织,因此跨组织项目网络可以作为组织学习的主体,通过对项目网络中组织知识的探索和利用,形成项目共同知识,提高组织和组织内个体的知识水平,以更好地适应项目环境和实现项目合作目标。如果项目网络中的组织探索和利用的知识源于组织内部,学习过程中发生的知识交互和知识整合局限于组织内,则属于组织内学习过程。如果项目网络中的组织探索和利用的知识超越了组织边界,发生了组织间层次的知识交互和知识整合过程,则属于组织间学习过程。

基于上述分析,本书把跨组织项目网络的组织间学习过程定义为:跨组织项目网络中的组织和组织内个体基于项目合作协议和共同行为准则,通过组织间知识交互和知识整合活动,对项目网络中的组织间共同知识进行探索和利用,形成项目共同知识,并提升项目网络中组织和组织内个体的知识水平,以更好地适应项目环境和实现项目合作目标的过程。

1.3 研究内容与技术路线

1.3.1 研究逻辑与研究内容

1. 研究逻辑

本书的研究逻辑遵从“提出问题—分析问题—解决问题”的思路。首先从跨组织项目组织间学习实践现状出发,提出跨组织项目参与组织存在组织间学习弊端,缺乏项目层次的学习实践路径顶层设计和学习资源的统筹规划,可能陷入组织知识和能力提升的“孤岛效应”陷阱。为了促进跨组织项目参与组织对项目共同知识资源的有效探索和利用,以整体上提高项目组织对项目环境的适应性,本书提出跨组织项目参与组织和组织间关系形成的网络具有组织间学习功能,可以通过对项目网络组织间知识资源的探索和利用实现项目层次的知识水平提升,并提出了项目网络组织间学习机制和学习策略选择两大基本研究问题。其次,考虑到跨组织项目网络组织间学习机制的复杂性和多层次性,本书从组织间学习机制影响因素识别和学习系统分析两个方面对组织间学习机制进行深入分析。在此基础上,本书提出了跨组织项目网络的组织间学习机制理论模型,并基于元网络理论和 March 组织学习仿真模型构建相应的跨组织项目网络组织间学习机制仿真模型。该仿真模型可以为跨组织项目网络组织间学习策略设计提供方法和工具支持。再次,本书利用构建的跨组织项目网络组织间学习仿真模型对特定的项目案例进行计算实验研究,探究组织间学习策略对项目知识水平的影响机理,以此提出较优的跨组织项目网络组织间学习策略选择方案。最后,本书基于跨组织项目网络组织间学习过程内在机理和学习策略选择研究结果,从如何促进跨组织项目情境下组织间学习实践和如何制订组织间学习策略实现项目学习资源配置优化两方面提出了针对性的实践决策建议。

2. 研究内容

基于本书的研究逻辑,本书的研究内容从以下几个方面展开。

第 1 章 绪论。介绍了本书研究的现实背景和理论背景，提出了研究的核心问题：跨组织项目网络的组织间学习机制和学习策略设计，并对研究问题中的关键概念进行科学界定。最后，对本书的研究逻辑和研究内容、主要研究方法和研究技术路线进行了详细阐述。

第 2 章 国内外研究现状。系统性地回顾了网络学习、项目情境下组织学习、组织间学习机制和学习策略相关研究，为本书后续研究提供理论基础。

第 3 章 组织间学习机制影响因素研究。为解决现有项目管理领域文献对组织间学习机制影响因素研究的分歧，通过对 1991—2019 年跨组织项目情境下的组织间学习相关文献进行梳理，采用元分析对识别的影响因素和组织间学习关系进行计量分析，以此得出跨组织项目情境下学习主体、组织间关系和项目因素对组织间学习的整体影响方向，为第 4 章的跨组织项目网络组织间学习机制仿真模型构建提供理论基础。

第 4 章 组织间学习机制仿真模型构建与验证。基于网络学习理论，对跨组织项目网络组织学习系统构成进行深入分析，明确了项目网络组织间学习与组织内学习的相互关系，并结合第 3 章的跨组织项目网络组织间学习机制影响因素研究结论，构建学习主体、组织间关系和项目环境等要素在组织间学习过程中的交互机制，以此提出跨组织项目网络组织间学习机制理论计算模型。在此基础上，基于元网络理论和 March 的组织学习仿真模型构建跨组织项目网络组织间学习机制仿真模型，为第 5 章的跨组织项目网络组织间学习策略研究提供方法和工具支持。

第 5 章 组织间学习策略选择研究。基于第 4 章构建的跨组织项目网络组织学习仿真模型，以一个现实案例作为研究情境，通过设计 5 个计算实验探究不同组织内学习策略情境下的组织间学习策略对跨组织项目网络个体、组织和网络层次知识水平的影响机理，并分析项目情境参数对组织间学习策略与项目知识水平关系的调节作用，以此提出跨组织项目网络组织间学习策略的最优方案，为项目管理实践者学习策略设计提供理论启示。

第 6 章 结论与展望。为第 3～第 5 章主要研究工作的总结，并基于研究结论提出实践启示，最后讨论本书研究存在的不足，以此对未来该问题的潜在重要研究方向进行展望。

1.3.2 研究方法设计

基于本书的研究逻辑设计和研究内容界定，本书采用如下研究方法。

(1) 文献研究法和元分析

本书对跨组织项目情境下组织间学习研究相关文献进行系统性文献综述，识别出组织间学习关键影响因素研究的重要文献，提取影响因素与组织间学习相关关系的效应值。在此基础上，采用元分析对这些文献进行定量分析，对各影响因素进行发表偏倚检验、同质性检验、效应值主效应检验和研究视角的调节效应检验，以此得出跨组织项目情境下组织间学习影响因素的一般性结论。

(2) 基于文献事例的内容分析法

本书采用网络学习事件分析法对跨组织项目情境下组织间学习案例研究文献进行文本内容分析，按照“学习主体—学习过程—学习结果”的方式对文本进行编码，识别出文献中的学习事例中学习主体、学习发生的环境以及学习结果，并基于 Knight 和 Pye(2005)提出的组织学习分类框架对识别出的学习事例进行分类，以此得出跨组织项目网络的组织学习主体和学习过程构成。

(3) 专家评审法

本书采用专家评审法对所构建的跨组织项目网络组织间学习过程概念模型进行有效性验证。邀请 4 名项目管理和组织学习领域的学术专家组成评审小组，专家依据自己的知识和经验，采用阅读的方法检查概念模型的设计文档，重点对概念模型中的理论假设和学习过程设定进行论证，以完善模型构建。

(4) 计算实验法

本书对跨组织项目网络组织间学习策略选择进行了计算实验研究，探究了不同项目组织情境下的组织间学习策略对跨组织项目网络个体、组织和网络层次知识水平的影响机制。在计算实验结果分析过程中，采用方差分析法结合 Tukey HSD 事后多重比较分析法对数据进行分析。方差分析法主要用于检验各因素对知识水平影响的主效应，而 Tukey HSD 事后多重比较分析法主要用于检验比较实验组和对照组以及实验组间知识水平差异的显著性。根据分析结果，本书得出不同学习目标下的跨组织项目网络最优组织间学习策略选择。

1.3.3 研究技术路线

结合上述研究逻辑与研究方法选择，本书的技术路线见图 1.1。

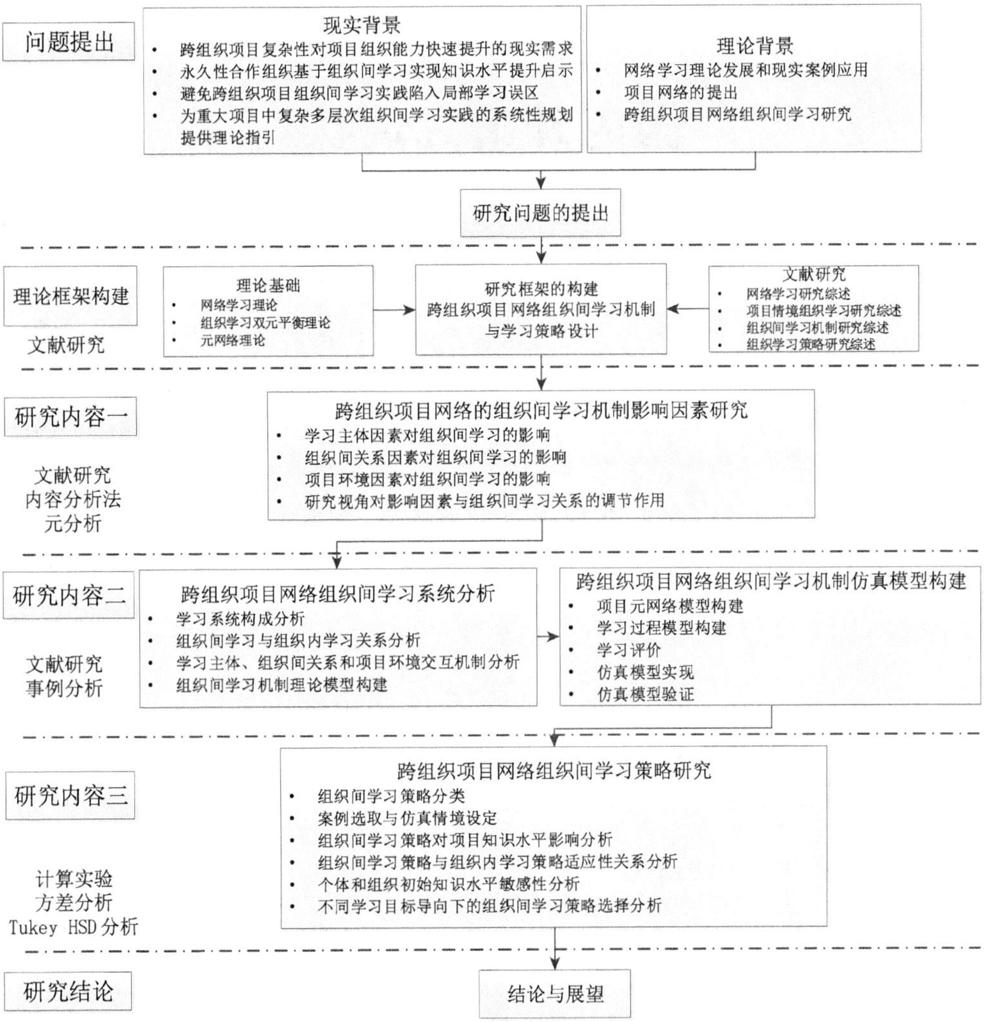

图 1.1　本书的技术路线图

第 2 章

国内外研究现状

本章将从网络学习、项目情境下组织学习、组织间学习以及组织学习策略四个方面出发，对现有文献进行研究和述评。其中，网络学习研究综述包括：①网络学习的内涵研究；②网络学习的机制研究。项目情境下组织学习研究综述包括：①基于项目的学习研究；②项目情境下合作学习研究。组织间学习研究综述包括：①组织间学习内涵和过程研究；②组织间学习与组织内学习关系研究；③组织间学习影响因素研究；④组织间学习机制仿真研究。组织学习策略研究综述主要回顾了 March 的组织学习双元平衡策略研究及其拓展研究。以上文献综述将为本书分析框架的构建和相关研究的开展奠定理论基础。

2.1 网络学习研究

2.1.1 网络学习内涵研究

网络层次的学习最早由 Dyer 和 Nobeoka (2000)提出，在研究知识分享网络时他把网络学习等同于组织间学习，认为网络学习包括两个过程，一是在特定网络环境中获取和发展知识，二是采用网络层次的知识存储机制把这些知识在网络中保存或进一步发展。Knight (2002)认为网络也是一种特殊的组织形式，可以作为学习的主体，并提出了网络学习的概念。网络学习指一群组织像群体一样学习(learning by a group of organizations as a group)，并使这些组织所组成的群体(即网络)在行为或认知上发生变化，这种变化就是网络层次的变化(Knight and Pye, 2005)。Knight (2002)以及 Knight 和 Pye (2005)认为，网络学习具有跨层次性，学习发生在组织内、组织间和网络环境中，并对网络学习和组织间学习的关系进行了研究，提出了基于学习主体—学习环境的组织学习分类框架(图 2.1)。

该框架从两个维度对组织学习类型进行划分，横轴表示学习发生环境维度，纵轴表示学习主体维度，Knight(2002)认为网络学习和组织间学习是不同维度下的特定组织学习类型，网络学习主要指以网络作为学习主体下的学习过程，而组织间学习则是发生在组织间层次的学习过程。

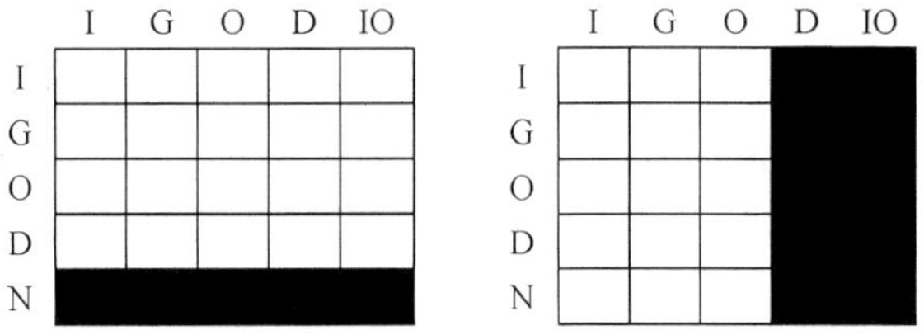

网络学习（黑色部分）　　组织间学习（黑色部分）

注：I代表个体，G代表群体（组织内），O代表组织，D代表二元关系组织（Dyad），IO代表组织间、N代表网络，竖列代表学习主体，横向代表学习环境。

图2.1　提出组织学习分类框架（Knight 2002；Knight and Pye 2005）

网络学习也被认为是一种识别、吸收和利用网络中其他成员知识的能力（Cohen and Levinthal，1990；Hansen，1999；Reagans and McEvily，2003；Jensen and Szulanski，2007）。网络学习不同于学习网络。学习网络指为了通过组织交互进行互相学习的组织所形成的群体（网络）（Knight，2002；Gibb et al.，2017），是一种特定的网络学习主体。学习网络可能是正式成立的组织；往往设立主要的学习目标，并以此构建相应的知识网络；其组织结构可操作化，具有明确的组织边界；能够依据相应的学习周期进行运行；其中的组织在运行过程中需要对学习效果进行评估和追踪，并以此制订相应的组织安排（Manring and Moore，2006）。

为了更好地研究网络视角下的组织间学习现象，Knight和Pye（2005）提出用网络学习事件（Network learning episode）来记录网络学习过程中的关键信息，这些信息包括：①学习者网络；②学习的动机和驱动因素（内生和外生因素）；③学习的过程（变化是如何发生的）；④学习的结果（什么变化发生了）；⑤绩效影响；⑥相关的组织、群体和个体学习。尽管网络学习事件法有助于研究者更好地认识研究案例中网络学习的过程，但受限于案例数据收集的困难性，仅在少数研究中得以使用，例如Gibb等（2017）采用网络学习事件法对新西兰奶制品企业如何通过网络学习竞争和合作，揭示了在组织间学习过程中整个网络层次的协调机制。

众多研究表明，网络学习过程是个动态复杂过程。Knight 和 Pye (2005)基于网络学习事件提出了网络学习过程的概念模型，主要包括：学习情境、学习内容和学习过程。学习情境的研究主要是对网络学习过程产生影响的因素研究。学习内容的研究关注的是由学习带来的网络层面的认知和行为变化，主要包括网络层次的实践变化、网络结构和组织关系的变化以及网络解释（network interpretation)的变化(Knightand Pye，2004)。网络解释的变化包括网络文化、共享知识和互动规则的变化，是网络层次上的认知变化，受到网络层次的正式和非正式沟通协调机制的影响（Sienkiewicz-Małyjurek et al.，2019；Mariotti，2012)。因此，不少学者提出网络学习应关注网络层次的沟通协调机制，而不仅仅是组织间的关系(Engestrom and Kerosuo，2007；Sienkiewicz-Małyjurek et al.，2019；Mariotti，2012)。Brower 等(2009)在研究应急管理网络时提出了应对不确定情境下的组织间学习框架，该框架把学习过程分为角色限制学习（role-constrained learning)、观众学习(audience learning)、质疑实验学习（superstitious experiential learning)、不明确情境学习(learning under ambiguity)、碎片化学习(fragmented learning)和机会主义学习(opportunistic learning)等过程。Mozzato 和 Bitencourt (2014)认为网络学习过程是一个源于在各种正式与非正式社会空间中的组织间合作关系激发学习情境(学习事件)的过程，是一个组织从组织内学习向网络层次学习的延续，产生和延续的关键因素是组织间合作。

2.1.2 网络学习机制研究

现有研究认为组织和组织间关系是构成组织间网络的基本要素，网络学习主要受到网络中组织自身特性和组织间关系特征的影响。Powell 等(1996)研究发现，对网络学习有显著影响的是组织的跨组织合作经历、组织的网络中心度和组织间关系，而非组织的规模和组织年龄。与之类似，Rejeb-Khachlouf 等(2011)指出，网络大小和网络联结强度会影响网络中个体发现知识和吸收知识的能力，进而影响组织间学习效果。组织间关系对网络学习的影响并非总是线性的(Werr and Runsten，2013)，Harryson 等(2008)在沃尔沃案例研究中发现，弱关系更有助于早期学习中获取非复杂性知识，而强关系更有助网络组织在高知识复杂情境中进行协同开放性创新。网络学习的绩效会受到组织间的任务依赖关系影响，这种影响在项目管理中体现最为明显(Taylor et al.，2009)。Baum 和 Berta (1999)

发现,企业更愿意与那些在行业中地位较高、贴近社会的和与自身战略相似的企业开展组织间学习,这样可以更好地提高整个行业的绩效水平。这表明,组织间的相似性对网络学习具有正向影响(Eiriz et al., 2017)。在新产品研发合作过程中,企业过往的组织间学习经历会对企业实现网络知识与组织知识转化起重要作用(Liu, 2015)。联盟是网络组织的重要形式,联盟功能(alliance function)直接影响联盟成员间的学习过程,从而关系到联盟最终成功与否(Kale and Singh, 2007)。此外,沟通有助于解决冲突,促进组织间知识转移和共同解释,有利于网络学习,而良好的信息技术可以改善沟通效率,间接提高学习效果(Eiriz et al., 2017;Grub and Martin, 2019)。近年来,有学者认识到社会环境对网络学习的影响,揭示了社会融合机制和社会资本是如何影响临时网络组织中成员组织间的学习过程:社会融合机制(social integartion machenism)和社会资本可以让这些成员借助技术规范和行业标准找到共同语言,并开展面对面的会议来形成共同认知。此外,时间因素也会影响网络学习过程(Hartley and Rashman, 2018;Harryson et al., 2008)。

2.1.3　研究述评

现有网络学习研究把组织学习主体从组织、关系组织二元体进一步拓展到了组织间网络,提出了网络层次的学习会引发组织间合作网络层次的认知和行为变化,为探究网络层次知识资源有效探索、利用和开发机制及策略提供了新的研究方向。现有研究存在的主要不足有:多数研究未能有效区别网络学习中组织内学习和组织间学习的差异性,对学习过程的研究局限于网络学习中某个特定环节,如嵌入网络的组织之间的知识交互过程,而缺乏对整个网络学习过程的全景式考察和系统性分析。同时,现有研究对学习机制的探索更多地关注于永久性组织间合作关系对学习过程的影响,没有涉及临时性项目合作关系的影响。此外,现有研究更多地停留在探索网络层次学习如何发生层面,尚未涉及如何基于整个网络的全局化视角对学习资源进行有效整合和优化配置。

2.2　项目情境下的组织学习研究

2.2.1　基于项目的学习研究

基于项目的学习(project-based learning,或者 project learning)是指项目团

队为实现项目内和项目间的知识创造和交互的行动集合(Kotnour, 2000;Brady and Davies, 2004)。基于项目的学习属于组织学习的范畴(Brady and Davies, 2004;Koskinen, 2012;Yap et al., 2017),学习过程中的知识创造源于项目经验,而学习的结果主要体现在项目实践的提升。项目学习有助于项目管理者缩短项目工期,减少资源使用(Arditi et al., 2001)。基于项目的学习是项目型产业中组织需要具备的重要能力(Williams, 2003),它可以更好地避免重复犯错和错误的决策制定(Love et al., 2016)。

根据知识的来源和学习目标,基于项目的学习可以分为项目内学习和项目间学习(Chronéer and Backlund, 2015)。项目内学习研究主要关注如何提升在一个项目的全生命周期中学习能力以更好地保证项目交付目标的实现。项目间学习研究主要关注如何学习已有项目中的成功经验和失败教训以更好地提升现有项目或未来项目的绩效,或者更好地提升项目型组织的绩效。项目间学习往往与项目实践密切相关,无法直接分离,项目中的成员需要通过参与项目实践来进行学习(Hartmann and Dorée, 2015)。因此,基于项目的学习需要对项目间的关系以及项目组织与母组织间关系进行识别。Brady and Davies (2004)提出了如何通过基于项目的学习来提升项目能力的两阶段模型。在第一阶段,项目型组织在进入新的市场时的学习应是项目导向的,先通过探索式学习和项目间学习来获取项目经验,然后通过项目到组织的学习来提升自身项目交付能力;在第二阶段,项目型组织的学习应是商业导向的,通过创造和开发组织内的资源和能力以更好地为项目惯例活动提供支持。

基于项目的学习机制主要关注项目间的知识分享过程。Jugdev 和 Mathur (2013)识别了项目情境下两种主要的学习经验分享机制:项目评审会和实践社区(communities of practice)。Prencipe 和 Tell (2001)根据 Zollo 和 Winter (2002)提出的组织学习动态演变机制研究,认为项目型组织中的学习过程主要包括三方面:经验积累、知识整合和知识编纂,把项目间学习分为三类:L 型学习、T 型学习和楼梯型学习。L 型学习指项目型组织的项目间学习主要基于个体嵌入型知识的探索式学习来实现,强调经验积累和个体间沟通和知识交互的重要性,往往需要较强的包容性组织文化;T 型学习强调知识整合过程,包括个体、项目和组织间层次各个层次的知识整合过程,通过组织惯例来提升项目间学习过程。楼梯型学习以利用式学习为主,主要通过对执行项目中知识的编纂和保存来进行知识的开发和利用,因此往往需要借助信息化技术手段来实现,交互和开发的项目知识往往是以显性知识为主。

2.2.2 项目情境下的合作学习研究

合作学习是多个组织在共同目标指引下通过组织间知识交互和整合实现互助性学习和知识共同创造的过程。项目管理领域的合作学习研究主要关注组织间知识交互和整合过程。

知识特性、组织间协调机制和组织学习能力被认为是影响组织间知识探索和开发过程的重要因素。Faccin 和 Balestrin (2018)对合作研发项目情境下基于组织间合作的协同知识创新策略进行了单案例研究,发现企业间知识创新活动需要考虑组织间探索式学习和组织间利用式学习的二元关系,以此提出了一个三维组织间合作知识创造实践模型,揭示了知识特性和学习策略的适应关系。Iacono 等(2012)在研究铁路项目组织间协调机制时发现,组织间关系往往可以通过组织间惯例激活,会对组织间知识创造和交互过程产生影响,以更好地实现特定的合作目标。Weck (2006)对 5 个组织间合作研发项目的知识创造和开发过程进行多案例比较研究发现,参与组织间关系的互通性、合作预期价值、合作动机、知识整合能力、知识的新颖性和异质性会对组织间知识创造过程产生重要影响。Enkel 等(2018)对跨组织项目中组织的嵌入性和吸收能力如何影响项目学习过程进行研究,揭示了社会整合机制和组织对外和对内吸收能力可以加强项目成员更好地进行组织间知识探索、转换和开发过程。Omar 和 Mohan (2006)在研究马来西亚政府一个多用卡项目时发现了两种组织间学习机制——构建组织间合作网络和项目文档系统。项目合作交互网络主要是基于组织间的共同利益和目标构建的,并通过定期举行诸如技术研讨会的各种组织间交互活动来解决项目过程中产生的问题,研讨成果通过项目管理办公室负责的项目文档系统来记录保存。基于合作网络的交互活动可以很好地支持组织间知识交互,提高各组织和组织内个体的知识水平,还可以强化网络中的各组织间合作关系。而项目文档系统则有助于未参与交互活动的组织快速学习到新知识。

不少项目管理领域的研究对组织间知识交互机制和影响因素进行了实证研究。Ramirez 和 Dickenson (2010)研究了中国情境下创新项目中的知识转移机制,通过对北京中关村 ICT 企业的案例研究发现,创新项目中的研发人员可以通过三种网络学习机制实现组织间知识分享：正式的组织内交互网络、个体社交网络和非正式观察网络（scanning network）。在跨组织新产品创新项目中，Maurer（2010）认为稳定的项目团队有助于提升项目团队成员间的信任，这会对组织间知识转移起到积极影响，从而提高项目产品的创新性。Lawson 和 Potter（2012）则在英国制造业新产品创新项目案例研究中对制造商的学习意愿、供应商对知识的保护倾向、组织间知识的模棱两可性（ambiguity）和组织吸收能力如何影响组织间知识交互过程进行深入分析，发现制造商的学习意愿在促进知识交互的同时也会一定程度提高供应商对知识的保护倾向，这种影响会引发交互知识的模棱两可，从而激发制造商增加对提高自身吸收能力的投入以进一步提高组织间的知识交互水平。Bakker 等（2011）通过对 12 个跨组织项目组织和母组织间知识交互案例研究发现，组织间知识交互过程是个极其复杂的过程。对于母组织而言，项目组织具备较高吸收能力是成功实现组织间知识交互的必要条件。Paulsen 和 Hjertø（2014）则提出项目中个体和团队的自治性是保证项目知识向母公司转移的重要条件。在 IT 合作外包项目中，Hsu 等（2019）基于社会交互理论提出了组织间关系规范对组织间学习过程的影响关系，并在中国台湾地区企业案例中进行了论证。在建设工程项目中，组织间合作中实现成功的知识交互过程需要充分考虑业主方的需求，以确保项目团队有能力在规定项目时间内履行项目职责（Pemsel and Widén，2011）。项目间学习是组织间知识交互的重要方式之一，而知识编码是组织间知识交互的关键过程，Cacciatori 等（2012）从组织间交互知识的编码视角提出了项目行政控制水平反映组织间知识转移的努力情况。

知识整合是组织发现潜在的和分离的知识并把它们整合到一起发展成为新知识的过程（Verona and Ravasi，2003）。组织间知识整合需要组织对源于其他组织的知识特性进行准确识别，包括知识的可转移性、可整合性和可获得性（Grant，1996b）。成功的知识整合依赖于组织对个体知识的利用和发现能力、组织可利用知识的范围以及组织可获得外部知识和重新配置已有知识的能力（Grant，1996a）。近年来，越来越多的学者开始探究如何改善组织间知识的整合过程来提升合作学习效果，例如 Corallo 等（2012）对意大利航天企业新产品合作开发项目中组织间知识整合实践进行了系统性案例研究。Rauniar 等（2019）为了探究组织间关系与组织间知识整合的关系，对美国制造业的企业间合作项目进行案例研究。他们发现，合作任务、组织间信任和相互影响力会对组织间知识整合起正向作用，其中组织间信任和相互影响力对合作关系与组织间知识的关系起中介效应作用。Canonico等(2017)对大学产研项目的组织间知识整合机制进行研究，发现即使参与项目的组织知识具有同质性，各组织对专业知识的互相了解是组织间知识整合的重要基础，因此需要构建较为结构化的知识整合机制以更好地支持大学和企业间的知识交互。在政府—产业合作项目中，Tiwari (2015)研究发现，项目管理者对不同类型知识的认知以及知识如何被识别、协调和使用是组织间知识整合和项目合作成功的关键。

项目组织的网络性特征有利于组织间知识交互和相互学习，从而促进项目中各参与组织的知识水平和组织绩效的提升。为此，学者们尝试构建项目网络特征与组织间学习的关系模型，以探究项目特征对组织间学习和项目知识发展的影响机制。Rodrigues等(2008)提出了基于系统动力学的服务项目学习与发展动态仿真模型，并应用到中东地区的船舶建造和维修公司中，以支持公司管理者更好地发展公司的学习和发展能力。这个动态仿真模型包含了两个主要的子模型：知识工人的学习动态模型和项目工作动态模型，实现了项目工作和项目组织知识发展演变的关系构建。Taylor 等(2009)基于经验学习曲线理论构建了关系不稳定性(Relational instability)、任务关联性和组织遗忘和项目网络适应性因果关系的仿真模型。Chen等(2010)考虑到组织遗忘(Forgetting)对项目绩效的影响，把组织遗忘引入Taylor (2009)的仿真模型中，揭示了组织衰变(Learning decay)对项目网络适应性的影响机制。然而，Rodrigues (2008)和 Taylor (2009)的研究把组织间学习过程等同于组织间个体相互学习的合集，未考虑组织间知识整合对组织知识的影响。

2.2.3 研究述评

项目情境下的组织学习研究主要关注项目组织基于项目的学习过程和组织间知识交互、整合和共同创造过程，前者属于组织内学习的范畴，较少涉及组织间层次的机制研究，后者只是对组织间学习过程的某个环节进行研究，缺乏对组织间学习整个过程的系统性分析。此外，项目情境下的组织学习研究对组织间学习的界定不明确，缺乏关于组织间学习在项目研究情境下的内涵分析；研究往往把项目作为管理情境因素，认为项目只是学习发生的环境和学习经验的来源，未考虑项目中组织间关系所形成的网络也具有学习的功能。尽管有学者考察了项目组织网络特性与组织学习的关系，但把组织间学习过程等同于组织间个体相互学习的合集，未考虑组织间知识的整合过程。因此，有必要对项目情境下的组织间学习进行科学界定，从个体间、个体与组织间和组织间多个层次系统分析项目情境下的组织间学习系统，以揭示组织间学习发生和演化机制的项目情境特征，并探究项目层次的学习资源整合和优化配置方法。

2.3 组织间学习内涵研究

2.3.1 组织间学习概念和过程研究

组织间学习产生的一个重要原因就是由组织间竞争带来的组织对外互动以寻求更有效的组织资源使用方法(Greve, 2005b)。纯粹的组织间学习源于正式的组织间关系(Holmqvist, 2003b)。早期的组织间学习大都基于组织间交互学习视角：在联盟竞争合作的背景下，Hamel (1991)把组织间学习定义为合作企业集体知识活动的联结过程(a nexus of collective knowledge activities)，这个过程可以分成解释、编码、分享和内化四个维度(Hamel, 1991; Kale and Singh, 2007)；Larsson 等学者(1998)提出组织间学习是一群组织共同获取知识的过程，而这一过程可以通过各自交换知识或者共同创造知识来实现(Larsson et al., 1998)；Holmqvist (2003a)把组织间学习界定为不同组织的个体在某个时期基于一些组织交互的特定协议和共同行为准则“一起互相学习他人的经验”(learn together from experience)(Holmqvist, 2003a; Dahl, 2014)。Selnes 和 Sallis (2003)从组织间关系的视角对组织间学习进行了界定，即关系学习。关系学习指供应商与经销商之间的一种共同活动，他们一起把这种活动解释并最终整合为共享的关系记忆中，这种记忆可以改变潜在的关系行为范围和可能性。通过这种行为，供应链成员可以创造出比他们自身或者与第三方合作更大的价值。因此，关系学习过程是一种通过关系和合作不断改进未来关系行为的过程，这个过程可以有效提升双方的利益。由此可见，组织间学习是通过不同组织间的相互知识交互进行的，包括知识的获取、创造、共享、解释和传播(Manuj et al., 2013)，组织间学习过程是对个体知识交互的深入和强化(Huang and Chu, 2010; Wei et al., 2020)。组织间学习的对象可以是顾客、供应商、竞争对手、高等院校、科研院所、政府及金融机构等(吴楠等, 2015)。

组织间学习研究具有较强的情境性，为此，不少学者根据自己的研究情境对组织间学习内容和形式进行进一步研究。Inkpen 和 Currall (2004)在研究合资企业学习时识别出两种组织间学习方式，向合伙企业学习和学习合伙企业，主要的差别在于是否把从合伙人中学习到的知识和技能整合到自己的企业体系中。Greve (2005a)把源于创新的组织间学习定义为源组织(origin organization)向目标组织(destination organization)信息转移的过程，而这个过程受到源组织传导性(infectiousness)、目标组织敏感性(susceptibility)和双方组织社会距离的影响。Ferdinand 和 Simm (2007)把组织间学习归为外部学习(external learning)的一种形式。组织间学习可以是正式的或非正式的，正式的组织间学习是事先设定和安排好的，而非正式的则是自发形成的(Janowicz-Panjaitan and Noorderhaven, 2008)。Halachmi 和 Woron (2013)把自发学习和组织间学习相结合提出自发性组织间学习(Spontaneous inter-organizational learning)。Huang 和 Chu (2010)把组织间学习等同于组织间交互学习，以区别于组织把交互获得知识内化的组织内学习过程。根据不同组织共同学习的目标竞合性，组织间学习可以分为合作学习(cooperation-based learning)和竞争学习(competition-based learning) (Yang et al., 2014)。在合作学习中，各组织的学习活动遵从合作协议，学习过程中转移的知识和合作目标相关，这可以促进双方共赢(Mellat-Parast, 2013)。而在竞争学习中，组织通过组织间学习获得知识并不受限于组织间关系，并可能损害到其他组织的利益 (Ding, Huang andLiu, 2012)。

组织间学习过程一直是学术界研究的热点(Lounsbury et al., 2003)。Hartley 和 Allison(2002)借鉴组织学习把组织间学习过程分为社会化(Socialization)、外部化(Externalization)、联结(Combination)和内化(Internalization)四个子过程，(Feller et al., 2013)把在合作联盟研究中进一步实证发现知识的社会化、外部化和内化过程可以显著提升合作联盟的管理能力。Grant 和 Baden(2004)以及 Lyles 和 Gudergan (2006)把组织间学习过程分为知识获取(knowledge acquisition)和知识访问(knowledge accessing)。知识获取指通过向其他组织获取知识，并吸收整合为自己的知识；知识访问则仅仅是把其他组织的知识获取过来，但不进行吸收整合而转变为自己的知识(Lui, 2009)。Huang (2010)在研究国际联合经营企业案例时把母公司组织间学习过程细化为三个子过程：子公司的知识评估、母公司和子公司的组织间交互以及母公司的知识整合。Mariotti

(2012)基于文献研究识别出组织间学习中的三个主要流程:学习合作、学习分享知识以及学习组织间知识。组织间学习各阶段并非是均衡发展的(Emberson and Storey, 2010)。Yang 等(2014)把组织间交互学习过程简化为两个子过程:经历共享(experience sharing)和知识共同解释(shared interpretation)。经历共享是为了使交互组织更好地创造新的共同知识,知识共同解释是为了促进交互组织双方更好地理解交互知识。Grub 和 Martin (2019)基于德国健康城市治理网络案例提出组织间学习的六个子过程:知识的识别、知识的产生、知识的传播、知识的整合、知识的修正以及知识的运用。

关系视角下的组织间学习过程可以简化为三个子过程,即信息共享、共同理解和知识整合(Selnes and Sallis, 2003)。信息共享是组织间学习的起点,为了协调双方的合作利益,关系双方往往会进行知识交互。共同理解源于关系双方学习能力、知识水平和知识结构的差异性。知识整合是组织间学习的目标,以形成关系记忆。关系记忆超越了组织信念(organizational belief)和组织惯例(organizational routine)等组织内学习成果,可以影响关系双方未来关系行为和预期收益。关系学习对关系双方影响的潜在价值得到了众多学者的研究论证(Skarmeas et al., 2017),供应关系创新绩效(Leal-Millán et al., 2016;Albort-Morant et al., 2018a, 2018b; Chang and Gotcher, 2008;Chen et al., 2009;王国才等, 2011;许景, 2011;王国才和刘栋, 2012)、关系双方的创新(Jean et al., 2012;Li et al., 2017;Chang, 2017;Sun and Zhang, 2014)和知识储备(Yang and Lai, 2012)都受到关系学习的影响,且这种影响具有多变性(张树娟和万腾飞, 2014)。众多关系视角下的组织间学习研究都是基于 Selnes 和 Sallis(2003)对关系学习的界定和维度划分。此外,有学者对关系学习的维度进行发展。Jarratt (2008)将关系学习分为适应性学习与生成性学习。熊元斌和王娟(2005)在研究顾客关系学习时将其分为关系信息共享、关系对话发展、关系记忆整合和关系记忆展示四个过程,与之类似,邵昶和蒋青云(2011)将关系学习细化为沟通、合作、适应与调整三个维度,并得到了部分国内学者的认同(李贞和杨洪涛, 2012;袁红军, 2013)。

2.3.2 组织间学习与组织内学习的关系研究

组织间学习和组织内学习被认为是组织学习的两个方面(Beeby and Booth, 2000;Mariotti, 2012;Cutler White, 2014;Huang and Chu, 2010;Shan et al.,

2020)。不少学者在研究组织间学习时,也会综合考虑组织内学习过程对研究目标的影响(Kathuria et al., 2008;Fang et al., 2008;Kunz, 2011)。组织间学习不仅仅受到单个组织内部因素的影响,还受到社会和文化因素的影响(Sienkiewicz-Małyjurek et al., 2019)。组织内学习过程与组织间学习过程往往会相互嵌入,相互影响,同时发生(Holmqvist, 2003a; Huang, 2010; Mellat-Parast, 2013; Parast, 2020)。一方面,组织内利用式学习是组织间探索式学习的先决条件,组织间探索式学习的特点受到组织本身经历的影响,并非仅仅依赖于组织间学习情境。另一方面,组织间探索式学习是组织内利用式学习的需求,组织总是通过内化将组织间学习获取的知识变为自身的经验。对组织间学习的研究需要综合考虑组织内学习过程。当组织间学习与组织内学习同时进行时,组织间学习往往是探索性的,以丰富组织自身的经验;而组织内学习往往是利用性的,使积累的经验更可靠(Easterby-Smith et al., 2008)。Holmqvist (2003a)提出了一个组织内-组织间学习动态模型(图 2.2),该模型有四个相互转化的学习过程:利用拓展(exploitative extension)、利用外化(exploitative internalization)、探索拓展(explorative extension)和探索内化(explorative internalization)。

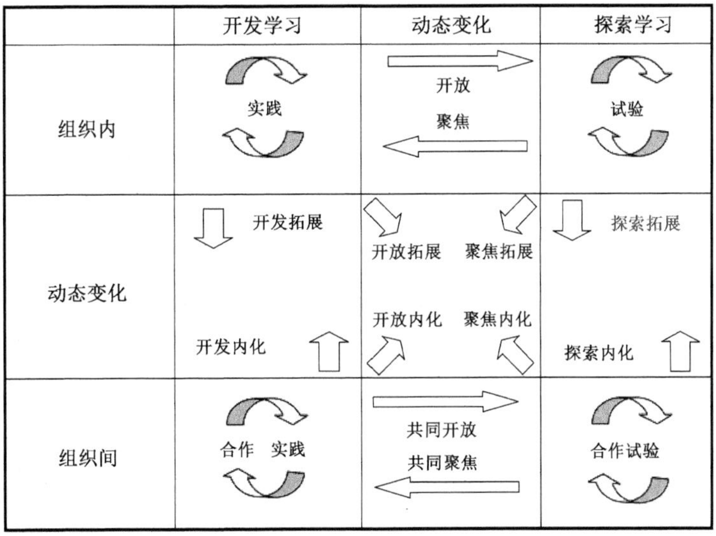

注:实践 acting,试验 experimenting,合作实践 joint acting,合作试验 joint experimenting,开放 opening-up,聚焦 focusing,共同开放 joint opening-up,共同聚焦 joint focusing,开放拓展 opening-up extension,开放内化 opening-up internalization,聚焦拓展 focusing extension,focusing internalization。

图 2.2　Holmqvist (2003)提出的组织内-组织间学习动态模型

组织间学习和组织内学习的互补性还体现在对组织绩效的影响上，Wong 和 Cheung (2008)调查发现，在施工企业中，组织内学习和组织间学习对企业绩效的影响是协同的。组织间学习和组织内学习的交互性在制造商与供应商合作案例研究中也得到论证，制造商与供应商的交互学习过程会直接激发制造商自身的组织内学习意愿(Huang and Chu, 2010)。Jones 和 Macpherson (2006)在研究中小企业组织间学习现象时把 Crossan 等(1999)的 4I 组织学习框架拓展到了跨组织层次(图 2.3)，并提出了“交互”(intertwining)的概念，以解释如何利用外部组织来帮助中小企业实现知识在企业内的制度化，把组织内学习过程和组织间学习过程有效整合起来，该研究框架也在实证案例中得到论证(Meyer and Alstete, 2018)。

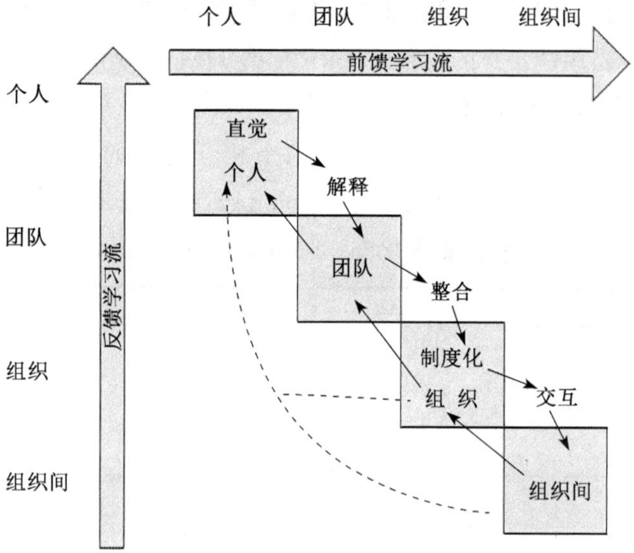

图 2.3 Jones and Macpherson (2006) 4I 模型

2.3.3 研究述评

现有研究对组织间学习的内涵研究主要基于两个研究视角：组织间交互学习视角和关系视角，但尚未形成统一的界定。无论是组织间交互学习研究还是关系学习研究都认为，组织间知识交互和组织间知识整合是构成组织间学习过程的关键要素。其中组织间的知识交互主要包括源于不同组织的个体间信息交互过程、个体与外部组织的信息交互过程以及源于不同组织的个体间共同知识解释过程。

组织间知识整合主要指组织、关系组织和组织间网络和联盟等学习主体对源于外部知识的整合，是知识内化的过程。然而，组织间学习内涵以及和组织内学习之间的相互关系的研究局限于永久性组织，缺乏项目情境研究。因此，有必要对两个视角下的学习内涵研究进行系统性整合，明确项目情境下的组织间学习内涵和特征，以利更好地深入分析跨组织项目网络的组织间学习机制。

2.4　组织间学习机制研究

2.4.1　组织间学习机制影响因素研究

为了探究组织间学习过程演变和发展的机制，不少学者对影响组织间学习的因素进行研究，主要研究的成果可以分为三个层面，即：学习主体层面、主体交互层面和学习环境层面(表 2.1)。

表 2.1　基于文献的组织间学习影响因素整理结果

类别	组织间交互学习视角	关系学习视角
组织主体相关	学习意愿(学习动机)、知识开放程度(知识资源可获得性)、组织规模、相对吸收能力、企业战略、权力等	学习意愿、战略定位、关系实践、吸收能力、组织规模等
组织间关系相关	合作经验、信任、合作承诺、社会资本、合作渠道和内容、合作方式、任务依赖性、资源互补性、联结强度、合作投资、组织间沟通频次、文化距离等	关系强度、关系信任、合作承诺、社会资本(关系资本)、关系专用性投资、文化差异、沟通机制、控制机制等
外部环境相关	环境不确定性、技术不确定性、合作项目的创新性等	环境不确定性、环境差异性等

注：该表根据 1991—2019 年收录于 Scopus 数据库的组织间学习相关研究文献整理得到，同时参考了多位学者(Mariotti，2012；Van Wijk et al.，2008；Beeby and Booth，2000；毕克贵，2012；张春阳等，2019)的研究成果。

(1) 学习主体相关因素

Lane 和 Lubatkin (1998)提出一个企业向另一个企业学习的能力，相对吸收能力(Relative absorptive capacity)是组织间学习的关键因素，它取决于两者在知识水平、组织结构和薪酬政策以及主要管理逻辑上的相似性。不少学者在后来的研究中都论证了相对吸收能力在组织间学习过程中的重要意义(Van Wijk et al., 2008;Mozzato and Bitencourt, 2018)。Schildt 等(2012)还进一步发现,企业相对吸收能力对企业在联盟中学习过程的影响是倒 U 形的,最初主要受限于企业吸收知识的能力,后期主要受限于企业知识开发能力。在跨国信息技术产业研究中,王辉等(2013)提出企业的学习意愿和吸收能力以及跨国企业文化差异会影响供应商和制造商组织间的学习过程,这种影响受到企业间信任的调节(Liu, 2012)。在高新技术产业企业间合作时,除了自身能力,企业对外学习过程还受到企业访问外部知识策略和知识本身的特性影响(Sammarra and Biggiero, 2008)。Greve (2005a)提出跨组织间学习的速度取决于源组织传导性、目标组织敏感性和双方组织社会距离。而组织规模、组织绩效、组织地位、组织年龄、组织的松散程度以及组织内学习惯例会影响源组织传导性和目标组织敏感性(Greve, 2005b)。Pérez-Nordtvedt 等(2008)的研究也得出了相似的结论,并进一步指出知识价值和知识特征(知识的稀缺性和不可替代性)是影响组织学习意愿和知识资源可获得性的直接原因。知识的模糊性也会影响组织间学习的效果(Van Wijk et al., 2008)。学习意愿和学习动机在企业制订组织间学习策略过程中的重要性得到不少学者的认同和论证(Feller et al., 2009;Huang and Chu, 2010;Huang, 2010;Otto, 2012;Gluch et al., 2013)。权力的对等性会直接影响双方学习共同行动的意愿,包括共同学习过程(Hong et al., 2009;Hao and Feng, 2018),包括探索式学习和利用式学习。相反,组织间信任可以增强组织对外知识交互的意愿(Otto, 2012)。对于向外投资企业,企业对外治理模式相关因素,包括对外投资和风险关系等都会影响该企业向其对外投资企业的组织间学习过程(Schildt et al., 2005)。在企业竞争力研究中,企业战略也会影响企业关系学习能力,最终影响企业的竞争优势。关系学习双方的市场导向也会直接影响学习效果(Lai et al., 2009)。王国才(2010)进一步分析了反应型市场导向与进取型市场导向对关系学习的影响。此外,有学者关注到组织的权力和政治因素对组织间学习的影响,并提出组织政治(organizational politic)中的内部政治和外部政治中充当一种补充“动量”(momentum)来推动非寡头企业进行对外风险性探索式学习(Cheng, 2012)。

(2) 组织间关系相关因素

组织间合作关系也被认为是组织间学习的一种能力(Ribeiro-Soriano et al., 2013),通过合作关系才能有效地把组织间学习产生的知识转化为共同价值(Choi and Ko, 2012)。Jarratt (2004)指出关系学习是组织关系管理能力的一个维度。因此,关系学习、组织间合作关系和组织的关系管理能力具有一定的关联性(Raskovic et al., 2013)。通过组织间学习,不同组织可能创造出适用于组织层次的规则和机制(Grunwald and Kieser, 2007),也可能只是不同组织各取所需,获得只适用于各组织内部的知识(Mariotti, 2012)。在高新技术产业中,企业对创新合作依赖性越强,就越有意愿进行企业间的知识交互,而合作渠道的丰富性和多样性有助于加强企业间的合作关系,促进企业间的相互学习过程(Sammarra and Biggiero, 2008)。因此,组织间学习机制的研究需要系统分析组织间的制度安排以充分挖掘组织间合作关系对组织间知识分享、整合和重组的价值(Ingram and Baum, 2001;Fang et al., 2010)。联盟是组织间合作的重要形式。在联盟学习中,组织间的相互依存关系是比组织相对吸收能力更重要的影响因素(Fredrich et al., 2019),具有较高吸收能力的企业更倾向于向更大更强的竞争者学习。联盟的结构形式和联盟中组织的数目都会影响联盟组织间的学习过程(Levinson and Asahi, 1995;Oxley and Wada, 2009),而组织间的相互信任、组织间承诺(reciprocal commitment)、组织的社会资本等因素也会对联盟组织间的知识转移过程起积极影响作用(Muthusamy and White, 2005; Van Wijk et al., 2008; Becerra et al., 2008;Fang et al., 2010)。信任被认为可以提高企业执行层跨界者对隐性知识的分享意愿,这不同于企业公司高层领导在制定学习决策时更依赖于理性的计算评估(Janowicz-Panjaitan and Noorderhaven, 2009)。能力信任(competence trust)是组织间信任的重要维度,与正式管理机制中的合同机制相比,在组织间学习中的知识访问过程起更重要作用,而后者则对知识获取过程起更显著的影响,且时间因素可以强化这两种因素的作用(Lui, 2009)。当然,也有学者指出信任在组织间学习中的重要性可能被高估,在研发联盟合作中,人员交流带来的交互学习并不受到组织间信任的影响(Feller et al., 2009)。尽管如此,如果组织间的信任度或组织双方的知识水平过低,组织间学习目的不可能成功实现(Otto, 2012)。组织间沟通渠道和沟通信息化程度也会影响组织间的交互学习、相互信任和合作。Choe (2011)发现电子化沟通协调方式比传统沟通方式更有利于组织间学习的发生,而虚拟组织联盟比弱关系联盟对组织间学习过程更友好。当联盟中的各个组织是第一次合作时,比如在新产品开发合作项目中,组织间的交互学习往往由项目特点决定,再如开发项目的创新性和开发模式(Badir and O'Connor, 2015),而这也是组织间合作形式的具体体现。在项目合作过程中,项目控制机制,特别是正式控制机制会对组织间学习产生深远影响(Beck and Schott, 2012)。信息技术可以改善企业间信息沟通方式,加强资源控制,从而促进组织间的学习过程(Scott, 2000)。在合作外包项目中,外包的程度也会影响客户和供应商之间的有效知识转移,这一点在信息技术外包案例研究中得到实证(Gottschalk and Solli-Sæther, 2007)。对于企业与客户关系的管理,企业对客户关系管理过程(包括战略创造、客户的价值提升、客户的经验管理、绩效管理和知识管理)会直接影响企业与客户间的交互学习,最终影响双方的关系质量(Chakravorti, 2009)。关系专用性投资(relationship specific asset)、组织间社会性强化(social enforcement)和组织间控制是组织间关系治理的重要体现,其中关系专用性投资、组织间社会性强化和行为监督控制可以有效促进组织向其合作组织学习过程,而结果控制则会适得其反(Hernández-Espallardo et al., 2010)。在供应链管理中, Zhu 等(2018)指出供应链的整合有助于当地企业的组织间学习,但弱小企业获利更多。文化差异被认为是影响组织间学习过程中的重要负面因素,往往妨碍组织间的知识互动(Van Wijk et al., 2008; del Mar Benavides-Espinosa and Roig-Dobón, 2011; Manuj et al., 2013)。文化对学习的影响可以体现在国家、组织、职业和小群体水平上(Levinson and Asahi, 1995)。

组织间关系相关因素对关系学习影响具有高度的情境依赖性。在传统制造业研究中,合作伙伴间的关系学习质量取决于关系实践(relational practice)、社会资本和供应商对关系专用投资(Kohtamäki and Bourlakis, 2012)以及合作伙伴间的关系治理结构(Kohtamäki, 2010)。关系专用投资对组织间学习的影响并非一成不变,基于知识的关系专用投资具有直接影响力,而基于物质的关系专用投资往往需要借助正式合同机制来影响关系学习(Zhao and Wang, 2011)。在高新技术产业研究中,Wang 和 Hsu (2014)强调了关系学习双方的权力对等性对关系学习的重要性。在全球企业贸易市场中,Cheung 等(2010)提出企业间的互补性、相似性和兼容性对企业间学习具有显著影响,Li 等(2015)在中国情境下的研究也论证了组织间的依赖性对学习的重要性。在电子产业研究中,企业的创新定位(innovativeness orientation)、企业间的信任、信息技术的发展和技术的不确定性是企业间学习的决定因素(Jean et al., 2010; Jean and Sinkovics, 2010)。文化适应性也是企业组织间学习的重要体现(Jia and Lamming, 2013; Slåtten et al.,

2017)。值得注意的是,不少学者在不同研究情境下对组织间学习过程影响因素的研究也得出一致性的研究结果,识别出共性的影响因素:信任(Jean et al., 2010;Jean and Sinkovics, 2010)、合作关系(Downe et al., 2004;沙振权等, 2013;马鸿佳等, 2017;詹志方, 2018)和关系承诺(Li, 2006;Ling-Yee, 2007;Chen, 2007)等。张春阳等(2019)对关系视角下的组织间学习研究进行了系统梳理。

(3) 外部环境因素

环境不确定性是组织间学习研究中考虑最多的外部环境因素(Liu, 2012;Lai et al., 2009)。环境不确定性有助于提高组织向其他组织学习的意愿,从而更好地应对环境不确定带来的风险(Cheung et al., 2010)。政治环境和制度逻辑因素也被纳入组织间学习研究中。Mutiganda (2016)分析了组合权力、目标导向因素和特定组织设定因素对公共部门组织间交互学习的影响过程。Vasudeva 等(2015)发现,当企业处于社团主义的(corporatist)组织间关系时,社团主义主导的制度环境比多元主义(pluralist)主导的制度环境更容易激发组织间学习现象的发生,这说明组织间关系与环境制度相互适应对组织间学习有积极影响。近年来,有学者认识到社会环境对组织间学习的影响,揭示了社会融合机制和社会资本是如何影响临时网络组织中成员组织间学习过程的:社会融合机制(social integartion machenism)和社会资本可以让这些成员借助技术规范和行业标准找到共同语言,并召开面对面的会议来形成共同认知。此外,时间因素也会影响组织间学习过程(Hartley and Rashman, 2018;Harryson et al., 2008)。

2.4.2 组织间学习机制仿真研究

March (1991)在研究探索式学习和利用式学习之间的辩证关系时构建了组织学习仿真模型,为组织间层次学习机制研究提供了新的思路。不少学者尝试突破组织界限的限制,对组织间学习过程动态仿真进行深入研究,主要的研究成果有 Kathuria 等(2008)的企业并购组织间学习模型和 Park 等(2015)的信息技术驱动下的组织间学习模型。

Kathuria 等(2008)在研究企业间并购案例中的组织间学习问题时,把 March (1991)的仿真模型拓展到两元组织情形中,以探究这两种机制对合并企业总体知识水平的影响机理。仿真模型的拓展主要包括以下三个方面:①把单个组织拓展到两个准备合并的企业组织,每个企业组织有各自的探索式学习和利用式学习能力;②引入两种组织间学习机制,人员保留和组织信念(organizational belief)吸收;③把学习过程划分三个阶段,即企业合并进行阶段的组织间知识转移过程以及企业合并准备和合并结束阶段的探索式学习和利用式学习过程。

Park 等(2015)对具有知识结构互补性的二元合作组织的信息技术驱动下的组织间学习机制进行了仿真研究,分别探究了组织间双元学习平衡和学习方式对组织知识水平提升的动态影响机理。该研究主要对 March (1991)模型做了以下四个方面的拓展:①把单一组织拓展到二元组织,不同组织成员可以依托组织间沟通网络进行沟通,同时组织内成员可以依托组织内沟通网络进行沟通,沟通网络是个体相互学习的主要载体。②二元组织在知识结构上具有互补性,各自拥有相应的核心知识,共同构建组织内和组织间的知识存储门户(Knowledge Repositories and Portals),分别简称为 compKRP 和 interKRP。③基于 Fang (2008)和 Kunz (2011)研究对组织内人员进行子群划分,形成两类子群,即职能部门子群和兴趣小组子群,分别对应同一职能部门成员形成的子群和有相同沟通主题成员形成的子群。根据组织内成员的知识水平差异性,所有成员划分为知识专家和一般成员两类,前者往往是所属子群中在各知识维度中具有较高知识水平的个体。④组织学习和组织间学习仿真过程简化为个体依托沟通网络学习过程、个体向 KRP 学习过程、compKRP 更新过程和 interKRP 更新过程(图 2.4)。其

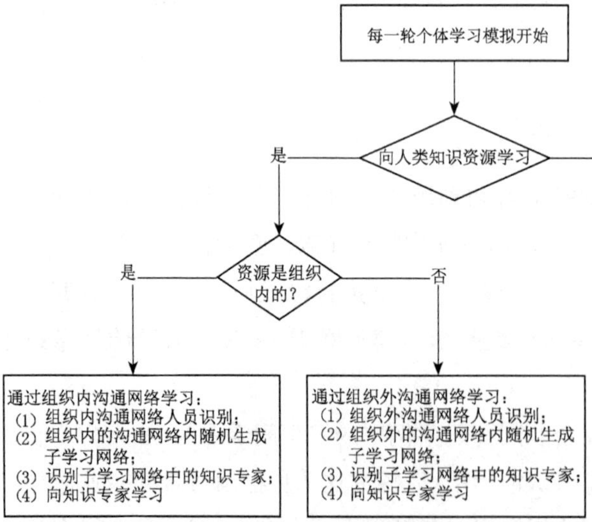

图 2.4 Park et al.(2015)的信息技术驱动下的组织间学习过程设计

中个体通过组织外沟通网络学习、个体向 interKRP 学习和 interKRP 更新过程构成组织间学习过程，而个体通过组织内沟通网络学习、个体向 compKRP 学习和 compKRP 更新过程构成组织内学习过程。

2.4.3　研究述评

现有组织间学习研究认为，组织间知识交互和知识整合是组织间学习最重要的环节，从学习主体、主体间关系和外部环境三个方面探究了影响组织间学习机制的关键因素，并基于 March 仿真模型对组织间学习机制进行动态仿真研究。研究存在的主要不足有：①组织间学习机制影响因素研究局限于单个或几个因素与组织间学习的因果关系研究，缺乏系统性整合研究；②研究且以实证研究为主，难以有效分析学习系统内部学习主体之间的动态交互，无法捕获个体和组织在组织间层次的“涌现”行为；③组织间学习机制的动态仿真研究只关注二元永久性组织间关系情境下的仿真研究，未充分考虑多元组织构成的临时性组织间关系对学习过程的影响以及组织间层次学习行为的“涌现效应”。因此，有必要采用新的研究方法对多元组织构成的临时性组织间关系情境下组织间学习机制的影响因素进行系统分析，以此构建项目情境下的组织间学习机制动态仿真模型以更准确地描述组织间层次的行为“涌现”和动态交互，并进一步探究组织间学习的复杂动态发生和演化机制。

2.5　组织学习策略研究

对于单个组织而言，组织学习策略指组织为了适应环境的变化，改善组织认知，提升组织能力而进行的知识获取、知识利用的途径与工具性选择(余晓钟等，2015)，其本质上是对学习资源配置方式的决策。现有组织学习策略研究主要基于 March (1991)提出的探索式学习和利用式学习平衡研究。探索式学习指对探索、试验、尝试、发现及创新等的学习行为，其本质是对新选择方案的试验，而利用式学习是指提炼、筛选、生产、效率、选择、实施和执行等的学习行为，其本质是对现有能力、技术、范式的提高和拓展。为了探究探索式学习和利用式学习平衡对组织知识水平的影响机理，March (1991)构建了组织学习仿真模型，将组织内学习的过程抽象为个人向组织准则(organizational code)的过程以及组织从个人知识编码的过程。模型设定包括以下四个方面:①组织环境是独立于组织编码和组织成员的个人信念(beliefs)的客观存在(reality),是衡量组织整体及其个体成员知识水平的基准。组织环境用 m 维的知识向量表示,每一维被初始随机赋值为1或−1。在仿真过程中,组织环境知识向量被设定为恒定不变的。②每名组织成员均持有能正确或错误反映组织环境的知识向量,知识向量中每一维度的知识编码相对应的个人信念,由1、0和−1表示,其中1和−1表示个人对组织环境知识编码的判断,0表示个人暂时无法对环境做出判断。在仿真开始前,组织成员知识向量各个维度的初始赋值随机生成。③组织成员通过向组织准则学习来更新知识向量中的每一个信念维度。组织准则也是一个 m 维的知识向量,反映了组织所推崇的信念和实践。在每一个周期内,个人以某一概率向组织准则学习。个人向组织准则学习的概率反映了组织准则在组织内社会化的程度。当组织准则向量中的某一维度为0时,个人信念不受其影响。④组织准则持续更新以反映组织中高绩效个体成员的占优信念(dominant beliefs)。组织准则知识向量各个维度的初始赋值均为0。每一学习周期结束后,组织首先识别出知识水平高于组织准则的个体成员。随后,组织识别出这些高知识成员每一信念维度上最广泛持有的是1还是−1。最后,组织以某一概率将组织准则的每一维度更新为这一占优信念。组织准则的更新概率反映了组织准则对组织内最佳实践的内化程度。通过研究,March提出组织在知识获取过程中,不应该实施单一的探索式学习或利用式学习策略,组织能力的动态发展同时依赖于挖掘现有技术和资源来确保效率得到改善和通过探索性创新来创造变异能力,探索式学习和利用式学习的平衡是组织生成和发展的关键。

March (1991)研究强调组织学习的互惠特性,假设组织中的所有学习行为都是通过组织准则作为中介完成的,忽略了组织内个体交互学习过程和知识的隐性特征对组织学习的影响。为此,D. Miller和J. Calantone (2006)等从这两方面对March (1991)的仿真模型进行了修正。在D. Miller和J. Calantone (2006)的模型中,个体需要寻找比自己知识水平高的个体进行学习,并以此把个体寻找学习对象的方式分为邻近学习和远程学习,同时将组织知识分为隐性知识和显性知识,并用隐性知识所占比率表示知识的复杂性。Kim和Rhee (2009)在D. Miller和J. Calantone (2006)模型基础上,从外部环境的变动幅度和变动频率及组织内个体的多样性程度两方面进行了拓展。Rodan (2005)则在考虑了组织特性的基础上对组织学习策略进一步细分，并提出无约束探索式学习策略，更有利于提升组织知识水平。Fang 等(2008)把组织内子群结构特征引入组织学习仿真模型中，通过改变不同子群内部个体间网络链接的数量来分析子群结构特征对组织学习的影响。Kunz (2011)进一步将知识的遗传和变异纳入组织学习模型，研究了子群内的探索式学习、子群内的利用式学习、子群间的探索式学习和子群间的利用式学习 4 种学习策略对组织学习效果的影响。

Park 等(2015)基于 March (1991)的研究，按照组织把学习资源用于组织间共同知识库的配置方式提出了缓慢学习、探索式学习、利用式学习和快速学习四种组织间学习策略。其中缓慢学习策略指用于探索式学习和利用式学习的资源都处于较低水平，相反，快速学习策略指用于两种学习的资源都处于较高水平，而探索式学习策略和利用式学习策略则是所对应的学习方式资源处于较高水平而另一种学习方式资源处于较低水平。Park 等(2015)的研究发现，组织间学习策略制定应基于权变理论，需要根据合作组织的组织间学习策略和组织间关系的对称性进行选择性决策，表 2.2 给出具体的最优组织间学习策略选择结果。

表 2.2　Park 等(2015)关于信息驱动下组织间学习策略研究结果

合作伙伴的组织间学习策略	对称关系	主导关系	支配关系
缓慢学习	ECN 利用式学习	ECN 利用式学习	ECN 探索式/利用式学习
探索式学习	MIX 利用式学习/ KRP 快速学习	ECN	探索式学习/ MIX 快速学习
利用式学习	ECN	ECN	ECN 缓慢学习/ MIX 非利用式学习
快速学习	ECN	ECN	MIX 利用式学习

注：ECN 指依托电子沟通网络平台为主，KRP 指依托组织间知识储存门户平台为主，MIX 指两种平台混合使用。

国内不少学者基于 March (1991)的研究进一步探究不同组织学习策略对组织知识水平的影响机理。赵晨(2014，2015)考虑了领导个人学习对组织学习成效的直接影响。把领导、下属角色区分纳入组织学习仿真模型中，并提出了领导可以根据组织学习情境特征，采取与之相适应的探索式学习策略或利用式学习策略，调整组织内部的纵向知识流动和横向知识流动，从而在领导个人层面实现两种学习方式的双元平衡，在组织整体层面提高组织学习成效。刘人境和李伟荣(2016)在学习机制上对组织学习仿真模型进行拓展，比较分析知识仓库和 wiki 两种信息技术驱动的学习策略对组织表现的影响。林润辉和米捷(2017)基于 Fang (2008)和 Kunz (2011)的研究成果，将子群结构纳入经典的组织学习模型中，并研究了如何改变子群内及子群间人际学习速度、知识搜寻范围、隐性知识比重、子群对外来优秀个体知识编码的强度、子群间直接编码学习速度以及子群外部环境差异性程度等学习条件，来实现探索式学习和利用式学习策略的转变，以达到短期和长期学习效益平衡的目标。宋艳双和刘人境(2018)则进一步探究了创新策略的探索式和利用式双元平衡对组织绩效的影响机理，并提出了相应的最优创新策略选择方法。

综上所述，现有组织学习策略研究主要基于 March 提出的双元学习平衡理论，从组织结构双元平衡和情境双元平衡两个方面对组织学习策略与组织知识水平的动态关系进行深入研究，主要存在的研究不足有：①研究主要关注单个组织的学习策略选择问题，缺乏对多个组织共同学习资源配置的影响效应分析。②研究缺乏考虑外部情境因素，如项目情境因素对组织学习策略的影响。因此，项目情境下的组织学习策略需要对学习目标进行层次区分，把项目情境因素纳入学习策略影响因素中，把组织内学习策略和组织间学习策略统筹考察，以实现整个项目系统的学习资源全局化最优配置。

2.6 本章小结

本章对网络学习、项目情境下的组织学习、组织学习内涵和机制以及组织学习策略四个方面进行了研究综述，得出以下结论：

(1) 网络学习研究把组织学习主体从组织、关系组织二元体进一步拓展到了组织间网络，提出了网络层次的学习会引发组织间合作网络层次的认知和行为变化。然而，现有研究缺乏对整个网络学习过程的全景式考察和系统性分析，过于关注永久性组织间合作关系情境下的研究。因此，网络学习研究需进一步关注具有临时性合作特征的项目情境下的学习过程，尤其是源于合作关系的组织间层次的学习机制和策略选择问题。

(2) 项目情境下组织学习研究主要关注基于项目的学习和项目合作学习，对组织间学习内涵的界定不明确，有学者直接把组织间学习过程等同于组织间个体相互学习的合集。同时，现有研究往往把项目作为管理情境因素，认为项目只是学习发生的环境和学习经验的来源，未考虑项目中组织间关系所形成的网络也具有学习的功能。因此，项目情境下的组织学习研究需要对组织间学习过程内涵进行深入研究，以探究项目情境因素和具有学习功能的项目网络在组织间学习中的重要作用。

(3) 组织间学习研究主要基于两种研究视角：组织间交互学习视角和关系视角，但尚未形成统一的界定。组织间学习机制研究主要关注学习主体、主体间关系和外部环境对学习过程的影响机理，但研究局限于一个或几个因素的因果关系研究，缺乏系统性整合，且以实证研究为主，难以有效分析学习系统内部学习主体之间的动态交互机制以及学习主体在组织间层次的"涌现"行为。组织间学习机制仿真研究主要关注二元永久性组织间关系情境下的仿真研究，未充分考虑多元组织构成的临时性组织间关系对学习过程的影响以及组织间层次的学习行为。因此，组织间学习研究需要对现有组织间学习机制影响因素实证研究进行系统性整合，构建项目情境下的组织间学习机制动态仿真模型，以揭示组织间学习动态复杂演化机制。

(4) 组织学习策略研究主要关注探索式和利用式学习平衡对组织知识水平的影响机理，但研究主要关注单个组织的学习策略选择问题，缺乏对组织间层次学习资源配置的影响效应分析，同时缺乏考虑外部情境因素，如项目情境因素对组织学习策略的影响。因此，项目情境下的组织间学习策略需要考虑项目情境因素、组织内学习策略和学习目标等多种因素，以提高学习资源在项目层次的优化配置。

第 3 章

组织间学习机制影响因素研究

跨组织项目网络组织间学习机制前因研究是组织间学习机制动态仿真的基础。受限于研究视角、研究工具和实证数据等多方面因素，现有项目管理领域文献对组织间学习机制影响因素研究存在分歧，且缺乏系统性梳理。为此，本章对1991—2019年跨组织项目情境下的组织间学习相关文献进行梳理，并采用元分析对识别的影响因素和组织间学习关系进行计量分析，以此提出关于跨组织项目情境下组织间学习机制影响因素的一般性结论，为第4章的跨组织项目网络组织间学习机制仿真模型构建提供理论基础。

跨组织项目网络是源于组织间的项目合作关系形成的临时性网络组织，项目网络中的组织和个体可以通过对项目网络中组织间共同知识的探索和利用，以更好地适应项目环境，实现项目合作目标。跨组织项目网络组织间学习机制是指跨组织项目网络中的组织和个体在组织间层次进行知识交互和整合的过程和方式。跨组织项目网络嵌入跨组织项目情境，现有对跨组织项目网络组织间学习机制的研究比较关注于对跨组织项目网络的组织间学习影响因素研究，以解释项目情境下的组织间学习是如何发生的，并取得一定进展(Mariotti, 2012)。

然而，由于现有研究对组织间学习没有形成统一的学术界定，不同学者对组织间学习主要发生的学习环境界定并不一致，这使得跨组织项目情境下的组织间学习影响因素研究结论具有差异性。根据学习过程主要发生在组织层次和组织间层次，组织间学习研究可以分为两大研究视角：组织间交互学习研究视角和关系学习研究视角(Rajala, 2018)。组织间交互学习研究关注于组织如何借助组织间交互活动从其他组织获取知识或与其他组织共同学习的过程(Hamel, 1991; Kale and Singh, 2007; Holmqvist, 2003a; Dahl, 2014; Manuj et al., 2013)。组织间交互学习研究认为组织间学习过程主要发生在组织层面，认为组织主体特征决定了组织开展组织间学习活动的动机，并影响组织间学习效果，而组织间关系主要影响组织间的知识交互过程(Levinson and Asahi, 1995;Huang and Chu, 2010;Fredrich et al., 2019;Levinson and Asahi, 1995;Oxley and Wada, 2009)。关系学习最早由 Selnes and Sallis 提出,认为组织间学习主要发生在组织间关系层面,关系学习双方对知识的共同解释和关系记忆的整合是组织间学习过程的关键,而这依赖双方的合作关系(Selnes and Sallis, 2003)。因此基于关系学习的研究更关注于组织间关系层面的因素对组织间学习过程的影响作用(Leal-Millán et al., 2016;Albort-Morant et al., 2018a, 2018b;Chang and Gotcher, 2008;Chen et al., 2009)。现有学者对跨组织项目中的组织间学习研究主要从单一研究视角来揭示组织间学习过程的驱动和制约因素,未有学者对这些研究进行系统性整合。此外,受限于研究视角、研究工具和实证数据等多方面的原因,研究相同跨组织项目网络影响因素的不同文献在变量关系强度、统计显著性和变量关系方向性方面存在分歧。因此,有必要对这些相互独立的分歧研究进行定量分析,以揭示来自不同层次的影响因素如何对组织间学习过程产生作用的一般性研究结论。

元分析方法适用于对存在分歧的实证研究结果进行再统计分析,通过修正不一致结论的统计偏误形成一致性的研究结论,从而得出比每项单一研究更精确的统一结果。为此,本章对 1991—2019 年 36 篇关于跨组织项目情境下组织间学习实证研究的文献进行元分析,厘清不同影响因素与组织间学习机制的关系,并探究不同研究视角引发研究结论差异性的原因,以此提出跨组织项目组织间学习机制影响因素的一般性结论。

3.1 研究假设

本书在 2.4 节中对组织间学习影响因素相关研究进行了系统性梳理,通过文献回顾和梳理发现,现有学者对组织间学习影响因素研究主要集中在组织主体、组织间关系和外部环境三个层次。因此,本书从组织主体特征、组织间关系特征和外部环境特征三个方面对跨组织项目情境中组织间学习影响因素文献进行系统性梳理,识别出重要影响因素,并根据文献研究结论提出理论假设。为了对相互独立的众多研究进行定量分析,以找出研究结论中的共性认识,探究研究结论差异性的原因,本书仅考察在现有文献中被广泛应用且在概念上具有一致性的影响因素。通过文献梳理出的重要影响因素如表 3.1 所示。

表 3.1 基于文献的组织间学习影响因素整理结果

类别	组织间交互学习视角	关系学习视角
组织主体相关	学习意愿、知识保护、组织规模、相对吸收能力、战略、权力等	学习意愿、战略、关系实践、吸收能力、组织规模等
组织间关系相关	合作经验、信任、合作承诺、社会资本、任务依赖性、资源互补性、联结强度、关系专用性投资、组织间沟通频次等	关系强度、关系信任、合作承诺、社会资本(关系资本)、关系专用性投资、沟通机制、控制机制等
外部环境相关	环境不确定性、合作项目的创新性等	环境不确定性、环境差异性等

注:有下划线的影响因素表示被广泛应用且在概念上具有一致性。

3.1.1 组织的主体因素与跨组织项目网络的组织间学习关系

组织是组织间学习的主体,因此学习主体的特征对组织间学习过程的影响得到众多学者的论证,其中在项目情境下研究较多且在概念上认识较为一致的有学习意愿、相对吸收能力和组织规模。

(1) 学习意愿

学习意愿是一个组织把合作机会看作学习机会的倾向程度(Hamel, 1991)。在一个组织与其他组织交互过程中,学习被认为是决定该组织向别的企业通过组织间学习对自身知识水平改变的重要因素,学习意愿会持续影响一个组织成员参与知识创造和学习的过程(Feller et al., 2009;Huang and Chu, 2010;Huang, 2010; Otto, 2012;Gluch et al., 2013)。

学习意愿与组织间学习的关系主要在新产品开发项目中得到论证。Lambe等(2009)提出学习意愿是跨组织创新项目中组织间学习进行的重要因素,项目创新成功与否取决于项目中组织的学习意愿。Lawson 和 Potter (2012)发现,制造商的学习意愿可以促进组织间知识的交互过程,有利于组织间学习的开展和深入,但同时会激发供应商知识保护倾向,这种知识保护倾向一定程度增加制造商学习知识的模糊性,从而进一步激励制造商提升自己的知识吸收能力,推进组织学习过程的持续进行。在合作项目组织和母公司的组织间学习过程中,随着合作项目组织知识分享意愿和母公司学习意愿的增强,组织间知识交互成功率会提升,从而更好地实现组织间学习目标(Bakker et al., 2011)。在建设项目合作网络中，组织间知识交互依赖于组织间学习双方的学习意愿，学习意愿越强，知识交互效能越高，学习效果越好(Sun et al., 2019)。

(2) 相对吸收能力

相对吸收能力的概念最早由 Lane 和 Lubatkin (1998)提出，指组织在组织间学习过程中识别、评估、吸收和商业化新知识的能力，这也是基于 Cohen 和 Levinthal (1990)在组织学习和创新研究中提出的吸收能力在组织间学习研究中的延伸和拓展。吸收能力在组织间学习过程中的重要性被不少学者研究论证(Chen et al., 2009; Liu, 2012; Van Wijk et al., 2008; Mozzato and Bitencourt, 2018; Oxley and Wada, 2009)。

在跨组织项目中，如果一个组织希望从另一个组织中获取那些难以通过简单模仿实践获取的知识，组织间交互是必须的。然而，组织间的交互和合作不一定会实现组织间的学习目标，由于项目中组织可获取的知识很多，组织需要对知识的价值进行识别和评估，并对这些知识进行吸收和内化，这就是组织通过组织间学习获取知识所需的吸收能力(Schildt et al., 2012)。组织的吸收能力越强，越能推进组织间的知识交互过程(Bakker et al., 2011)。因此，Chen 等(2009)认为，组织的吸收能力也是组织内在的能力，并不依赖于交互组织。如果一个组织吸收能力强，那么通过跨组织项目带来的组织间交互和合作会是一个很好的学习机会，当这种合作本身的目标就是为了促进组织间学习时，对学习效果有锦上添花的作用(Fredrich et al., 2019)。如果项目网络中的组织间关系具有一定竞争性，那么组织的相对吸收能力被认为是交互学习的必要条件，考虑到学习竞赛(learning race)效应和学习的机会成本，学习组织必须比竞争对手具有更高的吸收能力，以避免在交互学习过程中因为竞争者的模仿和替代学习给自身带来的危害不足以抵消通过学习获得的利益(Baum et al., 2000)。Unsal 和 Taylor (2011)提出项目网络的吸收能力是其向外界环境学习的最重要的能力，决定了项目网络能否通过组织间创新获得收益。Petro 等(2019)提出项目情境下组织的吸收能力跨越多个层次：个体，群体，组织乃至整个国家。Doranova 等(2011)基于清洁发展机制项目(Clean Development Mechanism Projects)情境提出企业间技术转移的关键是企业的吸收能力，并从先验知识、人员资格认证和培训工作等多个维度揭示了吸收能力如何通过组织学习对技术能力发展的影响机制。

(3) 组织规模

组织规模往往被作为重要的控制变量纳入组织间学习影响因素实证研究中，且多数组织学习领域的研究结果表明组织规模对组织间学习过程具有正向的显著影响(Chang and Gotcher，2008;Khachlouf and Quélin，2018;Wagner and Bukó，2005;Wei et al.，2008)。然而,在跨组织项目情境下的研究并不完全支持这一观点(Wei et al.，2011)。在生物技术类的新产品研发项目中,大型企业通过探索式学习联盟和利用式学习联盟中进行产品研发的数量往往少于小规模企业，这是因为大型企业更倾向于对合作项目中的供应链企业进行垂直整合,而小规模企业则更依赖于通过合作联盟的组织间学习以弥补自身缺陷(Rothaermel and Deeds，2004)。Hoof (2014)也发现了组织规模与企业间学习的负相关关系,对墨西哥清洁生产项目组织间学习影响因素实证研究分析结果表明,中等规模企业比小型企业进行双环学习的可能更低。Powell 等(1996)在联盟网络合作研发项目研究中发现,组织规模并非是组织间学习的原因,而是结果,这是因为通过组织间学习与合作,组织得以成长,组织规模得以扩大。

基于上述分析,本书提出以下假设：

H_1:跨组织项目中的组织间学习过程受到参与学习组织的主体特征的显著影响。

H_{1a}:组织的学习意愿对跨组织项目中的组织间学习过程有显著的正向影响。

H_{1b}:组织的吸收能力对跨组织项目中的组织间学习过程有显著的正向影响。

H_{1c}:组织的规模大小对跨组织项目中的组织间学习过程有显著的负向影响。

3.1.2 组织间关系因素与组织间学习的关系

组织交互学习强调组织间知识交互在学习过程中的重要性。而现有研究表明,组织间知识交互会受到信任、关联强度等各种组织间关系相关的因素影响(Van Wijk et al.，2008)。关系学习研究认为组织间关系是承载学习活动的主要载体,关系学习双方的信息共享、共同理解和知识整合都依托于组织间良好的合作关系进行,因此影响组织间关系的因素也会对关系学习产生重要影响(Selnes and Sallis，2003)。在跨组织项目领域,现有组织间学习研究关注比较多的与组织间关系相关的因素有信任、社会资本、合作承诺、合作关系强度和关系专用性投资等。

（1）信任

不少学者对信任的内涵进行研究，提出各种关于信任的界定（M. Doney and P. Cannon，1997；Selnes and Sallis，2003）。信任被认为是一个多维度概念，反映了一个组织根据其交互组织的专业知识、可靠性和意向性对其产生的一种信任、感知和期望（Ganesan，1994）。在企业合作中，信任被认为是企业对合作企业为积极结果行动的信心（Janowicz-Panjaitan and Noorderhaven，2009）。因此，信任有利于组织双方构建深入紧密的交互关系，这种关系有利于组织间的知识交互和相互学习，而这会促进组织间学习的产生和发展。

在跨组织项目中，信任对组织间学习、组织间知识转移和合作创新的显著积极影响得到很多学者的论证。在供应链合作项目中，信任被认为是信息共享的必要条件，而信息共享往往是组织间学习进行的前提（Rungsithong et al.，2017）。一个企业更容易在互相开放和透明的组织间关系中学习其他组织的知识，而信任有助于提升组织间的开放和透明程度，一定程度上避免组织机会主义行为的出现（Kale et al.，2000）。如果组织间缺乏信任，特别是在组织合作过程中，组织双方很难进行有效的信息沟通和知识分享。相反，在高信任的项目环境中，知识交互，特别是隐性知识的交互活动更容易发生，这是因为在组织交互过程中，隐性知识的社会化依赖于交互双方之间的高信任度（Becerra et al.，2008）。此外，在组织间学习的知识访问过程中，相比于采用正式合同控制机制，提升信任被认为是实现学习目标更有效的手段（Lui，2009）。然而，也有学者提出信任对组织间学习的影响可能被高估（Cheung et al.，2010；del Mar Benavides-Espinosa and Roig-Dobón，2011）。

（2）社会资本

组织所拥有的社会资本是组织所拥有的社会关系网络中能够获取的资源和潜在资源（Nahapiet and Ghoshal，1998）。社会资本一般被认为有三个维度：认知维度、结构维度和关系维度。在组织合作网络中，结构维度关注网络联系、网络结构特点等非人格化的方面；关系维度关注网络人格化的方面，如信任、义务、期望等；认知维度描述的是网络是否可以提供共享陈述、解释和体系内涵等资源，该维度反映了网络联系的认知质量（唐朝永等，2014；徐蕾等，2013；顾琴轩和王莉红，2015）。

不少学者对跨组织项目情境下社会资本在组织间学习和组织间知识交互中

的影响机制进行了研究。Kale 等(2000)最早提出关系资本在合作项目的组织间学习和知识保护中的重要作用。Chang 和 Gotcher (2008)在研究中国台湾地区信息技术企业间协同知识创造项目中提出了关系资本在供应商—制造商关系学习中的重要作用。Kohtamäki 和 Bourlakis(2012)、Sukoco 等(2018)的实证研究也支持了上述观点。Hung 等(2014)通过对中国台湾地区 160 家制造企业调查发现,认知资本有助于多企业合作项目中企业间的知识分享,而结构资本对企业间的知识流入和流出起关键作用。Kim 和 Shim (2018)则论证了结构资本、关系资本和认知资本都会影响中小企业间合作项目中的知识交互过程。

(3) 合作承诺

组织间的合作承诺指的是一个组织与其他组织维持重要关系的持续性意愿(Morgan and Hunt, 1994;Selnes and Sallis, 2003)。在跨组织合作项目中,不同组织往往会形成合作承诺,以促进彼此间的合作以及相互学习活动的进行。组织承诺往往与组织合作关系构建目的相关。当合作项目的目标相对狭隘时,组织间的合作仅仅只能提供一些可靠的交付物;当合作项目较为复杂时,组织间会发展较高的合作承诺,这会给组织间交互学习带来更多机会。Huang (2010)提出了三维合作承诺的研究框架,并论证了组织间的关系增强活动是如何通过合作承诺来提升组织间的关系学习绩效。Benavides-Espinosa 和 Ribeiro-Soriano (2014)的研究发现,组织承诺是实现联合经营企业通过跨组织项目进行合作学习的重要因素。组织承诺对组织间学习活动的重要作用也在一些学者(Emden et al., 2005;Hsu et al., 2007;Lai et al., 2009)的研究中得到论证。

(4) 合作关系强度

由于跨组织项目具有临时性特征,组织间任务合作关系具有很强的时效性,因此不少学者在研究跨组织项目组织间学习时会考虑合作双方任务依赖关系对学习过程的影响。跨组织项目中组织间任务合作时间越长,任务合作范围越宽泛,任务合作过程中知识相关性越大,越容易激发合作组织的交互学习意愿(Kale et al., 2000;Sobrero and Roberts, 2001;Chang and Gotcher, 2008;Lui, 2009;Cheung et al., 2010;Khachlouf and Quélin, 2018)。组织间合作时间、合作范围和合作任务知识相关性则是组织间合作任务相互依赖性的直观表现。任务依赖性有时也用组织间合作关系强度来测度,即组织在项目网络中与不同组织间任务合作关系的紧密程度(Khachlouf and Quélin, 2018)。组织与项目网络中其他组织的合作关系强度较弱时，往往表明组织缺乏社会资本，没有可供组织间学习的资源，因此组织间合作关系的强弱也会直接影响组织间学习的产生。然而，也有学者认为，如果组织间的合作关系强度过强反而不利于组织自身吸收能力的提升，也可能不利于组织间的知识交互活动，影响组织间学习效果（Rejeb - Khachlouf et al.，2011）。组织间学习也可能存在于弱任务合作关系中，特别在小型跨组织项目中，虽然组织间的合作关系强度较弱，但通过制定有效的学习策略也可以实现高效的组织间知识交互，从而促进组织间共同知识的创新（Bettoni et al.，2015）。有学者认为，组织间学习与组织间合作关系强度的关系是双向的，组织间学习的类型和程度会影响组织间沟通的频率和沟通媒介的多样性，从而对组织间合作关系强度产生影响（Badir and O'Connor，2015）。

（5）关系专用性投资

关系专用性投资，也被称为交易专用性投资，是指组织为了一个特定的合作关系而投入的专用资产（Selnes and Sallis，2003）。关系专用性投资的特定性决定了一旦合作关系结束，其投资获得的关系资源也随之消失，因此关系专用性投资有助于减少非投资目的活动。同时，关系专用性投资有助于向合作组织传递形成较好的合作承诺和强烈的合作意愿，这会带来更多的信息交流和知识交互活动（Rungsithong et al. 2017）。因此，不少学者研究论证了关系专用性投资对跨组织学习过程的积极作用（Cheung et al. 2010；Hernández-Espallardo et al. 2010；Hsu et al. 2007）。

基于上述分析，本书提出以下假设：

H_2：组织间学习过程受到参与学习组织主体间关系特征的显著影响。

H_{2a}：组织间的信任程度对组织间学习过程有显著的正向影响。

H_{2b}：在合作关系中，组织拥有的社会资本对组织间学习过程有显著的正向影响。

H_{2c}：组织间的合作承诺对组织的组织间学习过程有显著的正向影响。

H_{2d}：组织间合作关系强度对组织间学习过程有显著的正向影响。

H_{2e}：组织对组织间合作关系的专用性投资对跨组织学习过程有显著的正向影响。

3.1.3　外部环境因素与组织间学习的关系

在跨组织项目中，项目环境是组织面临的主要外部环境。但现有项目管理领域的研究对组织外部环境如何影响组织间学习过程的研究较少，对外部环境影响因素的研究主要考虑了项目不确定性对组织间学习的影响。

环境不确定性反映了一个组织所面临外部环境的易变性与难以预测程度（Heide and John，1988）。在跨组织项目中，组织的外部环境不确定性主要源于项目的不确定性。根据资源基础理论，组织间合作关系与项目环境的适应性影响着项目合作关系的持久性。因此，项目不确定性有助于提高组织向其他组织学习的意愿，从而更好地应对环境不确定性带来的风险（Cheung et al.，2010）。技术不确定性是项目不确定性在技术维度的具体表现，反映了组织所处外部环境技术发展方向和技术变革速度的不可预测性。在中小企业供应链合作项目中，认为技术的高度不确定性会刺激上下游企业间的知识共享和关系学习，以更好地检查产品是否符合消费市场需求，从而增强产品的创新性（Jean et al.，2010）。因此，组织在不确定性环境下具有更高的分享复杂信息的关系学习需求的动机，进而更好地应对技术变革挑战（Liu，2012；Lai et al.，2009）。

基于上述分析，本书提出以下假设：

H_3：项目的不确定性会对跨组织项目网络的组织间学习过程起显著的正向影响。

3.1.4 研究视角对组织间学习影响因素的调节作用

现有组织间学习影响因素的实证研究主要基于组织间交互学习视角和关系学习视角。其中关系学习研究大都基于 Selnes 和 Sallis（2003）对关系学习的界定和测度方法，因此比较注重组织间合作关系对学习过程的影响。而组织间交互学习研究往往把组织间学习过程看作两个或多个组织通过信息交流和知识交互等活动来共同学习，组织间发生的主要是知识交互过程，而对知识的内化和知识的创造过程发生在组织层次，因此认为组织间学习的先决条件取决于组织本身的特性。基于以上分析，本书提出如下假设：

H_4：不同的研究视角下跨组织项目中组织间学习过程与影响因素关系研究的结论具有差异性。

H_{4a}：相比于关系学习视角下研究，组织规模、组织学习意愿、相对吸收能力等学习主体相关因素与跨组织项目组织间学习的关系在组织间交互学习视角下研究更强。

H_{4b}：相比于关系学习视角下研究，信任、社会资本、承诺、关系强度和关系专用性投资等组织间关系相关因素与跨组织项目组织间学习的关系强度在组织间交互学习视角下研究更弱。

基于以上假设，本书构建需要实证的理论模型如图3.1所示。

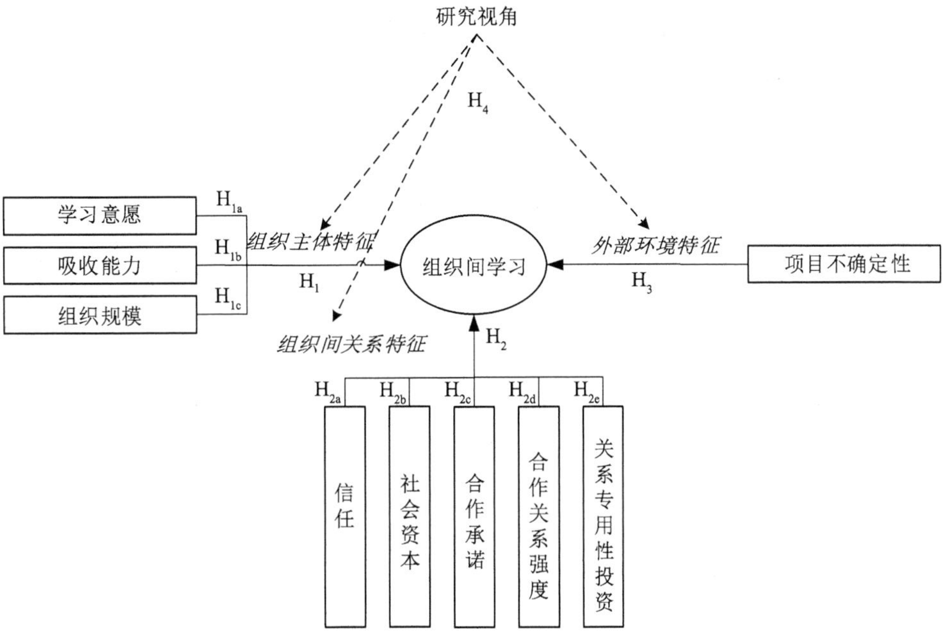

图3.1　项目情境下组织间学习机制影响因素理论模型

3.2　研究设计

3.2.1　元分析技术

元分析是一种以综合已有的发现为目的，对单个研究结果进行综合的统计学分析方法（Hunter and Schmidt，2004）。虽然元分析是对已有研究结果进行综合分析的方法，但是与传统定性的文献综述方法不同，它运用定量分析的统计方法，从对同一个问题的大量研究数据中找出相似信息，综合出个别研究不能获得的效应，概括出普遍性的结论。进一步而言，元分析方法能够检验潜在的调节效应，从而使研究者从错综复杂的假设关系中把握和理解其中的理论联系。因此,元分析能够在一定程度上克服传统文献综述存在的一些不足,如,文献综述无法用定量的方法对所述内容进行系统收集和综合,不可避免地造成研究结论带有主观性。元分析以原始结果为单位,对相关研究进行全面的文献检索,以明确的文献筛选和纳入标准,系统考察研究对象、方法、测量指标等对分析结果的影响,并在此基础上对结果进行定量合并,这使得元分析能够最大限度地减少各种偏倚,确保结论的科学、客观性。

本书基于 Hunter 和 Schmidt (2004)的方法运用元分析对 1991—2019 年 19 年间发表的关于组织间学习影响因素实证研究进行定量分析。元分析研究中最常应用的研究指标是效应值(r 值,effect size)。在元分析的具体操作中,主要计算估计值的方法包括 *Glass*Δ 值、*Hedges g* 值、*Hedges d* 值、*Hedges* 的反应比和 Fisher 的 $r-Z$ 转换值。本书采用 Fisher 的 $r-Z$ 转换值的方法,即首先通过对以往实证研究文献的归集和整理,提取大量实证研究的相关系数,获得大样本数据,然后依据 Fisher 的 $r-Z$ 转换公式将原始文献中的相关系数转换为 Fisher 'Z 值,最后通过对 Fisher 'Z 值进行加权处理,将处理后的 Fisher 'Z 值与相应的标准差用于合并效应值,最后输出的数值为逆运算所得的相关系数,即本书所得的相关系数。

3.2.2 检索与筛选文献

为系统收集现有关于组织间学习影响因素的重要研究文献,本书采用了三个阶段的搜索程序进行检索和筛选文献。

(1) 第一阶段,对 Scopus 和 Web of science 数据库中收录的 1991—2019 年[1]发表的所有文献,关键字包括组织间学习和跨组织项目两方面进行组合,关键词如下:

(*"interorganizational learning" OR "inter-organizational learning" OR "relationship learning" OR "inter-partner learning" OR "inter-firm learning"*) *AND project* 其中组织间学习关键词策略既参考了 Rajala(2018)在研究组织间学习与组织绩效二元关系元分析时采用的文献检索策略,同时考虑了

[1] 组织间学习概念最早由 Hamel (1991)在研究国际战略联盟中的学习竞争时提出,详见本书 2.1 节对组织间学习界定文献综述,因此本章检索文献发表时间设定为 1991—2019 年。

早期组织间学习研究会采用“inter-partner learning”和“inter-firm learning”等术语来表述组织间学习这一概念的情形。跨组织项目关键词策略主要考虑不少跨组织项目情境下的组织间学习文献未强调项目的跨组织特征，但基于的项目案例符合跨组织项目特征，因此采用“project”作为唯一检索关键词，并通过对文献的手动筛选来剔除组织内项目情境下的研究。基于上述文献检索策略，本书共得到279篇文献，手工逐条检查检索结果文献的相关性，最终得到了122篇重要文献。

(2) 第二阶段，为了避免漏检和误检，手工逐条检索了发表在管理学权威期刊和项目管理重要期刊上的研究论文。检索期刊来源于Van Wijk(2008)和毕克贵(2012)等学者关于组织学习和知识转移相关元分析研究以及Von Danwitz (2018)对跨组织项目研究综述使用的期刊名单，主要有Academy of Management Journal、Academy of Management Review、Administrative Science Quarterly、Human Relations、Strategic Management Journal、Journal of management、Organizational Studies、Journal of Management Studies、Management Science、Organization Science、International Journal of Project Management、Project Management Journal、Research Policy。通过检查后发现，这些期刊中与组织间学习相关的32篇重要文献已全部包含在第一阶段所得到的文献数据库中，这验证了本书第一阶段所采用的文献检索的有效性。

(3) 第三阶段，基于前两阶段文献检索工作得到的122篇与组织间学习相关的重要文献，本书按照3个客观标准进一步筛选文献。

a. 只有采用实证研究并且在分析结果中汇报了样本量和结果变量(如r，$univariate\ F$，t，χ^2)的文献才被纳入到最终分析数据库中。事实上，122篇文献中有109篇文献采用了实证研究的方法，这说明跨组织项目情境下的组织间学习研究还是以实证研究为主。然而，其中32篇文献只采用定性研究方法。在采用定量研究方法的文献中只有68篇采用多元回归分析和结构方程模型等方法进行实证检验，但其中的26篇文献仅仅汇报了检验显著性结果，而这无法计算出变量间的相关系数，因此这些文献被剔除。

b. 纳入分析数据库的文献必须以组织间学习和其影响因素为主要的研究变量，包括组织间学习结果变量、中介变量和调节变量，不包括组织间学习为前因变量。同时，本书剔除了那些对变量界定模糊和维度描述不清的文献。该阶段共有6篇文献被剔除。

c. 为了解决概念上的重复问题，确保这些研究的独立性，本书剔除了重复样本。如果有多项研究基于同一数据库的同一变量，本书只纳入一项研究的效应量。如果数据库相同但变量不同，本书分别保留了各个效应量。

通过上述文献检索和筛选工作，本书最终得到36篇纳入元分析的文献，来源于26种期刊(表3.2)。

表3.2　主要期刊纳入元分析的论文数统计

期刊名称	论文数量
Journal of Business and Industrial Marketing	5
Journal of Business Research	4
International Journal of Project Management	3
Supply Chain Management	2
Asia Pacific Journal of Marketing and Logistics	1
Bottom Line	1
Human Relations	1
Industrial Marketing Management	1
International Business Review	1
International Journal of Contemporary Hospitality Management	1
Journal of Business-to-Business Marketing	1
Journal of International Marketing	1
Journal of Management in Engineering	1
Journal of Operations Management	1
Journal of Relationship Marketing	1
Journal of Small Business and Enterprise Development	1
Journal of Supply Chain Management	1
Journal of World Business	1
Knowledge and Process Management	1
Management Science	1
Organization Studies	1
Quality and Quantity	1
R & D Management	1
Review of Managerial Science	1
Revista De Economia Mundial	1
Technology Analysis and Strategic Management	1
合计	36

注：多数实证研究论文未报告元分析所需的分析结果，仅仅报告了检验的显著性结果，因此最终被纳入元分析的论文较少。

3.2.3 文献编码和变量设计

针对筛选出的36篇纳入元分析的重要文献，为了更好地对本书提出的研究假设进行检验，本书对这些文献进行了编码操作，编码的内容包括：①研究的标识码；②研究报告的质量，即文献来源；③样本量；④研究视角（组织间交互学习视角、关系学习视角）；⑤变量描述；⑥效应值汇报结果。

本书采用同一编码者在不同时段对所有编码文献进行重新编码，然后对不同时段的编码结果进行比较，发现除个别数据有偏差外，其他没有差异。这说明本书的编码具有较高的一致性。表3.3给出了研究编码结果的示例。

表3.3 编码示例

标识码	文献来源	样本量/个	研究视角	变量	效应值类型	效应值
28	Sobrero, M. and Roberts, E.B.2001	50	组织间交互学习	合作关系强度	t 值	3.26

元分析要求变量具有高度的一致性，本书通过对原始文献的仔细阅读，将概念上相似但不同作者使用存在细微差异的不同语言来描述的变量进行合并和归类。现对相关变量进行如下描述，见表3.4。经过细致的文献编码和变量合并以后，本书最终得到37个独立样本和66个效应值，所有累计样本数达到22 272个。

表3.4 相关变量描述

变量	定义	文献来源
组织主体特征：		
学习意愿	组织把合作机会作为学习机会的倾向程度	(Inkpen and Currall, 2004),(Tsang, 2002),(Huang, 2010),(Liu, 2012)
吸收能力	组织识别、评估、吸收和商业化新知识的能力	(Cohen and Levinthal, 1990),(Lane and Lubatkin, 1998),(Zahra and George, 2002),(Liu, 2012),(Kożuch et al., 2018)
组织规模	组织所拥有的人员数量以及这些人员之间相互作用的关系	(Chang and Gotcher, 2008),(Lui, 2009),(Martínez-Noya and García-Canal, 2016),(Kożuch et al., 2018)

（续　表）

变量	定义	文献来源
组织间关系特征：		
信任	对合作关系中另一方组织在行动过程中考虑双方利益的感知能力和意愿	(Selnes and Sallis，2003)，(Lai et al.，2009)，(Cheung et al.，2010)，(Benavides-Espinosa and Ribeiro-Soriano，2014)，(Rungsithong et al.，2017)，(Rauniar et al.，2019)，(Hsu et al.，2011)
社会资本	组织在拥有的社会关系网络中能够获取的资源和潜在资源	(Nahapiet and Ghoshal，1998)，(Kale et al.，2000)，(Kohtamäki and Bourlakis，2012)，(Hung et al.，2014)，(Sukoco et al.，2018)，(Kim and Shim，2018)
承诺	与其他组织维持重要关系的持续性意愿	(Morgan and Hunt，1994)，(Selnes and Sallis，2003)，(Emden et al.，2005)，(Hsu et al.，2007)，(Lai et al.，2009)
合作关系强度	合作关系持续的时间、合作范围和任务相互依赖性	(Sobrero and Roberts，2001)，(Chang and Gotcher，2008)，(Lui，2009)，(Cheung et al.，2010)，(Khachlouf and Quélin，2018)，(Zhao et al.，2011)
关系专用性投资	合作组织双方为强化合作关系而进行的相关投资	(Selnes and Sallis 2003)，(Hsu et al. 2007)，(Cheung et al. 2010)，(Rungsithong et al. 2017)
环境特征：		
项目不确定性	一个组织所面临外部项目环境的易变性与难以预测程度	(Heide and John，1988)，(Lai et al.，2009)，(Liu，2012)

3.2.4　数据分析

本书采用 Hunter and Schmidt(2004)提出的元分析方法对 36 篇筛选出的文献进行定量分析。具体的分析过程如下。

(1) 计算相关效应值

首先，提取各原始文献中各变量的汇报结果，并统一转换为普遍运用的效果量——Pearson 相关系数 r；其次，为了将样本相关系数的分布调整为正态分布，参照 Hunter and Schmidt(2004)的公式：

$$\text{Fisher}\ 'Z = 0.5 \times \ln \frac{1+r}{1-r} \tag{3.1}$$

把66个样本相关系数转换为 Fisher 'Z 值；最后，考虑到不同研究的样本量大小不会直接影响到结论的可靠性，因此需要对66个效果量基于样本量赋予权重，然后，将 Fisher 'Z 值进行加权平均转换为相关系数，作为总体的效应值。依据 Hunter and Schmidt(2004)的方法，计算每个相关系数的权重，计算公式如下：

$$V = \frac{1}{N-3} \tag{3.2}$$

其中，N 为样本数量。

(2) 发表偏倚程度分析

由于结果不显著的研究成果被发表的概率较低，我们筛选的文献得到的大多为显著的结论，因而元分析可能存在“发表偏差”，在解释元分析结果时，应该充分考虑这种“文件抽屉效应”(File drawer effect)。为了估计发表偏差的风险，本书引入失效安全数来估计需要多少个有无效结果的研究才能使元分析的结果发生逆转。失效安全数越大，说明元分析的结果越稳定，结论被推翻的可能性就越小。根据 McDaniel (2006)等学者的观点，“文件抽屉”的容忍上限为($5K+10$)，其中 K 是研究的数量，当失效安全数高于($5K+10$)，说明元分析的结论被推翻的可能性较低，反之则可以认为存在发表偏差的风险较高。

(3) 对相关研究结果进行同质性检验，并根据同质性检验结果选择相应模型对各变量与组织间学习的主效应进行检验

要判断从文献中提取的所有效应值是否来自相同的总体，就必须对效应值的同质性进行检验。同质性检验的重要指标是 Q 值，其中 Q 值服从 $df=K-1$ 的卡方分布，K 为效应值的数量。Q 值的显著性水平反映了效应值之间的同质性程度。Q 值若显著，则表示拒绝同质性的零假设，应采用随机效应模型，反之则采用固定效应模型。

主效应的检验主要通过考察各影响变量与组织间学习的效应值(本书采用 Pearson 相关系数 r)、Fisher 'Z 值的 p 检验显著性水平和效应值得95%置信区间来综合判断。一般而言，$p<0.1$ 且 r 的95%置信区间不包含0，可以认为变量之间存在显著的相关性。

（4）检验研究视角变量的调节作用

根据样本文献的研究视角编码对文献进行分组，检验文献的研究视角属性对各变量与组织间学习关系的影响，检验方法类似于主效应检验，先进行同质性检验，根据检验结果选择合适的模型进行效应值分析。

3.3 分析结果

3.3.1 发表偏倚

本书的发表偏倚检验采用失效安全数来判定。结果表明，组织主体中的学习意愿和吸收能力与组织间学习关系结果的失效安全系数分别 2 586 和 182，远大于（$5K+10$）的经验法则判定，推翻结论的可能性非常小，分析结果稳定。然而，组织规模和组织间学习关系结果的失效安全系数为 27，小于（$5K+10$）的经验法则，因此元分析结果不稳定，存在发表偏倚问题。产生发表偏倚问题的主要原因有两个：一是符合纳入标准的重要文献被遗漏（McDaniel et al.，2006）；二是研究者在论文发表过程中更倾向于汇报那些具有统计学意义的结果，特别是当研究样本量较小时，相关关系的发表偏倚问题会更加严重（Borenstein et al.，2011）。检验发表偏倚主要是为了考察组织规模和组织间学习关系结论的稳健性。表 3.5 同时给出的组织规模与组织间学习关系综合效应值和 p 检验显著性结果（$r=0.83$，$p>0.1$）表明在不考虑发表偏倚问题情形下，组织规模对组织间学习的显著性影响并未得到论证，即 H_{1c} 并未得到支持。表 3.6 给出了本书通过检索得到的跨组织项目情境下组织规模与组织间学习关系研究文献及其研究结论。

表 3.5　整体元分析结果汇总

变量	K	N	r	Z 值	95%置信区间		失效安全系数
					下限值	上限值	
组织主体特征：							
学习意愿	8	3 272	0.433***	11.213	0.364	0.496	2 586
吸收能力	6	1423	0.250***	5.826	0.168	0.329	182
组织规模	6	1 192	0.083	1.386	−0.035	0.199	27

（续　表）

变量	K	N	r	Z值	95%置信区间		失效安全系数
					下限值	上限值	
组织间关系特征：							
信任	13	1 651	0.258***	5.505	0.169	0.344	259
社会资本	6	3 067	0.254***	5.928	0.172	0.333	563
承诺	7	2 608	0.264***	6.023	0.180	0.344	542
关系强度	10	1 748	0.228***	4.591	0.131	0.321	342
关系专用性投资	6	2 186	0.305***	4.059	0.162	0.437	287
环境特征：							
项目不确定性	4	1 046	0.241***	4.529	0.139	0.339	82

注：K 为独立研究的样本数；N 为 K 个研究样本的总样本量；r 为根据原始相关系数计算的加权效果量；*** $p<0.01$，** $p<0.05$，* $p<0.1$。

表 3.6　跨组织项目情境下组织规模与组织间学习关系研究文献结论汇总

文献	研究结论	是否纳入元分析
Muthusamy and White，2005	影响不显著	否
Ling-Yee，2007	显著的正向影响	否
Chang and Gotcher，2008	影响不显著	是
Pérez-Nordtvedt et al.，2008	影响不显著	否
Becerra et al.，2008	影响不显著	否
Oxley and Wada，2009	影响不显著	否
Lui，2009	影响不显著	是
Martínez-Noya and García-Canal，2016	影响不显著	是
Hao and Feng，2018	影响不显著	否
Khachlouf and Quélin，2018	显著正向影响	是
Wei et al.，2011	显著负向影响	是
Schildt et al.，2012	显著正向影响	否
Wagner and Bukó，2005	影响不显著	是

在组织间关系特征中，信任、社会资本、合作承诺、关系强度和关系专用性投资的失效安全系数分别为259、563、542、342和287，超过“文件抽屉”的容忍上限，因此结论的可靠性较高。同样对于文化距离，环境特征中的项目不确定性的

失效安全系数为82,高于(5×4+10)的经验法则要求,本书认为结论稳健性达到分析基本要求。

3.3.2 同质性检验

同质性检验的结果见表3.7。结果表明,所有变量的同质性检验指标Q值处于显著性水平,因此所有变量的效应值都存在一定程度的异质性。当效应值异质时,通常有两种处理方式。第一是删除极端效应值,直至达到同质后才有固定效应模型分析;第二是采用考虑了研究内和研究间变异的随机模型分析。由于当各研究同质时,固定效应和随机效应模型的计算结果是相同的,所以本书在整体分析时都采用随机模型分析方法。

表3.7 同质性检验结果汇总

变量	同质性检验(Q统计)			Tau-squared		
	Q值	自由度	I^2	标准误	方差	Tau
组织主体特征:						
学习意愿	70.83***	7	80.24	0.010	<0.001	0.139
吸收能力	19.177**	5	58.28	0.008	<0.001	0.097
组织规模	22.959***	5	73.87	0.015	<0.001	0.134
组织间关系特征:						
信任	31.580***	12	74.67	0.010	<0.001	0.123
社会资本	64.309***	5	81.34	0.011	<0.001	0.140
承诺	54.566***	6	79.84	0.010	<0.001	0.137
关系强度	59.66***	9	76.53	0.015	<0.001	0.171
关系专用性投资	79.59***	5	91.20	0.029	0.001	0.207
环境特征:						
项目不确定性	13.958***	3	64.18	0.011	<0.001	0.105

注:*** $p<0.01$, ** $p<0.05$, * $p<0.1$。

3.3.3 整体分析

表3.5给出了所有相关变量与组织间学习的主效应分析结果。

(1) 组织主体相关变量对组织间学习的影响

表3.5表明，组织主体相关变量中的学习意愿和吸收能力与组织间学习的总体的相关性在 $p=0.01$ 水平上显著，说明在跨组织项目中，组织的学习意愿和吸收能力会显著影响项目开展组织间学习活动，研究假设 H_{1a}、H_{1b} 得到支持。从效应值的点估计结果来看，组织的学习意愿比吸收能力与组织间学习的相关性更强 ($r=0.433$, $p<0.01$; $r=0.255$, $p<0.01$)，效应值的95%置信区间估计结果 ([0.364, 0.496]，[0.168, 0.329]) 也支持以上结论。组织规模与组织间学习的相关性并未得到支持，且失效安全系数过低，无法通过发表偏倚检验，研究假设 H_{1c} 并未得到支持。总体而言，组织主体特征与组织间学习相关性还是得到部分论证，因此，本书认为研究假设1得到部分支持，参与项目组织的主体特征是影响跨组织项目网络组织间学习的重要因素。

(2) 组织间关系相关变量对组织间学习的影响

表3.5结果验证了组织间关系相关变量与组织间学习的相关性(均在0.01水平上显著相关)，因此研究假设 H_2、H_{2a}、H_{2b}、H_{2c}、H_{2d} 和 H_{2e} 都得到充分支持。从效应值点估计的结果来看，所有变量均与组织间学习显著正相关，但相关性都不强，点估计结果大都介于0.2到0.3之间，弱于组织主体特征相关变量中组织学习意愿与组织间学习的相关程度，这也进一步论证了组织主体特征与组织间学习的相关性。

(3) 项目不确定性对组织间学习的影响

项目不确定性与组织间学习的综合相关系数为0.241，在 $p=0.01$ 水平上显著相关，因此研究假设 H_3 得到支持。相比于组织主体和组织间关系相关变量与组织间学习的相关性，项目不确定性与组织间学习的相关性更弱，这表明组织间学习过程主要受到组织主体自身特征和组织间关系特征的影响。

3.3.4　调节效应分析

为了更好地探究关系学习和组织间交互学习两种研究视角对跨组织项目组织间学习影响因素结论的差异性，本书将样本文献分为关系学习和组织间交互学习两个亚组进行元分析，分析结果见表3.8。由于样本文献数量的限制，本书仅讨论研究视角对组织主体特征相关因素和组织间关系特征相关因素与组织间学习关系的调节效应检验结果。

表 3.8 测度方法调节作用的检验结果

变量	类别	K	N	异质性检验		r	95%置信区间	
				Q	p 值		下限值	上限值
组织主体特征:								
学习意愿	RL	2	406	1.50	0.221	0.338***	0.248	0.421
	IL	6	2 866	59.88	<0.001	**0.446*****	0.374	0.512
吸收能力	RL	2	272	3.786	<0.001	0.228***	0.111	0.338
	IL	4	1 151	18.97	0.004	**0.264*****	0.157	0.364
组织间关系特征:								
信任	RL	4	246	6.069	0.108	**0.271*****	0.205	0.335
	IL	9	859	23.77	<0.001	0.241***	0.094	0.378
社会资本	RL	3	952	37.68	<0.001	**0.270*****	0.079	0.442
	IL	3	2 115	25.72	0.001	0.245***	0.160	0.327
承诺	RL	4	1 771	28.55	<0.001	**0.288*****	0.190	0.381
	IL	3	837	22.36	<0.001	0.229***	0.068	0.378
关系强度	RL	3	632	10.26	0.036	**0.326*****	0.209	0.434
	IL	7	1 271	41.446	<0.001	0.171**	0.039	0.297

注:类别中 RL 表示关系学习,IL 表示交互学习;K 为独立研究的样本数;N 为 K 个研究样本的总样本量;r 为根据原始相关系数计算的加权效果量; *** $p<0.01$, ** $p<0.05$, * $p<0.1$;表中的“/”表示缺失值。

(1) 组织主体特征相关因素的差异性

从效应值的点估计结果来看,组织的学习意愿与组织间学习的相关性在组织间交互学习视角下的研究文献比关系学习视角下的研究文献更高($r_{学习意愿,关系学习}=0.338$;$r_{学习意愿,交互学习}=0.446$),且均处于中等相关程度;而组织的吸收能力与组织间学习的相关性在两种研究视角下差异较小,都属于弱相关程度($r_{吸收能力,关系学习}=0.228$;$r_{吸收能力,交互学习}=0.264$)。为了进一步判断两者效应值之间的细微差异,本书进一步采用 Q 统计量进行调节效应检验,但结果在 $p=0.01$ 水平上都并不显著。对比两者效应值在 95%置信区间,不难发现具有一定的重合性,这说明不同研究视角下,组织的学习意愿与吸收能力与组织间学习关系的差异性不显著。因此,研究假设 H_{4a} 未得到支持。

(2) 组织间关系特征相关因素的差异性

从效应值的点估计结果来看，信任、社会资本、合作承诺与跨组织项目组织间学习的相关性在关系学习研究视角亚组和组织间交互学习研究视角亚组中都得到验证，均在0.01水平上显著相关。从点估计效应值大小来看，关系学习视角亚组的效应值略大于组织间交互学习视角亚组($r_{信任,关系学习}=0.271$，$r_{信任,交互学习}=0.241$；$r_{社会资本,关系学习}=0.270$，$r_{社会资本,交互学习}=0.245$；$r_{承诺,关系学习}=0.288$，$r_{承诺,交互学习}=0.229$)。但进一步的调节效应检验结果表明，两个亚组之间的效应值并未存在显著的差异性。这表明在关系学习类研究和组织间交互学习类研究中，信任、社会资本、合作承诺与组织间学习关系结论的差异性较小。表3.8结果表明，关系强度在关系学习研究视角下与组织间学习的相关性更高($r_{关系强度,关系学习}=0.326$，$p<0.01$；$r_{关系强度,交互学习}=0.171$，$p<0.05$)。进一步的调节效应检验结果也表明，在不同研究视角下，关系强度与组织间学习的相关性在$p=0.01$水平上具有显著的差异性。因此，研究假设H_4和$H4_b$得到部分支持。

3.4 发现与讨论

跨组织项目具有临时性特征，跨组织项目网络中的组织间的任务合作关系为组织间学习提供了有利的条件。主流的组织学习研究文献认为，组织间学习过程受到三个方面因素的影响：学习主体因素、主体间关系因素和组织外部环境因素。由于不同学者对组织间学习过程的界定并不一致，不同研究视角下对影响因素与组织间学习的关系研究结论具有一定差异性。为了探究跨组织学习项目网络组织间学习发生机理，厘清影响组织间学习过程的关键因素，本章对36篇发表在管理领域和项目管理领域对跨组织项目情境下组织间学习影响因素研究的重要文献进行元分析，得出了以下研究结论。

3.4.1 学习主体因素对组织间学习的影响

本章研究发现，组织的相对吸收能力和组织的学习意愿是影响跨组织项目网络组织间学习最重要的因素，这和主流组织间学习领域的研究结论基本一致。

自Lane和Lubatkin (1998)首次提出相对吸收能力的概念以来，相对吸收能力一直被认为是影响组织间学习最为重要的组织能力之一。在组织间学习研究领域，不同学者基于研究情境和研究对象提出了不同的关于相对吸收能力的多维度划分方法，如Lane等(2006)提出的探索、转化和利用三维度模型，Murovec和Prodan (2009)提出的科学导向和需求导向二分模型，Gebauer等(2012)提出的探索式学习、吸收式学习、转化式学习和利用式学习四维度模型等。在项目管理领域，相对吸收能力主要沿用了Lane(2006)和Gebauer(2012)等的研究。由于转化式学习是对探索式学习和利用式学习的过渡，因此相对吸收能力对跨组织项目组织间学习的影响主要通过组织的探索式学习和利用式学习对外部知识的获取、整合和内化而实现。在跨组织项目网络中，组织间探索式学习可以实现共同知识的获取和创造，而组织间利用式学习可以实现对共同知识的利用和开发，因此组织的探索式学习和利用式学习能力越强，组织间学习效果越好。然而，跨组织项目具有临时性和资源约束性特征，跨组织项目网络中的组织无法实现对两种学习能力的共同提升，需要在组织间探索式学习和利用式学习中找到平衡。因此，相对吸收能力对跨组织项目网络组织间学习的正向影响作用表明，跨组织项目网络管理者应重视整个项目网络的组织间学习资源的配置方式，找出探索式学习和利用式学习的最佳平衡点，最大可能地提升跨组织项目网络和网络中各组织的相对吸收能力，从而实现组织间学习效益的最大化。

组织的学习意愿一直是组织间学习的重要影响因素。在跨组织项目研究中，组织的学习意愿主要包括组织分享知识的意愿和组织接受其他组织知识的意愿，因此组织学习意愿和组织间学习关系研究主要基于组织间交互学习视角，重点关注组织间知识交互过程。在跨组织项目中，由于任务分工和比较优势的存在，各组织的知识资源往往具有一定的差异性和互补性，这也被认为是激发组织学习意愿、进行组织间知识交互的重要原因(Huang, 2010; Liu, 2012)。Stjerne等(2019)认为跨组织项目中的任务合作成功需要深入有效的组织间沟通，这也给组织间知识交互和知识整合带来契机。因此，组织学习意愿和组织间学习的正向关系表明，跨组织项目管理者应重视如何利用组织间任务合作和组织间知识差异性来提升各组织的组织间学习意愿，从而促进组织间知识交互和知识整合过程，提升组织间学习绩效。

3.4.2 组织间关系因素对组织间学习的影响

本章的研究发现，组织间信任、组织间合作承诺、组织的社会资本和组织间合作关系强度对跨组织项目网络的组织间学习过程有正向影响作用，这与主流组织间学习研究结论相一致。在跨组织项目组织间学习研究中，组织间信任和组织间合作关系强度是被研究最多的两个反映组织关系特征的因素。组织间信任被认为是发生组织间知识交互的基础(Hsu et al., 2011)。组织间合作关系强度是对跨组织项目网络中组织间既有合作持续时间、合作范围和任务相互依赖程度的综合测度(Khachlouf and Quélin, 2018;Zhao et al., 2011)。组织的社会资本具有多维度性，主要可以分为结构维度、关系维度和认知维度(Kale et al., 2000; Kohtamäki and Bourlakis, 2012)。在跨组织项目中，组织结构资本主要体现在组织在项目网络中的结构特征和组织间互动性，主要由组织间合作关系决定；组织关系资本主要体现在组织间信任和合作承诺，反映了组织基于合作任务对发展合作关系的信心和意愿；组织的认知资本主要体现在组织间任务目标的协同性，也是由组织的合作目标决定的。组织间合作承诺是跨组织项目网络中组织在未来维持既有合作关系的持续性意愿(Morgan and Hunt, 1994)。因此，组织间合作关系强度、合作承诺和组织的社会资本都源于跨组织项目合作任务分配关系，是由跨组织项目的共同目标决定的。组织间合作关系强度、合作承诺和组织的社会资本对跨组织项目网络组织间学习的积极作用表明，项目网络的组织间任务合作关系是影响组织间学习最重要的组织间关系因素。Stjerne 等(2019)认为跨组织项目不同于一般项目，需要应对时间张力的挑战，参与组织既要解决当下项目中的合作冲突，又要考虑未来维持合作关系的可能性。

组织间关系特征与跨组织项目网络组织间学习具有的正相关性给跨组织项目网络管理者带来的实践启示是，跨组织项目网络的最高决策组织在制订项目合作目标时应尽量减少组织间目标分歧和冲突，使合作目标受惠面最大化。同时，跨组织项目网络的任务统筹组织在任务的组织分配时要考虑到组织间任务合作关系对组织间学习的积极影响，应尽可能地促进任务合作组织间的互动沟通和整个项目网络组织间的知识可交互性，以提高每一个组织社会结构资本，这有利于组织间学习活动的开展。此外，跨组织项目网络中的协调者不仅需要着眼于如何在现有项目中加强组织间任务的协作，拓展组织间合作范围，延长组织间合作时间，同时要充分挖掘组织间合作带来的双赢机会，以加强既有组织间合作关系和促进未来合作承诺的实现。

3.4.3 项目环境因素对组织间学习的影响

本章主要对项目不确定性和跨组织项目网络的组织间学习的关系进行了元分析,分析结果表明,项目的不确定性对组织间学习具有正向影响,但相关性弱于学习主体因素和组织间关系因素和组织间学习的相关性。Peng (2014)和Kennedy (2011)认为,项目不确定性主要体现在目标的不确定性和方法的不确定性,即项目的任务范围、任务分配和任务所需知识具有不确定性和变动性。任务范围和任务分配的不确定性和变动性影响跨组织项目网络中任务合作网络的形成和维持。任务知识的不确定性会使组织对项目环境的适应性减弱,能够提高他们的学习意愿,但任务知识的不确定性会影响知识交互网络的形成和维持。因此,项目不确定性对组织间学习过程的影响是通过对学习主体和组织间合作关系的影响来实现,跨组织项目网络的管理者在面对较高的项目不确定性时,应充分考虑到项目不确定性带来的任务不确定性和技术不确定性对组织间合作关系和学习主体学习意愿的影响,引导组织参与组织间学习提高自身对项目不确定性的适应能力,同时避免合作关系不确定性对组织间学习的消极影响。

3.4.4 组织间交互学习与关系学习的差异性

本章就研究视角对跨组织项目网络组织间学习与影响因素关系的调节作用分析结果表明,只有组织间合作关系强度和组织间学习的相关性在不同研究视角下具有显著差异性,其他因素与组织间学习关系的研究结论具有较高的一致性。Rajala (2018)在对组织间学习与学习绩效关系进行元分析时发现,关系学习研究视角下的组织间学习与学习绩效的相关性要强于其他研究视角下的相关性。他认为,产生这种相关性差异性的原因是关系学习研究下相关构念的测度方法主要基于 Selnes 和 Sallis (2003)的研究,具有高度统一性,因此组织间学习与学习绩效的相关性受到变量测度影响较小。在本章的研究中,由于项目管理领域研究对各种影响因素构念的测度未形成一致性的方法,在不同研究情境中具有一定的差异性,使得关系学习研究视角下的组织间学习与影响因素的相关性减弱,与组织间交互学习研究结果未有显著差异。

合作关系强度和组织间学习相关性的差异性表明,跨组织项目网络的组织间学习过程研究要明确组织间学习发生的学习环境。关系学习视角研究和组织交互视角研究对组织间学习过程界定最主要的差异性体现在对组织间知识解释和整合过程发生的层次界定。组织交互视角的研究往往认为组织间层次只是知识的交互，知识的解释和整合发生在组织层次，而关系学习视角研究认为组织间学习中的知识交互、共同解释和知识整合都发生在组织间层次。合作关系强度与组织间学习关系强度在关系学习视角下研究更高表明，合作关系强度对组织间层次的知识解释和整合影响更为显著。因此，组织间学习过程机理的研究首先要明确组织间学习过程构成，识别组织间知识解释和知识整合发生的学习环境。如果知识的解释和整合发生在组织层次，则组织间学习中只有组织间知识交互过程受到组织间合作关系的影响。如果组织间知识交互、共同解释和知识整合都发生在组织间层次，则组织间合作关系会影响整个组织间学习过程。

本章的研究也具有一定局限性。首先36篇文献的样本量较小，研究结论的稳健性有待检验。尽管现有元分析研究对文献样本量没有严格的规定，Van Wijk等(2008)在知识转移影响因素元分析研究中提出样本量超过3即可进行元分析研究，但增加样本量可以进一步提高研究的可靠性，可以更好地对组织规模等存在发表偏倚问题的变量进行更准确的分析。其次，受限于分析的文献样本，本书进行检验的影响因素变量较少，表3.1中不少因素由于缺乏样本文献无法进行检验，因此需要采用其他文献研究方法进一步检验这些因素和跨组织项目网络的组织间学习过程关系的一般性结论。

3.5　本章小结

本章对项目情境下组织间学习研究文献进行系统性梳理，采用元分析对识别的影响因素和组织间学习关系进行计量分析。研究发现，跨组织项目网络组织间学习主要受到组织的学习意愿和相对吸收能力等学习主体因素的影响，同时受到组织间信任、组织间合作承诺、组织间合作关系强度、组织的社会资本、关系专用性投资等组织间关系因素的影响。此外，项目的不确定性也会影响组织间学习机制，但这种影响弱于学习主体因素和组织间关系因素对组织间学习的影响。本章还检验了不同研究视角对跨组织项目网络组织间学习与影响因素相关性的调节作用，检验结果表明，尽管绝大多数影响因素与组织间学习的关系不受研究视角的影响，但跨组织项目网络组织间学习过程研究也要关注学习过程中知识整合发生的学习环境。基于元分析研究结果，本章对项目情境下组织间学习实践管理提出了相关建设性意见。同时，本章的研究结论可以为第 4 章的跨组织项目网络中组织间学习机制仿真建模提供理论基础。

第4章

组织间学习机制仿真模型构建与验证

跨组织项目网络组织间学习系统具有非线性动态变化特征，组织间学习是微观行为“涌现”的结果。传统的数理分析模型难以有效分析系统内部个体之间的动态交互，亟需构建动态组织学习仿真模型以更好地探究跨组织项目网络组织间学习对项目网络中个体、组织和网络层次知识水平的复杂影响机理。然而，现有组织学习仿真模型在项目情境下的研究较为缺乏。探索式—利用式组织学习仿真模型可以较好地揭示组织学习演化过程中的动态平衡特性，但缺乏在项目情境下的适用性拓展研究。为此，本章基于网络学习理论，结合第3章关于跨组织项目网络组织间学习机制影响因素研究结果，对跨组织项目网络组织间学习系统进行深入分析。在此基础上，本章把探索式—利用式组织学习仿真模型从项目环境设定、项目组织间关系构建、学习评价和学习过程四个方面进行拓展，构建适用于跨组织项目网络情境下的组织间学习机制仿真模型，并对仿真模型进行概念模型和数据效度两方面的有效性验证，为跨组织项目网络组织间学习策略的计算实验研究提供方法支持。

跨组织项目网络的组织间学习过程是跨组织项目网络不断探索和利用项目网络中的组织间知识，以更好地适应项目环境，实现项目合作目标的过程。在整个组织间学习系统中，项目网络中个体、组织和项目网络本身的知识水平变化是各学习主体间相互交互共同作用的结果。因此，跨组织项目网络组织间学习系统具有非线性动态变化的特征，组织间学习是微观行为“涌现”的结果。传统的数理分析模型难以有效分析系统内部个体之间的动态交互，而大量实证研究又往往采用横截面数据研究方法，不适用于动态过程分析。基于agent的仿真方法具有对复杂系统的自然描述能力，可以仿真动态复杂项目环境中的组织学习行为，研究传统方法难以获得的“涌现”行为。因此，如何基于跨组织项目情境，构建跨组织项目网络的组织间学习机制仿真模型对探究跨组织项目网络的组织间学习如何影响项目网络中个体、组织和网络层次知识水平具有较高的理论研究意义。

项目情境下的组织学习仿真理论研究非常缺乏，不少项目管理领域的组织仿真研究学者把组织学习过程看作是个体学习过程的集合，学习主体局限于个体，学习层次局限于个体层次(Rodrigues et al., 2008; Taylor et al., 2009)，因此这些模型不能很好地解释组织层次和组织间层次的组织学习过程演化机理。March (1991)在研究探索式学习和利用式学习之间的辩证关系时构建的组织学习仿真模型，很好地揭示了组织内学习策略对组织知识水平的影响机制。D. Miller 和 J. Calantone(2006)、Fang 等(2008)、Kim 和 Rhee (2009)等学者对 March (1991)模型在组织内学习领域进行了拓展和验证。Park 等(2015)把 March (1991)组织学习模型拓展到组织间层次，研究了 IT 驱动学习机制下的组织间学习策略与组织内学习策略的适应性关系。但是，这些研究都不能直接用于跨组织项目网络情境中的组织间学习研究，主要存在三个不足：①March (1991)等模型把组织中个体对组织环境的适应性作为衡量个体知识水平的依据，认为组织环境对个体的适应要求是无差别的，而项目网络情境中个体和组织行动具有任务驱动性特征，对项目环境的适应是任务导向的，适应性要求具有差异性；②March (1991)等模型主要适用于组织内学习，Park 等(2015)虽然把模型拓展到组织间层次，但研究对象是双边永久性合作组织，因此无法直接用于多边临时性项目合作关系构建学习情境研究；③March (1991)等研究假定组织学习资源是无约束的，不符合在跨组织项目网络中个体和组织行动具有很强的资源约束性要求。因此，如何把 March (1991)组织学习仿真模型拓展到跨组织项目网络情境中，识别项目网络中的组织间学习过程和组织内学习过程，厘清组织内学习和组织间学习的相互关系，构建项目网络与组织内学习和组织间学习过程的理论关系模型，建立跨组织项目网络中学习主体间的交互规则，以实现跨组织项目网络组织间学习机制的可计算化，从而构建跨组织项目网络组织间学习仿真模型是本章需要解决的一个关键科学问题。

基于上述分析，本章采用 Knight (2002)的网络学习理论对跨组织项目网络中的组织间学习机制进行分析，并结合第 3 章关于跨组织项目网络组织间学习机制影响因素研究结果，构建跨组织项目网络组织间学习过程理论模型。在此基础上，本书把 March (1991)的组织学习仿真模型从项目环境设定、项目组织间关系构建、学习评价和学习过程四个方面进行拓展，构建适用于跨组织项目网络情境下的组织间学习仿真模型，并对仿真模型进行概念模型和数据效度两方面的有效性验证。

4.1　跨组织项目网络组织间学习系统分析

跨组织项目网络组织间学习系统分析旨在厘清跨组织项目网络组织学习系统的构成要素，识别组织间学习和组织内学习的学习主体、学习发生的环境以及学习产生的结果，明确组织间学习与组织内学习的相互关系，构建学习主体、组织间关系和项目环境等要素在组织间学习过程中的交互机制，以此提出跨组织项目网络的组织间学习机制理论模型。

4.1.1　跨组织项目网络组织学习系统构成分析

识别跨组织项目网络组织学习系统的构成要素要明确跨组织项目网络中的学习主体和学习过程。根据 Knight(2002)提出网络学习的理论，网络学习是网络与网络中个体、组织以及网络外个体、组织和网络的相互学习过程，学习主体是网络以及网络中个体和组织。根据 1.2 节对跨组织项目网络的定义，跨组织项目网络主要由参与跨组织项目的组织、组织内个体以及组织间关系构成。因此，和嵌入网络中的组织和组织内个体是构成跨组织项目网络组织学习系统的主体要素。

组织学习是通过个体行为来实现，组织和组织间网络本身不会像个体一样"学习"(Easterby-Smith et al., 2008)。根据 Knight 和 Pye (2005)提出的组织学习分类框架(图 2.4)，在跨组织项目网络中，学习主体包括跨组织项目网络以及嵌入项目网络中的组织和个体，学习环境包括个体层次、组织层次和网络层次，根据所识别的学习主体和学习环境层次，项目网络组织学习系统可以包括 7 种组织学习过程：组织内个体间相互学习、个体向组织学习、组织向个体学习(即个体知识整合为组织知识)、组织间个体相互学习(即组织共同知识吸收内化为个体知识)、个体向跨组织项目网络学习(即跨组织项目网络共同知识吸收内化为个体知识)、组织向跨组织项目网络学习(即跨组织项目网络共同知识吸收内化为组织知识)、跨组织项目网络向个体学习(即个体知识整合为跨组织项目网络共同知识)和跨组织项目网络向组织学习(即组织共同知识整合为跨组织项目网络共同知识)。

考虑到 Knight (2002)的网络学习理论主要基于组织间战略联盟情境提出，而跨组织项目网络与组织间战略联盟情境具有研究情境差异性，因此本书采用文献事例对所识别的跨组织项目网络组织学习主体和过程结果进行论证。由于现有跨组织项目网络组织间学习过程研究大多采用单一研究视角，关注几个特定学习主体的学习过程，未有文献对所有学习过程进行系统性研究，因此本书通过系统梳理 2.2 节项目情境下组织学习研究文献中分别发生在个体、组织和组织间三个层次上采用的组织学习事例，并采用 Knight 和 Pye (2005)提出的网络学习事件分析法识别学习事件中的学习主体、学习发生环境和学习结果(分析过程见附录 A)。表 4.1 给出了各个学习过程的学习事例识别与分析结果。

表 4.1 基于文献学习事例的跨组织项目网络组织学习过程分析结果

学习过程	学习主体	学习层次	学习结果	学习事例	文献来源
组织内个体相互学习	个体	组织内	个体知识水平改变	组织内工作会议	(Ramirez and Dickenson, 2010)
个体向组织学习	个体	组织内	个体知识水平改变	组织文档学习	(Kotnour, 2000; Omar and Mohan, 2006)
组织向个体学习	组织	组织内	组织知识水平改变	个人经验总结	(Kotnour, 2000; Omar and Mohan, 2006)
组织间个体相互学习	个体	组织间	个体知识水平改变	项目技术研讨会	(Jugdev and Mathur, 2013)
个体向跨组织项目网络学习	个体	组织间	个体知识水平改变	项目文档学习	(Omar and Mohan, 2006)
组织向跨组织项目网络学习	组织	组织间	组织知识水平改变	项目经验提炼为组织经验	(Omar and Mohan, 2006; Brady and Davies, 2004)
跨组织项目网络向个体学习	跨组织项目网络	组织间	网络知识水平改变	个体探索新项目惯例	(Brady and Davies, 2004)
跨组织项目网络向组织学习	跨组织项目网络	组织间	网络知识水平改变	组织经验应用于项目惯例	(Brady and Davies, 2004; Kotnour, 2000)

注:本表仅呈现最为典型的事例识别结果。

(1) 个体层次的学习过程

由于跨组织项目网络的临时性和任务驱动性特征，个体层次的学习主要是个体间的相互学习，典型的学习事例是提到的组织内部工作会议和项目例会。其中组织内部的工作会议由于个体交互范围局限在组织内，是组织内的个体相互学习；而项目例会是跨越了组织边界，是组织间的个体相互学习活动。根据 Jugdev 和 Mathur (2013)、Ramirez 和 Dickenson (2010)研究，组织内的个体交互学习依赖于组织内交互网络，而组织间个体交互学习依赖于组织间的交互网络，个体层次的学习主要对个体的认知和行为产生影响，即个体的知识水平发生变化。

(2) 组织层次的学习过程

组织层次的学习机制主要通过组织内个体与组织的交互机制实现，典型事例是 Omar 和 Mohan (2006)、Kotnour (2000)提到的组织层次文档或知识管理系统。组织层次的学习会影响组织层次的认知改变，从而引发组织层次的行为变化(Kotnour，2000)。

(3) 网络层次的学习过程

跨组织项目网络层次的学习主要指跨组织项目网络作为学习主体进行的网络层次的学习，其过程与组织层次的学习过程具有一定的相似性，主要包括跨组织项目网络与嵌入跨组织项目网络中的个体交互学习和跨组织项目网络与嵌入跨组织项目网络中的组织交互学习。Omar 和 Mohan (2006)在研究马来西亚政府一个多用卡项目时提出的项目文档系统学习机制是个体与跨组织项目网络交互的典型事例。依托于项目文档系统，个体可以通过查阅诸如组织内已有项目资料等组织文档进行系统性利用式知识学习，而项目定期通过采集和汇编优秀个体的项目成功经验等方式对项目文档系统进行更新，以实现知识探索式更新。跨组织项目网络与组织交互学习本质是跨组织项目网络共同知识与组织知识的交互过程。Kotnour (2000)、Brady 和 Davies (2004)在研究项目型组织如何基于项目的学习来提升项目能力时提出项目惯例与组织惯例交互机制：通过项目中个体对组织既有惯例的反思和新项目制度的探索式学习实现个体知识和组织惯例向项目制度的发展，以及基于项目知识对组织既有惯例的修正和发展，以丰富组织记忆，论证了项目知识与组织知识相互交互的必要性和可能性。如果项目型组织参与的项目是嵌于跨组织网络的，则该组织与项目知识的交互行为属于跨组织项目网络层次的学习行为。无论是跨组织项目网络与个体的相互学习，还是跨组织项目网络与组织的相互学习，其产生的学习效果往往具有跨层次性，会引发跨组织项目网络和个体或者跨组织项目网络和组织的认知改变。

基于上述分析，本书得出在跨组织项目网络的组织学习系统中，以跨组织项目网络为学习主体的网络学习过程、跨组织项目网络中个体组织间相互学习以及个体和组织向跨组织项目网络学习的过程都构成了项目网络的组织间学习过程，而组织内个体相互学习、个体和组织相互学习构成了项目网络的组织内学习过程。跨组织项目网络组织学习系统与单个组织的学习系统的差异性主要体现在组织间学习过程中(图 4.1)。因此，跨组织项目网络学习系统中的个体和组织既是组织内学习的主体，也是组织间学习的主体，而跨组织项目网络则属于组织间学习主体。跨组织项目网络作为学习主体参与的网络学习会直接改变跨组织项目网络知识水平，而其他组织学习过程通过影响跨组织项目网络学习对象的知识水平来间接影响跨组织项目网络的知识水平。

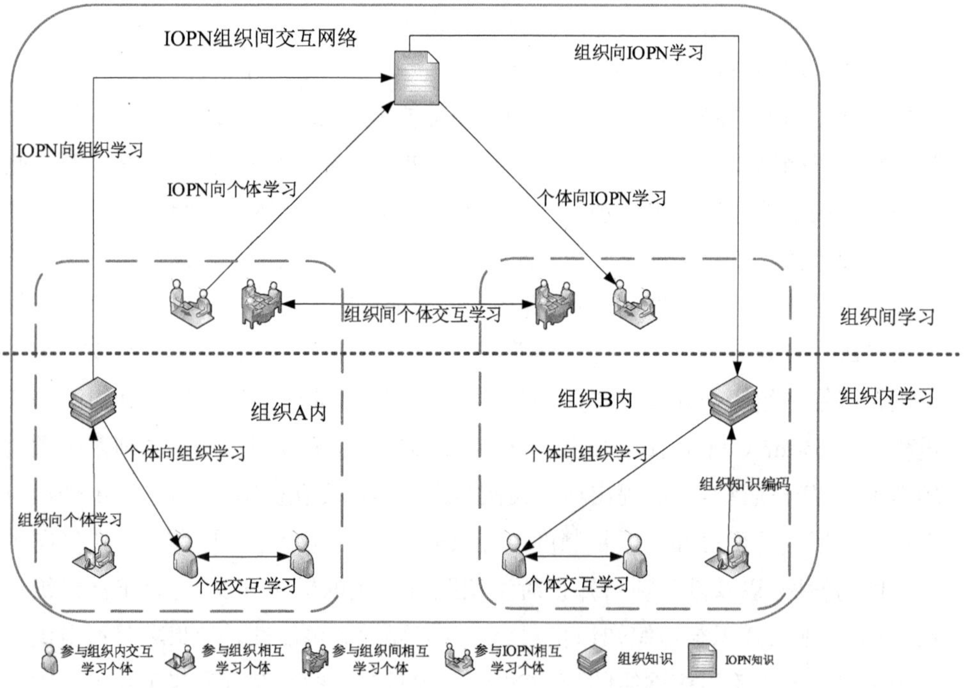

注：IOPN表示跨组织项目网络。

图 4.1　跨组织项目组织学习过程构成

4.1.2 跨组织项目网络组织间学习与组织内学习转变机制分析

组织间学习和组织内学习被认为是组织学习的两个方面(Beeby and Booth, 2000;Mariotti, 2012;Cutler White, 2014;Huang and Chu, 2010)。在跨组织项目中,以跨组织项目网络为学习主体的网络学习过程、跨组织项目网络中个体组织间相互学习以及个体和组织向跨组织项目网络学习的过程都构成了项目网络的组织间学习过程,而组织内个体相互学习、个体和组织相互学习构成了项目网络的组织内学习过程。因此,项目网络中的组织和组织内的个体有机会同时参与项目网络的组织内学习过程和组织间学习过程,其知识水平变化同时受到组织内学习和组织间学习的共同影响。项目网络作为网络学习的主体,其学习交互对象是项目网络中的组织和个体,因此其知识水平变化受到项目网络中个体和组织知识水平和学习行为的影响,间接受到组织内学习过程的影响。

Holmqvist (2003a)提出的组织内—组织间学习动态模型很好地解释了组织内学习和组织间学习的动态转化关系。Holmqvist (2003a)认为组织内探索式学习、组织内利用式学习、组织间探索式学习和组织间利用式学习的相互转化通过探索拓展、利用拓展、探索内化和利用内化四个过程来实现。根据 March (1991)对探索式学习和利用式学习的定义,探索式学习是指创造或开发全新的解决方案,利用式学习则是指提炼或筛选已有的解决方案。因此,当组织内个体对组织共同知识的创造和开发优于个体对组织共同知识的利用和个体间相互模仿学习时,组织呈现探索式的学习特征;相反,当组织内个体对组织共同知识的利用优于对共同知识创造的贡献时,组织呈现利用式的学习特征。在跨组织项目网络中,当个体和组织致力于网络层次共同知识创新以提升整个项目网络对项目环境的适应性时,跨组织项目网络的组织间学习是探索式的;当项目网络中的个体与组织致力于知识的模仿学习和对网络层次知识的开发利用时,项目网络的组织间学习呈现利用式学习;如果个体和组织对网络层次知识的创新水平和利用水平一致时,项目网络的学习呈现探索与利用平衡。由于跨组织项目网络中个体与组织同时参与组织内学习和组织间学习,整个项目网络的探索—利用平衡性特征是组织内学习过程和组织间学习过程交互作用共同涌现的结果。

根据 Holmqvist (2003a)的组织内—组织间学习动态模型,在跨组织项目网络中,当个体从组织内相互学习和向组织学习转变为组织间相互学习和向跨组织项目网络学习时，项目网络实现了组织内利用式学习向组织间利用式学习的转变，即利用拓展过程，相反，则是利用内化过程。当个体从致力于组织共同知识创造转变为致力于项目网络层次的共同知识创新时，项目网络实现了组织内探索式学习向组织间探索式学习的转变，即探索拓展过程，相反，则是探索内化过程。因此，跨组织项目网络中组织间学习过程和组织学习过程可以通过个体和组织的学习角色转换实现相互转化(图 4.2)。组织内学习可以通过影响参与组织内学习个体的知识水平和组织的知识水平，并通过探索拓展和利用拓展转向组织间学习来影响组织间学习过程；同样，组织间学习可以通过影响参与组织间学习的个体和组织的知识水平，并引导他们通过探索内化和利用内化转向组织内学习来影响组织内学习过程。基于上述分析，跨组织项目网络中组织间学习过程和组织内学习过程的相互转化可以通过项目网络中组织和个体的学习方式选择变化(即组织和个体的学习角色转变)来实现。

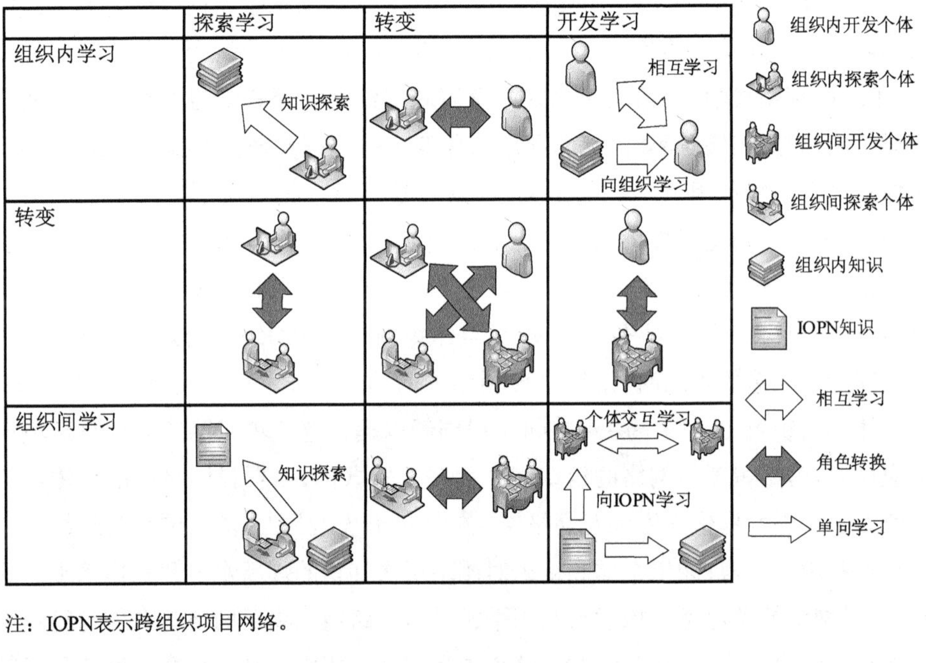

注：IOPN表示跨组织项目网络。

图 4.2　组织内学习与组织间学习转变机制

由于跨组织项目网络的组织学习具有周期性，项目网络中的组织和个体可以根据自己的学习意愿不断改变学习方式，在组织内学习和组织间学习之间进行学习角色转换，使整个项目网络处于组织内学习和组织间学习交互进行的状态中。在每一个学习周期中，组织内学习和组织间学习的相互影响通过这些转换学习角色的组织和个体来实现。当参与组织内学习的个体变为组织间学习时，其通过组织内学习获取的知识会参与组织间的知识交互和知识整合，实现组织内学习对组织间学习的影响。相反，当参与组织间学习的个体转向组织内学习时，其通过组织间学习获取的知识将用于组织内的知识交互和知识整合，从而实现组织间学习对组织内学习的影响。

4.1.3 跨组织项目网络学习主体、组织间关系和项目环境交互机制分析

根据第3章的研究结果，跨组织项目网络组织间学习过程主要受到学习主体因素和组织间合作关系因素和项目环境因素的影响。因此，本节主要基于第3章所识别的影响因素，分析学习主体、组织间合作关系和项目环境因素对跨组织项目网络组织间学习过程的影响机制，以此提出学习主体、组织间关系和项目环境的交互机制。

(1) 学习主体对组织间学习过程的影响分析

根据第3章研究结论，影响组织间学习的学习主体因素主要包括学习意愿和(相对)吸收能力，一般通过直接影响学习主体的行为来影响组织间学习过程。学习意愿是一个组织把合作机会看作学习机会的倾向程度(Hamel, 1991)。在跨组织项目网络中，组织和个体的学习往往是任务需求导向的(Jin and Levitt 1996)，同时个体的学习意愿还取决于个体关注的知识领域(Houldsworth and Alexander, 2005)。吸收能力指学习主体在学习过程中识别、评估、吸收和内化新知识的能力(Lane and Lubatkin, 1998)。根据4.1.1小节中学习系统构成分析的结果，在跨组织项目网络中，个体组织间相互学习、个体和组织与跨组织项目网络的相互学习嵌入于跨组织项目网络中。如果跨组织强调网络层次知识的探索性学习，以形成适应于整个项目环境的共同知识，则项目网络会把更多的资源用于跨组织项目网络向个体和组织学习过程中。相反，如果跨组织项目网络强调对网络层次知识和组织间共同知识的利用和开发，则个体和组织相互学习和向跨组织项目网络学习的速度更快。与之类似，跨组织项目网络对组织层次和个体层次

资源投入的差异性也会影响组织间学习过程。如果跨组织项目网络更关注于网络层次知识和组织层次知识的交互,则组织和跨组织项目网络的相互学习能力会更强。如果跨组织项目网络强调与个体间的知识交互,则个体与跨组织项目网络的相互学习能力更强。因此,在跨组织项目网络中,组织的吸收能力主要体现在个体的组织间相互学习能力以及个体和组织向跨组织网络学习的能力。跨组织项目网络的吸收能力主要体现在项目网络中个体与组织对网络层次共同知识的探索学习能力。

基于上述分析,个体和组织与其任务的适应性关系是个体和组织进行组织学习意愿的决定因素,跨组织项目网络与项目环境的适应性关系是项目网络学习的主要动机;个体与组织在项目网络中的学习能力决定了项目网络组织间的学习能力,是影响组织间学习结果的主要因素;个体与组织在项目网络中的学习能力受到项目网络对学习资源在学习方式(探索式学习、利用式学习)和学习层次(个体层次和组织层次)配置平衡性的影响;项目网络组织内学习能力主要受到组织对学习资源在学习方式(探索式学习、利用式学习)配置平衡性的影响。

(2) 组织间合作关系对组织间学习过程的影响分析

根据第 3 章研究结论,组织间关系相关因素包括信任、承诺、社会资本和关系强度等。信任被认为是信息共享的必要条件,而信息共享往往是组织间学习进行的前提(Rungsithong et al., 2017)。组织间的合作承诺和关系强度主要通过影响组织间合作关系构建和维持(Morgan and Hunt, 1994; Rungsithong et al., 2017)。在跨组织项目中,组织结构资本主要体现在组织于项目网络中的结构特征和组织间互动性,主要由组织间合作关系决定;组织关系资本主要体现在组织间信任和合作承诺,反映了组织基于合作任务对发展合作关系的信心和意愿;组织的认知资本主要体现在组织间任务目标的协同性,也是由组织的合作目标决定的。组织间合作承诺是跨组织项目网络中组织在未来维持既有合作关系的持续性意愿(Morgan and Hunt, 1994)。因此,组织间合作关系强度、合作承诺和组织的社会资本都源于跨组织项目合作任务分配关系,是由跨组织项目的共同目标决定的。跨组织项目网络组织间合作关系主要影响组织间知识交互和共同知识创造过程,具有共同知识的组织和个体往往通过构建知识交互网络,如项目实践社区(Jugdev and Mathur, 2013),来更好地实现组织间学习。由于跨组织项目网络的任务驱动性特征,个体和组织关注的知识领域往往是任务决定的,因此个体和组织的任务知识相关性会影响共同知识交互关系的构建，从而影响组织间的学习过程。此外，关系专用性投资有助于向合作组织传递形成较好的合作承诺和强烈的合作意愿，这会带来更多的信息交流和知识交互活动（Rungsithong et al., 2017），较高的关系专用性投资可以使具有任务合作关系但缺乏信任的组织间进行个体相互学习。

基于上述分析，跨组织项目网络中组织间任务合作关系和知识相关关系是项目网络中组织间个体相互学习、组织和项目网络相互学习以及个体和项目网络相互学习所依托交互关系构建的基础，组织间合作承诺、关系专用性投资等跨组织项目网络组织间关系因素主要影响组织间合作关系，组织间信任影响组织间知识交互过程。

(3) 项目环境因素对组织间学习过程的影响分析

根据第3章的研究结论，项目不确定性是影响跨组织项目网络组织间学习过程的关键环境因素。项目不确定性主要体现在目标的不确定性和方法的不确定性（Peng et al., 2014；Kennedy et al., 2011），即项目的任务范围、任务分配和任务所需知识具有不确定性和变动性。任务范围和任务分配的不确定性和变动性影响跨组织项目网络中任务合作网络的形成和维持（Lu et al., 2015）。任务知识的不确定性会影响个体和组织知识与任务的适应关系，影响他们的学习意愿，同时任务知识的不确定性会影响知识交互网络的形成和维持。

基于上述分析，跨组织项目网络的项目环境不确定性主要影响项目网络构建的不确定性和动态变化性，通过对项目网络中的学习主体和组织间关系来影响组织间学习过程。

4.1.4　跨组织项目网络组织间学习机制仿真理论模型构建

基于本书对跨组织项目网络组织间学习系统分析，本书构建跨组织项目网络组织间学习机制仿真理论模型，如图4.3所示。

在跨组织项目网络组织间学习机制仿真理论模型中，组织间学习过程主要包括以跨组织项目网络为学习主体的网络学习过程、跨组织项目网络中个体组织间相互学习以及个体和组织向跨组织项目网络学习，组织内学习过程包括个体与组织的相互学习以及个体在组织内的相互学习。组织间学习过程与组织内学习过程通过个体和组织的学习角色转换相互影响。组织内学习和组织间学习过程可

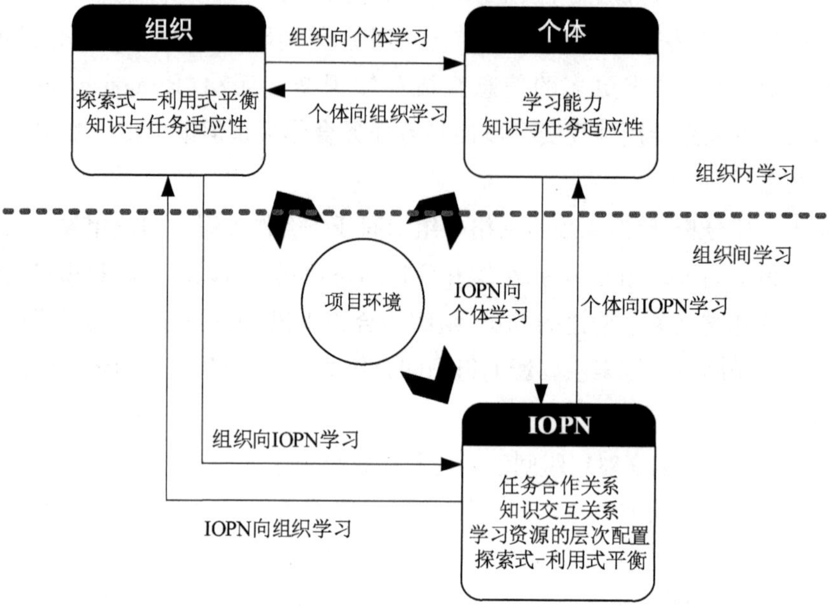

注：IOPN表示跨组织项目网络。

图 4.3　跨组织项目网络组织间学习仿真概念模型

以看作是个体、组织和跨组织项目网络间的知识创造、交互和整合过程。其中个体与跨组织项目网络的相互学习过程主要受到个体学习能力、跨组织项目网络对学习资源的层次配置方式和探索式—利用式学习平衡性的影响；个体组织间相互学习主要受到跨组织项目网络任务合作关系、知识相关关系和个体学习能力的影响；组织与跨组织项目网络的相互学习主要受到跨组织项目网络对学习资源的层次配置方式和探索式—利用式学习平衡性和组织探索式—利用式学习平衡性的影响。个体和组织学习是任务驱动的，个体和组织知识与任务的适应性影响个体和组织的学习意愿。跨组织项目网络学习是组织间学习策略导向性的，组织间学习策略影响学习资源的配置方式和探索式—利用式学习的平衡性。而组织内学习策略影响组织探索式—利用式学习平衡。组织内学习直接影响个体与组织的知识水平。组织间学习直接影响个体、组织与跨组织项目网络的知识水平。项目环境通过对项目网络中的学习主体学习意愿和组织间关系构建，从而影响组织间学习过程。因此，跨组织项目网络知识水平变化是个体、组织和跨组织项目网络相互交互共同作用的结果。

4.2　跨组织项目网络组织学习机制仿真模型的构建

本书构建的跨组织项目网络组织间学习仿真模型是基于 March (1991)模型在跨组织项目情境下的拓展。根据 4.1.4 小节中构建跨组织项目网络组织间学习机制仿真理论模型，学习主体都是嵌入项目网络中，学习行为受到组织间关系和项目环境的影响，组织间学习过程和组织内学习过程通过项目网络中的学习主体可以进行相互转化，因此跨组织项目网络组织学习机制动态仿真模型构建应包括三个部分：①项目元网络模型构建，包括项目中的任务、组织和个体的设定和相互关系构建，以及对项目环境的设定；②组织内和组织间学习过程仿真设定，包括组织内个体相互学习过程、组织间个体相互学习过程、个体与组织相互学习、个体与跨组织项目网络相互学习以及组织与跨组织项目网络的相互学习过程；③学习评价模型。

4.2.1　项目元网络构建

根据元网络理论，元网络指包括多种组织要素的多模和多层社会网络，如人、专业、资源和任务等多元要素，以及工作关系、资源分配、任务分配等异质关系，是对多个同质或异质网络之间关系的反映和体现。组织的本质是智能的主体及相互之间的复杂交互关系，而网络关系存在于组织内部和组织之间，四种关键的实体——主体、知识、任务和组织构成了网络集，即交互网络、知识网络和信息网络，这种实体及关系就构成了元网络。

基于元网络理论，本模型把项目看作是个体、组织和任务三种要素间相互关系网络的集合。项目由 n 个组织(O_1, O_2, $\cdots$, O_n)、N 名个体 (x_1, x_2, $\cdots$, x_N)以及 k 个任务(X_1, X_2, $\cdots$, X_k)构成。组织和个体关系网络对应个体与组织的隶属关系，任务和个体的关系网络对应个体任务分配关系，任务与组织的关系对应组织任务分配关系。本模型假定每名个体只属于一个特定组织，每名个体和每个组织可以承担多个任务，承担相同任务的组织间形成组织间任务合作关系。参考 Jin 和 Levitt (1996)等研究对项目任务的设定，本模型假定每个任务可以分解为若干个工作项(work item)，作为个体承担工作的最小单位，每个工作项对应一名个体。个体和工作项的关系网络对应个体工作项分派关系。因此，整个跨组织项目系统可以看作是个体、组织、任务和工作项相互关系构成的元网络(图 4.4)。

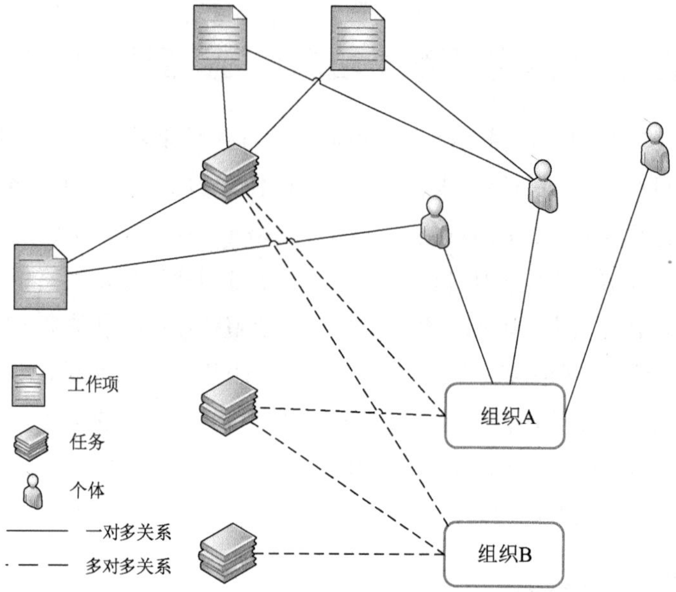

图 4.4　跨组织项目网络中个体、组织、任务和工作项相互关系

项目环境是独立于跨组织项目网络、组织和个体的客观存在，是跨组织项目网络系统中个体和组织交互行为的基准，个体与组织的任何行动都是为了更好地适应项目环境。因此项目环境可以看作组织环境在跨组织项目网络中的拓展。项目环境由一个 m 维知识向量表示，每一维被初始随机赋值为 1 或 -1，概率均为 0.5。项目环境向量反映了项目的整体复杂性，m 值越大表明项目复杂性越大。对于一个特定的跨组织项目，项目环境一旦被赋值后则在后续仿真过程中不再发生改变。

跨组织项目网络中的个体、组织、任务和工作项的知识都用 m 维的知识向量来表示。参照 March (1991)模型设定，个体与组织的知识向量表示他们对项目环境的反应，每一维赋值 1、0、-1，以区分拥有正确知识、无知识和错误知识。根据任务和工作项的关系，任务的知识向量是所有相关工作项知识向量的集合。本模型假定工作项的知识向量两两不相同，知识向量相同的工作项合并为一个工作项。任务和工作项的知识向量与项目环境的知识编码一致。在跨组织项目网络中，个体和组织行动是项目目标导向的，学习的目标是为了使个体和组织更好地适应任务知识要求，不同个体对项目环境的适应性要求具有差异性。因此本模型把个体(组织)的知识向量与所承担的工作项(任务)的知识向量匹配程度表示个体(组织)对项目环境的适应水平。

4.2.2　组织间关系构建

组织间个体交互学习依赖于个体的交互网络进行,个体交互网络根据组织间关系和个体间交互关系构建。本模型主要考虑两类交互关系:基于任务的组织间合作关系和基于知识交互的个体间沟通关系。基于任务的组织间合作关系指跨组织项目网络中组织因为合作任务构建的临时性组织间关系,由于合作任务中工作项的相互关联性,参与合作任务的个体可以通过该组织间关系进行信息交互,这会影响个体间的相互学习行为。Ramirez 和 Dickenson (2010)研究中提到研发人员通过正式的组织间工作交互网络进行知识交互,就是通过基于任务的组织间合作关系进行个体间相互学习的典型案例。基于知识交互的组织间沟通关系指跨组织项目网络中个体因为共同知识学习需求构建的组织间信息分享与交互关系,Jugdev 和 Mathur (2013)研究中提到的实践社区在组织间层次的拓展是就是基于知识交互的个体间沟通交互关系在项目实体层次的具体表现。根据所构建的组织间关系,跨组织项目网络中的每个个体可以构建自己的两类交互网络:任务交互网络和知识交互网络。如果所构建的交互网络只局限于组织内,则属于组织内交互网络;如果跨越了组织边界,则属于组织间交互网络。

组织间合作承诺、关系专用性投资等跨组织项目网络组织间关系因素主要影响组织间合作关系,组织间信任影响组织间知识交互过程。因此,本模型假定任务合作网络中个体相互学习主要受到组织间信任的影响,而知识交互网络中个体相互学习受到组织间信任、组织间合作承诺和关系专用性投资的影响,较高的组织间合作承诺可以使具有组织间合作关系中不存在任务合作关系但具有相似知识需求的个体进行相互学习,而较高的关系专用性投资可以使具有任务合作关系但缺乏信任的组织间进行个体相互学习。

基于上述分析,本模型对跨组织项目网络中组织间关系构建设定如下:

(1) 基于任务的组织间合作关系构建。对于给定的组织 A 和组织 B,识别组织 A 和 B 所承担的任务集,分别记为 $task\_organization(A)$ 和 $task\_organization(B)$,找出 A 和 B 共同承担的任务集,构建 A 和 B 之间的任务合作关系 $task\_relation(A,B)$。

$$\begin{cases} task\_relation(A,B) = 1,\ if\ task\_organization(A) \cap task\_organization(B) \neq \varnothing \\ task\_relation(A,\ B) = 0,\ if\ task\_organization(A) \cap task\_organization(B) = \varnothing \end{cases} \tag{4.1}$$

同样,对于给定的组织 A 中的个体 x_i 和组织 B 中的个体 x_j,识别 x_i 承担的任务集 $task\_agent(x_i)$ 和 x_j 承担的任务集 $task\_agent(x_j)$,找出 x_i 和 x_j 共同承担的任务集,构建个体组织间合作关系 $task\_relation(x_i,\ x_j)$。

$$\begin{cases} task\_relation(x_i,x_j) = 1,\ if\ task\_agent(x_i) \cap task\_agent(x_j) \neq \varnothing \\ task\_relation(x_i,\ x_j) = 0,\ if\ task\_agent(x_i) \cap task\_agent(x_j) = \varnothing \end{cases} \tag{4.2}$$

(2) 基于知识交互的个体间关系构建。

个体间知识交互关系建立在个体间知识相关关系和个体间信任关系基础上,而组织间合作承诺、组织间关系投资对个体组织间知识交互的促进作用,降低个体间信任关系对知识交互的要求,因此构建个体间知识交互关系首先要构建个体间知识相关关系、个体所在组织间交互关系。

对于给定的组织 A 和组织 B,根据其组织间任务合作关系 $task\_relation(A,\ B)$、组织间合作承诺 $organization\_commitment(A,\ B)$、组织间信任 $organization\_trust(A,\ B)$ 和关系专用性投资 $organization\_investment(A,\ B)$ 可以得出组织间交互关系 $organization\_relation(A,\ B)$。

$$\begin{cases} organization\_relation(A,\ B)=1,\ if\ task\_relation(A,\ B)=1 \\ \qquad and\ organization\_trust(A,\ B)=1 \\ organization\_relation(A,\ B)=2,\ if\ task\_relation(A,\ B)=1 \\ \qquad and\ organization\_trust(A,\ B)=0 \\ \qquad and\ organization\_investment(A,\ B)=1 \\ organization\_relation(A,\ B)=3,\ if\ organization\_trust(A,B)=1 \\ \qquad and\ organization\_commitment(A,\ B)=1 \\ \qquad and\ task\_relation(A,\ B)=0 \\ organization\_relation(A,\ B)=4,\ if\ task\_relation(A,\ B)=0 \\ \qquad and\ organization\_trust(A,\ B)=0 \\ \qquad and\ organization\_investment(A,\ B)=1 \\ \qquad and\ organization\_commitment(A,\ B)=1 \\ organization\_relation(A,\ B)=0,\ else \end{cases} \tag{4.3}$$

对于给定的组织A中的个体x_i和组织B中的个体x_j，分别识别出x_i和x_j各自承担的所有工作项集覆盖的知识范围$agent_K(x_i)$和$agent_K(x_j)$，以此确定x_i和x_j共同关注的知识维度，构建个体间知识相关关系$agt_k_related(x_i, x_j)$。

$$\begin{cases} agt\_k\_related(x_i, x_j)=1, \ if \ agent\_K(x_i) \cap agent\_K(x_j) \neq \varnothing \\ agt\_k\_related(x_i, x_j)=0, \ if \ agent\_K(x_i) \cap agent\_K(x_j) = \varnothing \end{cases} \tag{4.4}$$

基于组织间交互关系$organization_relation(A, B)$，个体间知识相关关系$agt_k_related(x_i, x_j)$和个体组织间合作关系$task_relation(x_i, x_j)$可以构建个体间知识交互关系$agent_relation(x_i, x_j)$。

$$\begin{cases} agent\_relation(x_i, x_j)=1, \ if \ agt\_k\_related(x_i, x_j)>0 \\ \qquad and \ organization\_relation(A, B)=3, 4 \\ agent\_relation(x_i, x_j)=1, \ if \ task\_relation(x_i, x_j)>0 \\ \qquad and \ agt\_k\_related(x_i, x_j)>0 \\ \qquad and \ organization\_relation(A, B)=1,2 \\ agent\_relation(x_i, x_j)=0, \ else \end{cases} \tag{4.5}$$

4.2.3 学习评价

学习评价是对项目系统中个体知识水平的评价。学习评价结果不仅作为系统中个体和组织未来行动的依据，也是系统对组织学习效果的测度。现有组织学习仿真模型的知识评价主要基于主体知识向量和组织环境一致性比较，都认为系统中个体面临的外部环境是无差别的(March，1991；D. Miller and J. Calantone，2006；Kim and Rhee，2009；Fang et al.，2008；Park et al.，2015)。其中比较常用的有March(1991)、D. Miller和J. Calantone (2006)以及Fang (2008)的知识水平评价方法(表4.2)。

表 4.2　常用的知识水平评价方法

评价方法	计算函数
(March, 1991)	$\Phi(x)=\frac{1}{m}\sum_{j=1}^{m}\delta_j$
(D. Miller and J. Calantone, 2006)	$\Phi(x)=\frac{1}{m}\sum_{j=1}^{m}\chi_j$
(Fang et al., 2008)	$\Phi(x)=d\times\left(\prod_{j=1}^{d}\delta_j+\prod_{j=d+1}^{2d}\delta_j+\cdots+\prod_{j=m-d+1}^{m}\delta_j\right)$

注：δ_j 表示在 j 维度上知识向量与组织环境是否一致，一致 $\delta_j=1$，不一致 $\delta_j=0$；χ_j 表示在 j 维度上持有知识的正确与否，正确 $\chi_j=1$，错误 $\chi_j=-1$，无知识 $\chi_j=0$；d 表示任务复杂性，满足 $1\leqslant d\leqslant m$；m 为组织环境向量维数。

跨组织项目网络组织间学习系统中的知识评价应考虑任务差异性对评价结果的影响，本模型对 March (1991)提出的知识水平评价方法进行修正，本模型把个体、组织和跨组织项目网络与其项目环境的适应性水平作为知识水平的测度指标。为了方便说明，本模型把学习主体知识向量与其参照对象知识向量的匹配水平用适应性水平 $\theta(agent, reference)$表示，计算公式见式(4.6)。

$$\theta(agent, reference)=\frac{\sum_{k=1}^{m}\min(\partial(reference, k)\times agent\_knowledge(agent, k), 0)}{\sum_{k=1}^{m}\partial(reference, k)} \tag{4.6}$$

注：其中 $agent_knowledge(agent, k)$表示 agent 在第 k 维度上的知识编码，$\partial(reference, k)$表示参照对象 reference 在第 k 维度上的知识编码，m 是项目环境的知识向量维度数。

根据 $\theta(agent, reference)$的计算公式，本模型把个体的知识水平 $agent\_performance$ 定义为其与所承担所有工作项的平均适应性水平，组织的知识水平 $org\_performance$ 定义为其与所承担任务的平均适应性水平，网络层次的知识水平 $IOPN\_performance$ 定义为项目网络与整个项目环境的适应性水平。表 4.3 给出了各知识水平的计算方式。

表 4.3　知识水平计算方式

评价指标	计算公式
个体知识水平	$agent\_performance(x)=\dfrac{\sum_{work(k,\ x)=1}\theta(x,\ work(k))}{\sum_{k=1}^{work\_Num} work(k,\ x)}$
组织知识水平	$org\_performance(x)=\dfrac{\sum_{task(k,\ x)=1}\theta(x,\ task(k))}{\sum_{k=1}^{task\_Num} task(k,\ x)}$
网络知识水平	$IOPN\_performance(x)=\dfrac{\sum_{k=1}^{task\_Num}\theta(x,\ task(k))}{task\_Num}$

注：其中 $work(k)$和 $task(k)$分别表示第 k 项工作项和任务，$work(k,\ x)$和 $task(k,\ x)$表示 x 是否参与第 k 项工作项和任务，$task\_Num$ 和 $work\_Num$ 分别表示整个项目的任务数和工作项数。

由于每个个体承担的任务和工作项往往不同，计算知识水平时采用的知识参照对象也不同，因此如果不同个体间的任务知识相关性较低，他们的知识水平评价不具有可比性。为了测度不同个体间任务知识的相关性，本模型参考了 Li (2015)、李永奎(2016)等研究，提出个体 x_i 和 x_j 间知识相关性测度指标 $\lambda(x_i,\ x_j)$，计算方式见式(4.7)：

$$\lambda(x_i,\ x_j)=\sum_{k=1}^{m} agent\_K(x_i,\ k)\times agent\_K(x_j,\ k) \tag{4.7}$$

注：其中 $agent_K(x_i,\ k)$表示 x_i 在第 k 维度上持有的知识编码是否为 0，m 是项目环境的知识向量维度数。

4.2.4　学习过程设定

组织学习过程可以分为个体相互学习、个体向组织学习、组织知识编码、组织间个体相互学习、个体向跨组织项目网络学习、组织向跨组织项目网络编码过程和跨组织项目网络知识编码过程。本模型假定在每个学习周期开始前，跨组织项目网络中的各组织和个体的知识水平会被评价，各组织和个体可以观察到各自的评价结果，以决定是否进行知识交互。如果组织和个体的知识已达到最佳水平，即其知识向量与所有任务和工作项完全适应，他们就不再主动进行知识交互对象,但可以作为其他组织和个体知识交互的对象。仿照学者(March, 1991; D. Miller and J. Calantone, 2006;Kim and Rhee, 2009;Fang et al., 2008;Park et al., 2015)等对知识水平观察的设定研究,本模型假定每个组织和个体可以观察到交互对象的总体知识水平以及知识向量,但无法判断知识向量中每个维度的知识编码是否与项目环境一致。每个学习周期开始后,个体、组织和跨组织项目网络先决定学习方式,然后个体通过学习完成知识向量更新,组织和跨组织项目网络进行知识编码,完成知识更新。个体可以选择的学习方式有:组织内个体相互学习、个体向组织学习、组织间个体相互学习和个体向跨组织项目网络学习。跨组织项目任务驱动特征要求个体和组织学习的目标是适应自己的任务环境,因此本模型假定个体优先对自己任务绩效最低的工作项相关知识进行学习,学习方式取决于该工作项所在的合作任务是组织间还是组织内。如果该合作任务是组织内,则个体选择组织内交互方式,根据资源的可获取性,优先向任务交互网络内的个体学习,如果找不到合适个体,则向组织学习;如果组织知识水平过低,则向组织内其他有共同知识的个体学习。如果该合作任务是组织间的,则个体选择组织间交互方式,和组织内学习过程类似,根据资源的可获得性,优先向任务交互网络内的个体学习;如果找不到合适个体,则向跨组织项目网络学习;如果跨组织项目网络知识水平过低,则向组织内其他有共同知识的个体学习。组织学习方式选择和个体类似,根据组织知识水平和跨组织项目网络知识水平的关系,决定向组织内个体知识编码还是向跨组织项目网络学习。跨组织项目网络学习方式由跨组织项目网络的组织间学习策略决定。考虑到项目中个体和组织承担的任务知识要求存在差异性,本模型假定个体和组织在知识向量更新过程中遵循两个准则:①只对自己关注的知识维度进行更新;②个体在选择交互对象时优先选择和自己知识相关性较大的个体(个体知识相关性最大准则)。各学习过程中,个体、组织和跨组织项目网络的交互规则设定如下。

(1) 组织内个体间交互学习

个体 x_i 首先确定要交互的组织内任务交互网络 $intraCom_i$。通过观察 $intraCom_i$ 中个体的知识水平 $agent\_performance(x)(x \in intraCom_i)$,并识别出其中 $agent\_performance(x)$ 高于自己知识水平 $agent\_performance(x_i)$ 的对象集 $learnCom_i$。然后,x_i 按照个体知识相关性最大准则识别出其中知识相关性最高的个体 y,以 p_1 概率对知识向量在双方共同关注的知识维度进行更新,p_1 表示组织内个体交互学习速度。

（2）组织间个体相互学习

该过程与组织内个体相互学习过程相似。个体 x_i 首先确定组织间交互网络 $interCom_i$。在确定潜在交互对象后，x_i 通过观察 $interCom_i$ 中个体的知识水平 $agent\_performance(x)$ $(x \in interCom_i)$，并识别出其中 $agent\_performance(x)$ 高于自己的对象集 $interlearnCom_i$。然后，x_i 遵循个体知识相关性最大原则，识别出 $interlearnCom_i$ 知识相关性最高的个体 z，以 p_2 概率进行知识更新，p_2 表示组织间个体交互学习的速度，更新规则与组织内个体相互学习设定相同。

（3）个体向组织学习

个体 x_i 在学习开始前，获取组织知识水平 $org\_performance$，判断是否高于自身水平 $agent\_performance(x_i)$。如果高于自身水平，以 p_3 的概率在组织与个体共同关注的知识维度上采用组织知识编码对 x_i 知识向量进行更新，p_3 表示个体向组织学习的速度，更新规则与组织内个体相互学习设定相同。

（4）个体向跨组织项目网络学习

该过程与个体向组织学习过程相似。个体 x_i 首先获取跨组织项目网络知识水平 $IOPN\_performance$，判断是否高于自身水平 $agent\_performance(x_i)$。如果高于自身水平，则 x_i 以 p_4 的概率在自己关注的知识维度上采用跨组织项目网络知识编码对知识向量进行更新，p_4 表示个体向跨组织项目网络学习的速度，更新规则与组织内个体相互学习设定相同。

（5）组织知识编码

组织获取组织知识水平 $org\_performance$、跨组织项目网络知识水平 $IOPN\_performance$ 以及组织内每个个体的知识水平 $agent\_performance$，并判断 $org\_performance$ 和 $IOPN\_performance$ 的大小。如果 $org\_performance > IOPN\_performance$，则说明组织在整个跨组织项目网络中知识水平较高，组织开始向组织内个体知识进行编码，反之则向跨组织项目网络知识编码。如果组织向个体编码，先识别出组织中知识水平高于 $org\_performance$ 的个体集合，记为 com_j。组织 O_j 根据以 q_1 概率在关注的知识维度上采用 com_j 所有个体知识向量中占优知识编码对其知识向量进行更新，q_1 表示组织对个体知识整合的速度。如果组织向跨组织项目网络编码，则以 p_4 概率在关注的知识维度上采用跨组织项目网络知识向量所对应的编码进行知识向量更新。

(6) 跨组织项目网络知识编码

跨组织项目网络知识编码过程与组织知识编码过程相似。跨组织项目网络知识编码的结果用 m 维知识向量表示，每一次知识编码就是对该知识向量的更新。由于跨组织项目网络是临时性网络，本模型假定跨组织项目网络的知识向量每一维度的初始赋值均为 0。在每个学习周期中，跨组织项目网络首先根据学习策略确定是向个体知识编码还是组织知识编码。如果向个体知识编码，跨组织项目网络识别出知识水平高于网络知识水平 $IOPN\_performance$ 的个体集 intercom，然后以 q_2 概率在所有知识维度上采用 intercom 中占优知识编码对其知识向量进行更新，q_2 表示跨组织项目网络对个体知识编码的速度。如果向组织进行编码，跨组织项目网络识别出知识水平高于网络知识水平 $IOPN\_performance$ 的组织集 interorg，然后以 q_3 概率在所有知识维度上采用 interorg 中占优知识编码对其知识向量进行更新，q_3 表示跨组织项目网络对组织知识编码的速度。

4.3 跨组织项目网络组织学习机制仿真模型的实现

本书采用 Matlab R2016a 作为仿真模型实现平台，主要原因有两点：①Matlab 在向量运算方面具有较强的计算优势，而跨组织项目网络组织学习仿真过程中各种主体的属性和主体间的关系、主体间的交互过程可以转化为向量和矩阵运算；②Matlab 具备较好的数据分析能力，可以对仿真输出结果进行初步的分析处理。

基于 Matlab 的仿真模型开发工作主要包括三个方面：①仿真变量设计；②仿真流程的设计与实现；③仿真输出设计。

4.3.1 仿真变量设计

跨组织项目网络组织学习系统包括四类 agent：组织、个体、跨组织项目网络和任务(及工作项)，组织学习过程可以看作是代表各类 agent 的变量间的运算，根据 4.2 节中模型的设定，需要构建三类变量，各变量的设定和相互关系见表4.4。①与 agent 知识相关的：知识向量($knowledge$，$agent\_knowledge$，$organization\_knowledge$，$work\_knowledge$，$task\_knowledge$)、学习速度($agent\_learning$，$organization\_learning$，$IOPN\_learning$)、关注的知识维度($agent\_K$，org_K)、

知识水平（*agent_performance*，*org_performance*，*IOPN_performance*）。②与agent关系相关：任务分配关系（*work_agent*，*work_organization*，*task_work*，*task_organization*，*task_agent*）、组织间和个体间关系（*organization_agent*）、组织间交互关系（*organization_trust*、*organization_commitment*，*organization_investment*，*organization_relation*）、个体间交互关系（*agt_k_related*，*agent_relation*）。③与学习策略相关：组织学习策略（*org_strategy*）、跨组织项目网络学习策略（*IOPN_strategy*）。

表 4.4 仿真模型重要变量说明

重要变量	含义	表示	备注
knowledge	项目环境	$1\times m$ 向量	输入变量
agent_knowledge	个体知识向量	$agt\_Num\times m$ 向量	输入变量
agent_relation	个体交互关系	$agt\_Num\times agt\_Num$ 向量	根据 *agt_k_related*、*organization_relation*、*organization_agent* 和 *task_agent* 计算
agent_K	个体关注知识维度	$agt\_Num\times m$ 向量	根据 *task_knowledge* 和 *task_agent* 计算
agent_performance	个体知识水平	$1\times agt\_Num$ 向量	根据 *work_knowledge*、*work_agent* 和 *agent_knowledge* 计算
agt_k_related	个体间知识相关性	$agt\_Num\times agt\_Num$ 向量	根据 *agent_K* 计算
agent_learning	个体学习速度	$agt\_Num\times 3$ 向量	根据 *org_strategy* 和 *IOPN_strategy* 计算
org_K	组织关注知识维度	$org\_Num\times m$ 向量	根据 *task_knowledge* 和 *task_organization* 计算
organization_knowledge	组织知识向量	$org\_Num\times m$ 向量	输入变量
org_performance	组织知识水平	$1\times org\_Num$ 向量	根据 *task_organization*、*task_knowledge* 和 *organization_knowledge* 计算
organization_agent	组织个体关系	$org\_Num\times agt\_Num$ 向量	输入变量
organization_learning	组织学习速度	$org\_Num\times 3$ 向量	根据 *org_strategy* 和 *IOPN_strategy* 计算

（续　表）

重要变量	含义	表示	备注
organization_relation	组织间关系类型	*org_Num* × *org_Num* 向量	根据 *organization_trust*、*organization_commitment*、*organization_investment* 和 *task_organization* 计算
organization_trust	组织间信任	*org_Num* × *org_Num* 向量	输入变量
organization_commitment	组织间合作承诺	*org_Num* × *org_Num* 向量	输入变量
organization_investment	组织间关系专用性投资	*org_Num* × *org_Num* 向量	输入变量
work_agent	工作项和个人关系	*work_Num* × *agt_Num* 向量	输入变量
work_knowledge	工作项知识向量	*work_Num*×*m* 向量	输入变量
work_organization	工作项和组织关系	*work_Num* × *org_Num* 向量	根据 *work_agent* 和 *organization_agent* 计算
task_work	任务和工作项关系	*task_Num* × *work_Num* 向量	输入变量
task_knowledge	任务知识向量	*task_Num*×*m* 向量	根据 *work_knowledge* 和 *task_work* 计算
task_organization	任务组织关系	*task_Num* × *org_Num* 向量	根据 *task_agent* 和 *organization_agent* 计算
task_agent	任务个体关系	*task_Num* × *agt_Num* 向量	根据 *work_agent* 和 *task_work* 计算
IOPN_knowledge	跨组织项目网络知识向量	1×*m* 向量	输入变量
agent_peference	个体学习策略	1×4 向量	输入变量
IOPN _learning	跨组织项目网络学习速度	1×2 向量	根据 *IOPN_strategy* 计算
IOPN _performance	跨组织项目网络知识水平	1×1 向量	根据 *IOPN_knowledge* 和 *knowledge* 计算
IOPN _strategy	跨组织项目网络学习策略	1×5 向量	输入变量
org_strategy	组织学习策略	1×3 向量	输入变量

4.3.2　仿真流程设计

跨组织项目网络组织学习机制仿真模型主要根据输入的项目情境参数，对跨组织项目网络中个体、组织和跨组织项目网络相互学习的过程和方式进行仿真模拟。整个模型的仿真流程设计见图 4.5，包括项目情境生成（图 4.5 中左半部分）和学习过程仿真（图 4.5 中右半部分）两部分。项目系统是对跨组织项目网络中个体、组织、知识、任务和工作项之间关系的定义。在跨组织项目网络组织学习机制仿真模型中，主要的项目情境参数变量有 org_Num、个体数 agt_Num、任务数 $task\_Num$、工作项数 $work\_Num$ 和项目环境知识维度数 m。根据这些基本参数，可以生成知识相关变量和任务相关变量，通过对其中输入变量的赋值，可以定义一个项目情境。需要赋值的变量有 $work\_knowledge$、$work\_agent$、$task\_work$、$organization\_agent$、$organization\_knowledge$、$agent\_knowledge$、$org\_strategy$、$IOPN\_strategy$、$agent\_peference$。根据 4.2 节中的模型设定，其他变量可以通过输入变量计算得到。

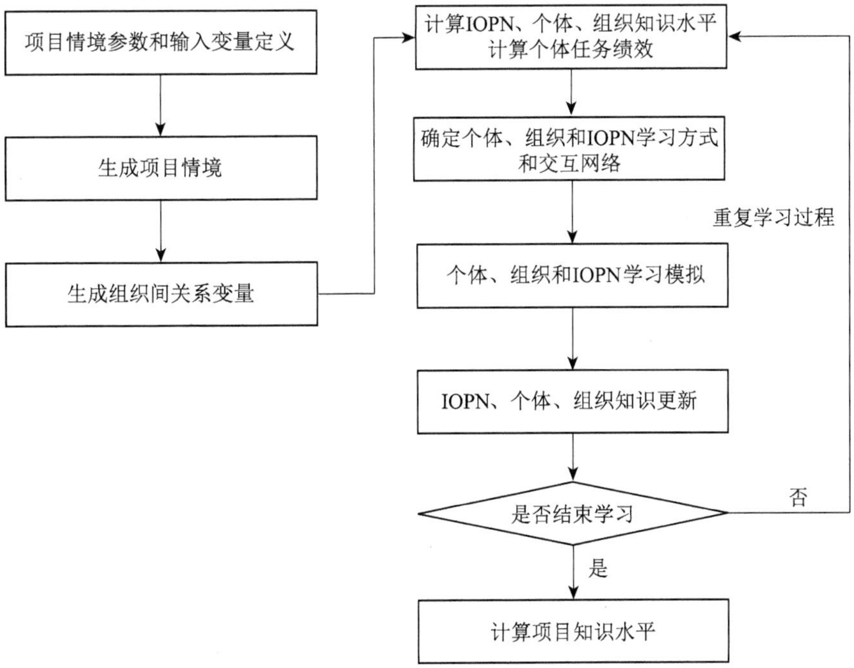

图 4.5　整个模型仿真流程图

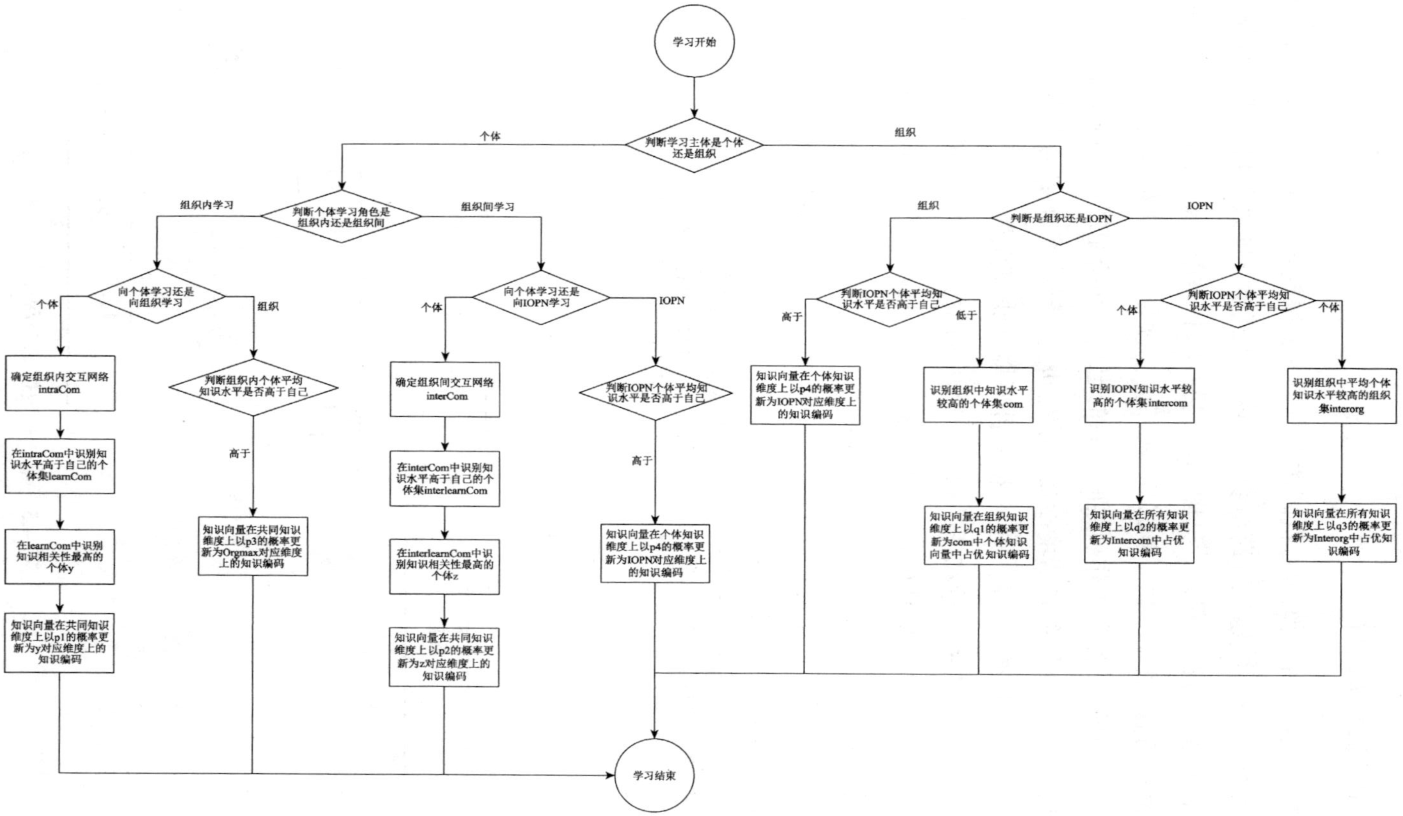

图 4.6 学习过程仿真流程

学习过程仿真是跨组织项目网络组织学习仿真模型最重要的部分，学习过程主要包括对个体学习角色的赋值、跨组织项目网络学习方式赋值及个体、组织和跨组织项目网络通过学习进行知识向量更新三个部分。在每一个学习周期开始前，个体学习角色根据任务绩效对学习角色进行赋值，跨组织项目网络学习方式则根据跨组织项目网络组织间学习策略随机赋值。各主体知识向量的更新遵循 4.2.4 小节模型关于学习过程的设定，主要包括组织内个体交互学习、个体向组织学习、组织间个体交互学习、个体向跨组织项目网络学习、组织向个体知识编码、组织向跨组织项目网络知识编码、跨组织项目网络向个体知识编码和跨组织项目网络向组织知识编码(图 4.6)。附录 B 给出了两部分实现的核心代码。

4.3.3　仿真输出设计

跨组织项目网络组织学习机制仿真模型的输出主要包括两个方面：①项目知识水平，以描述组织学习成果；②学习参与度，以描述跨组织项目网络中各个组织学习过程发生的频率。

(1) 项目知识水平的输出

项目知识水平是对跨组织项目网络组织内学习和组织间学习成果的测度，本模型主要从个体平均知识水平、组织平均知识水平和网络知识水平三个方面进行测度。

根据 4.2.3 小节中的学习评价设定，个体平均知识水平主要反映了整个跨组织项目网络中个体知识与项目环境的适应水平，是跨组织项目网络中个体参与组织内学习和组织间学习的结果。组织平均知识水平是组织对项目环境适应水平的体现，是组织向跨组织项目网络学习和组织内个体学习的结果。而跨组织项目网络知识是跨组织项目网络作为学习主体通过与个体和组织相互学习(与组织的交互也是由个体来实践)的结果，反映了整个跨组织项目网络共同知识对项目环境的适应水平。因此，通过对仿真模型中的组织间学习相关输入变量进行控制，观察特定变量下项目知识水平的变化可以探究组织间学习过程对项目知识水平的影响机理。图 4.7 给出了不同组织间学习策略参数设定下的项目知识水平变化趋势输出结果。

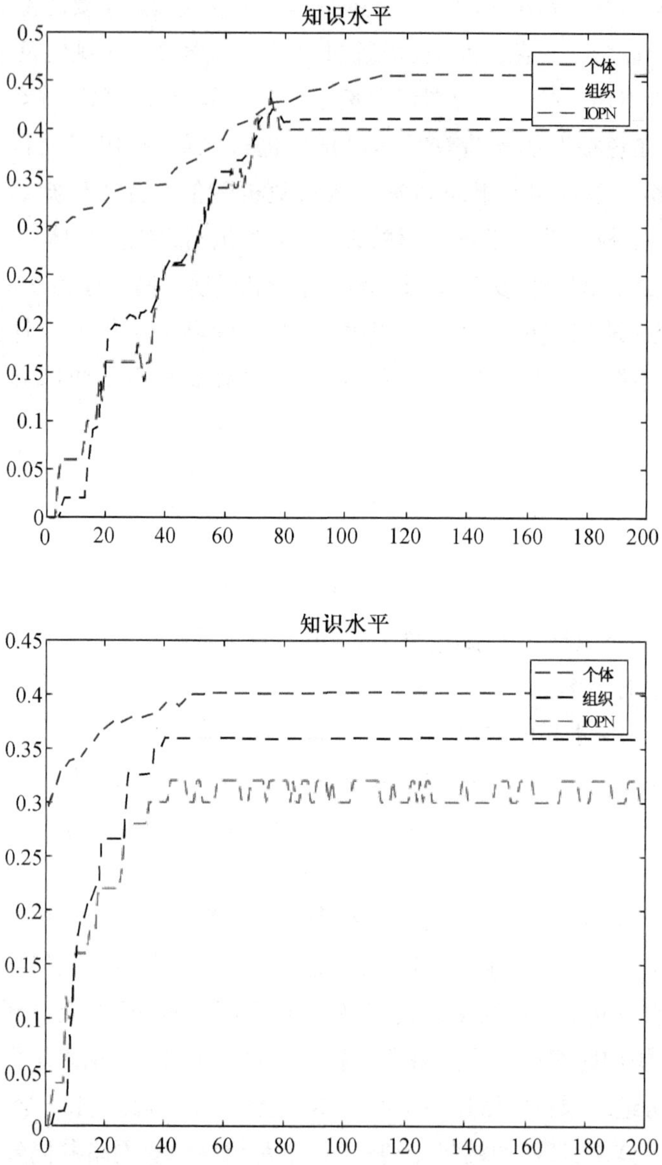

注:上图为探索式混合学习设定,下图为平衡式混合学习设定;两图的组织内学习策略均设定为探索式学习,其他项目情境设定相同,横轴为项目的学习周期数,IOPN 指项目网络。

图 4.7　不同组织间学习策略设定下的项目知识水平变化趋势输出结果

(2) 学习参与度的输出

学习参与度是对跨组织项目网络中个体参对组织内学习和组织间学习的参与程度的测度。

根据 4.1.1 小节跨组织项目网络学习系统构成分析，项目网络组织内学习过程包括组织内个体相互学习、个体向组织学习和组织向个体学习，组织间学习过程包括组织间个体相互学习、个体向项目网络学习、项目网络向个体学习、组织向项目网络学习和项目网络向组织学习。其中组织向个体学习、项目网络向组织学习、项目网络向个体学习和组织向项目网络学习是组织知识编码的过程，而组织内个体相互学习、个体向组织学习、组织间个体相互学习和个体向项目网络学习是个体知识编码的过程。因此，本模型分别对每一个学习周期中各个学习过程中参与知识编码的个体数量进行统计，以测度各个学习过程的开展强度，从而对整个项目网络的组织学习活动进行定量描述。各个学习过程的参与度计算方法见表 4.5。

表 4.5　学习参与度计算方法

学习过程	参与度计算方法
组织内学习	*agent_action*＝1，2 或 *organization_action*＝1 的个体数量
组织内个体相互学习	*agent_action*＝1 个体数量
个体向组织学习	*agent_action*＝2 个体数量
组织向个体学习	*organization_action*＝1 个体数量
组织间学习	*agent_action*＝3，4 或 *organization_action*＝3 或 *IOPN_action*＝1，2 的个体数量
组织间个体相互学习	*agent_action*＝3 个体数量
个体向项目网络学习	*agent_action*＝4 个体数量
组织向项目网络学习	*organization_action*＝2 个体数量
项目网络向个体学习	*IOPN_action*＝1 个体数量
项目网络向组织学习	*IOPN_action*＝2 个体数量

注：*agent_action*＝1，2，3，4 分别表示学习方式选择组织内相互学习、向组织学习、组织间相互学习、向项目网络学习的个体，*organization_action*＝1，2 分别表示参与组织向个体学习、组织向项目网络学习的个体，*IOPN_action*＝1，2 分别表示参与项目网络向个体学习、项目网络向组织学习的个体。

通过对仿真模型中的输入变量进行控制,观察特定变量下组织间学习参与度的变化可以比较该变量对组织间学习过程的影响机理。图 4.8 给出了不同组织间信任水平设定下的个体学习参与度变化趋势输出结果。

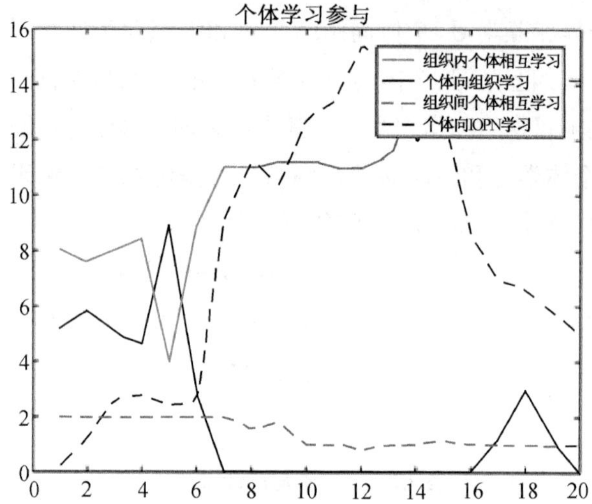

(a) 组织间信任低水平设定下的个体学习参与度变化趋势输出结果

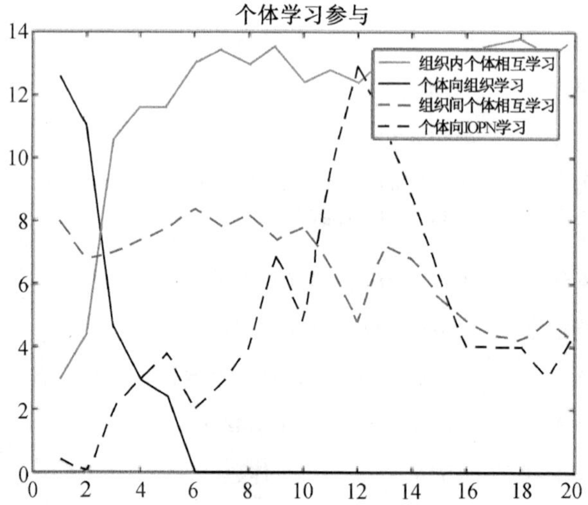

(b) 组织间信任中水平设定下的个体学习参与度变化趋势输出结果

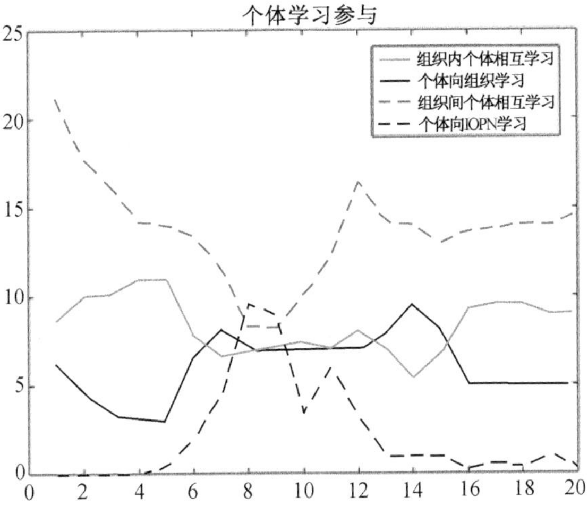

(c) 组织间信任高水平设定下的个体学习参与度变化趋势输出结果

注:图中个体学习参与度计算以5个学习周期为统计周期,项目仿真学习周期为100次。

图 4.8 不同组织间信任水平设定下的个体学习参与度变化趋势输出结果

4.4 跨组织项目网络组织学习机制仿真模型的验证

模型的有效性分析或说模型的校核和验证是仿真研究的一个核心问题。相比于自然工程领域的仿真模型,组织仿真模型无法采用"精确"标准进行有效性评价(王红丽和陆云波, 2014),因此现有研究尚未形成针对基于 agent 的组织仿真模型有效性的通用性评价和验证方法。Hill (2010)认为,进行 Agent 组织仿真模型验证时可选取以下几个方面对模型进行验证:需求验证、数据验证、表面验证、过程验证、模型输出验证、Agent 验证和理论验证。Louie and Carley (2008)提出 Agent 组织仿真模型验证包括三个方面:概念模型验证、操作效度验证和数据效度验证。概念模型验证是确定概念模型的理论和假设是否正确。操作效度验证被界定为概念模型的外部验证模块,以检验仿真模型的输出能够准确表达建模目的、概念模型要素是否完备并可以被计算机程序正确地执行。数据效度可以利用参数敏感性分析对实验数据的有效性进行验证(Konikow and Bredehoeft, 1992),需要结合实际案例情境进行分析。因此本书从概念模型验证和数据效度验证两方面对模型进行有效性验证。

4.4.1 概念模型验证

概念模型验证是以概念模型为输入，概念建模人员采用一定的验证方法和验证工具，在领域专家的共同参与下，通过一系列检查、比较、验证和修改等活动，最终得到优质概念模型的过程(刘彬等，2012)。概念模型验证是确定概念模型的理论和假设是否正确，是保证概念模型争取、可信的重要手段。概念模型验证存在多种方法，包括非形式化方法、静态方法、动态方法和形式化方法等，在众多方法中，依靠专家的知识经验进行评审验证的方法是主流的方法，其中专家评审法是应用最为广泛的，专家评审法主要实施过程包括：组织一个领域专家组成的评审小组，专家依据自己的知识和经验，采用阅读的方法检查概念模型的设计文档。为此，作者邀请 4 名项目管理和组织学习领域的学术专家组成评审小组，对本书构建的跨组织项目网络组织间学习过程仿真概念模型进行检查和评审，以验证模型的有效性。评审专家主要信息见表 4.6，这 4 名专家为作者的博士论文研究工作提供指导，是项目管理组织研究领域的资深专家，主持和参与一系列项目管理和组织管理领域的国家自然科学基金研究工作，在科研的同时还参与诸如上海世博建设项目、上海迪士尼等复杂建设项目的咨询工作，因此对项目实践和建模仿真方面具备较高的专业性知识。

表 4.6 评审专家基本信息

编号	职称	研究领域
1	教授	重大工程组织、复杂项目管理、项目组织、项目学习
2	教授	复杂项目网络、工程组织行为、工程信息化、项目仿真
3	讲师	重大项目组织与管理、工程管理、组织学习
4	讲师	项目管理、知识管理

评审专家对概念模型的检查主要包括对模型理论假设和学习过程仿真流程的检验。本书的概念模型主要基于文献事例和理论分析构建，相关的理论假设主要基于现有组织学习仿真和项目管理研究提出的。本书的理论假设主要有：①项目具有任务驱动特点，项目网络中个体和组织的学习行为是任务导向的；②项目网络中个体是有限理性的，学习过程只能观察学习对象的项目绩效，无法判断学习对象各知识维度与项目环境的适应性关系。评审专家认为仿真模型的理论假

设具有理论基础和文献事例支持，具有一定的可信性。本书所构建仿真模型关于学习过程的设定主要借鉴了已有组织学习仿真研究，模型拓展主要包括两方面：①基于网络学习理论和文献事例分析结果，引入项目网络作为学习主体，构建项目网络与个体和组织的相互学习过程模型；②对学习评价方法进行修正，考虑个体和组织对项目环境适应的差异性对学习过程的影响。评审专家认为，实际跨组织项目案例中的组织间学习过程极其复杂，按照现实过程进行模拟并不现实，本书所构建的仿真模型中的学习过程虽然借鉴了其他管理领域的研究，但也体现了跨组织项目的情境特征，两方面的模型拓展设定具有理论基础，同时也有相关文献实证支持，因此所构建的概念模型能够满足过程验证的需求。

4.4.2　数据效度验证

March (1991)仿真模型对学习过程中的知识进行了高度抽象，提出了知识向量的概念。在实际案例中，个体和组织知识向量很难进行测度。因此，基于March (1991)仿真模型的拓展研究较少对模型进行数据效度检验和实证检验，绝大多数的学者采用参数敏感性分析和对 March (1991)研究情境重复模拟进行结果比对两种方式，对计算模型的有效性进行检验，以保证研究结论的可靠性(D. Miller and J. Calantone, 2006; Kim and Rhee, 2009; Fang et al., 2008; Park et al., 2015)。本书采用 March (1991)研究情境重复模拟进行结果比对的方法，对模型的数据效度进行验证。为了验证 March (1991)研究结论在本书构建模型中的适用性，本书第 5 章计算实验 1 基于一个实际案例情境，对跨组织项目网络组织间学习策略进行控制，使整个跨组织项目网络中个体和组织对组织间学习的参与度达到最低，最大程度降低组织间学习过程对组织知识水平的影响，通过比较组织内探索式学习和利用式学习下整个跨组织项目网络组织平均知识水平来验证模型的有效性。

4.5　本章小结

本章根据 March 等组织学习仿真模型中在跨组织项目情境中设定缺陷，基于网络学习理论对跨组织项目网络中学习机制进行深入分析，明确组织间学习主体、学习过程、学习结果，厘清组织内学习和组织间学习的相互关系，深入分析了学习主体、组织间关系和项目环境的交互机制，以此构建跨组织项目网络组织间学习机制理论模型。在此基础上，本书把 March 的组织学习仿真模型从项目环境设定、项目组织间关系构建、学习评价和学习过程四个方面进行拓展，构建了适用于跨组织项目网络组织间学习机制动态仿真模型。相较于已有的组织仿真模型，该模型在以下几个方面进行了改进：①考虑了项目网络中个体、组织和网络本身对项目环境适应性要求的差异性，提出了基于项目任务和工作项的学习评价方法；②考虑了跨组织项目网络的临时性特征，组织间关系主要基于临时性任务合作关系构建；③考虑了项目网络具有学习主体和学习环境的双重特征，引入了个体、组织和项目网络相互学习机制。该仿真模型可以为深入探究组织间学习过程的内在复杂机制以及对项目知识水平的影响机理提供方法和工具支持。

第5章

组织间学习策略选择研究

本章基于第4章构建的跨组织项目网络组织学习机制仿真模型，从一个现实案例情境出发，通过设计5个计算实验探究不同组织内学习策略情境下的组织间学习策略对跨组织项目网络个体、组织和网络层次知识水平的影响机制。通过研究发现，不同学习目标下的组织间学习策略具有差异性：①提升项目个体知识水平较为有效的学习策略是利用式学习策略，学习资源配置应个体—组织相平衡；②提升项目组织知识水平较为有效的学习策略是利用式学习策略，学习资源配置需考虑个体知识水平高低；③推动项目共同创新的组织间学习策略应同时考虑组织内学习策略以及个体和组织的知识水平差异性。

跨组织项目网络是由具有合作目标的组织及其组织间关系形成的临时性网络。项目网络在个体、组织和网络层次知识水平的变化是项目网络组织内学习和组织间学习共同影响的结果。根据资源配置理论，项目网络知识水平的提高取决于项目网络学习资源的配置方式。对于单个组织而言，组织学习策略指组织为了适应环境的变化，改善组织认知，提升组织能力而进行的知识获取、知识利用的途径与工具性选择(余晓钟等，2015)，其本质是对学习资源配置方式的决策。与之对应，项目网络的组织学习策略是项目网络中各组织为了适应自身项目任务要求，提升项目网络中个体、组织和项目网络自身知识水平而进行的关于组织内学习和组织间学习资源配置方式的决策。因此，研究跨组织项目网络的组织学习策略如何影响项目网络个体、组织和网络层次知识水平，如何制订合理的组织学习策略以提升项目网络对项目环境的适应性对跨组织项目网络知识管理和合作创新具有较高的理论研究和实践意义。

由于跨组织项目网络的组织学习过程包括组织内学习和组织间学习，因此其组织学习策略可以分为组织内学习策略和组织间学习策略。组织内学习策略指项目网络中各组织对组织内学习资源配置方式的决策，组织间学习策略指整个项目网络对各组织共同学习资源配置方式的决策。由于跨组织项目网络具有临时性和一次性特征，项目网络中各组织对组织内学习资源的配置方式往往是基于组织自身长期学习目标设定的，是组织战略的一部分，不会为项目情境而特定调整(Kotnour, 2000)，因此项目网络的组织内学习策略相对稳定，很难在项目周期内进行调整。在跨组织项目网络中，组织内学习策略对个体和组织知识水平的影响会通过组织间学习过程对整个项目网络产生深远的影响。因此，跨组织项目网络组织间学习策略的制订需要考虑项目网络中组织内学习策略对项目知识水平的影响。跨组织项目网络的组织间学习策略如何与组织内学习策略相适应以实现整个项目网络个体、组织和网络层次知识水平的最大化是本章研究的重点。为此，本书以作者参与的一个国家级科研项目为研究的项目情境，基于第 4 章构建的跨组织项目网络组织学习机制仿真模型进行计算实验，分别探究跨组织项目网络在不同组织内学习策略下组织间学习策略对跨组织项目网络知识水平的影响机制，以找出最适合项目知识水平提升的组织间学习策略。

5.1 基于双元学习理论的组织学习策略分类

根据 March (1991)提出的探索式—利用式学习平衡理论，组织学习可以分为探索式学习和利用式学习，探索性学习和挖掘性学习具有潜在的对立性。March (1991)认为，如果组织把主要的学习资源用于创造或开发全新的解决方案，即学习资源配置以探索式学习为主，则组织呈现探索式学习特征；反之，如果组织把主要的学习资源用于提炼或筛选已有的解决方案，即学习资源以利用式学习为主，则组织呈现利用式学习特征。为此，组织学习策略可以分为探索式学习策略、利用式学习策略和平衡学习策略。Park 等(2015)基于 March (1991)的研究，按照组织把学习资源用于组织知识库或组织间共同知识库的探索式学习还是用于利用式学习的标准提出了缓慢学习、探索式学习、利用式学习和快速学习的组织内学习策略和组织间学习策略分类方法。该分类方法的主要区别在于用所配置学习资源的绝对水平替代了相对水平。其中缓慢学习策略指用于探索式学习和利用式学习的资源都处于较低水平，相反快速学习策略指用于两种学习的资源都处于较高水平，而探索式学习策略和利用式学习策略则是所对应的学习方式资源处于较高水平而另一种学习方式资源处于较低水平。

借鉴 March (1991)、Park (2015)等的研究，考虑到组织学习资源的相对有限性，本书把跨组织项目网络的组织内学习策略划分为缓慢学习策略、探索式学习策略、利用式学习策略和平衡学习策略：①缓慢学习策略指项目网络内各组织几乎不投入组织内学习资源的学习策略，在这种策略下，组织内个体间交互学习的速度以及个体和组织相互学习的速度非常缓慢；②探索式学习策略指项目网络内各组织把主要的组织内学习资源用于探索式学习，在这种学习策略下，组织内个体致力于组织共同知识的创造，通过组织共同知识水平的提升来带动个体知识水平的提升；③利用式学习策略指项目网络内各组织把主要的组织内学习资源用于利用式学习，在这种学习策略下，组织内个体致力于通过相互学习或者对组织共同知识的开发利用来提升个体知识水平，以此带动组织共同知识水平的提升；④平衡学习策略是一种相对均衡的学习策略，指项目网络内各组织用于探索式学习和利用式学习的组织内学习资源相对平衡。

相比于组织内学习过程，跨组织项目网络的组织间学习过程构成更为复杂，涉及个体、组织和项目网络多个层次，因此跨组织项目网络的组织间学习策略不仅要考虑学习资源在探索式学习和利用式学习上配置的平衡性，还要考虑学习资源在不同层次的配置差异性。根据组织间学习主体所在的组织层次，学习资源在学习层次上的配置可以分为三种：第一种是，以个体为主的学习资源配置，以组织为主的学习资源配置以及个体和组织层次均衡的学习资源配置。如果组织间共同学习资源以个体层次为主进行配置，项目网络中的个体会致力于通过组织间关系的相互学习、向项目共同知识的学习以及把优秀个体知识整合为项目共同知识等组织间学习活动。第二种是，如果组织间学习资源以组织层次为主进行配置，项目网络中的个体会致力于组织共同知识与项目共同知识的相互转化和创新。第三种是，组织间共同学习资源的均衡配置则是不对学习资源在个体层次和组织层次进行区别配置。结合 Park (2015)研究提出的探索式—利用式学习策略分类方法，本书把跨组织项目网络的组织间学习策略按照学习方式(探索式—利用式平衡)和学习层次(个体—组织平衡)分为 9 种，分别为探索式个体学习、探索式组织学习、探索式混合学习、利用式个体学习、利用式组织学习、利用式混合学习、平衡个体学习、平衡组织学习和平衡混合学习。

5.2 计算实验设计

5.2.1 案例的选择与项目情境参数设定

Kane 和 Alavi (2005)提出计算实验模型是基于理论对现实情境的抽象和精炼,因此模型的参数设定应基于理论或者实际案例。对于跨组织项目网络学习仿真模型而言,模型最重要的参数设定是对项目情境和跨组织项目网络中组织和个体特性相关的参数设定。由于组织和个体中很多参数相对于整个仿真系统是外生的,因此本章将基于一个跨组织项目现实案例来设定仿真模型的情境参数,研究该案例情境下的跨组织项目网络学习间策略对项目知识水平的影响。

重大科研项目由于其任务的高交叉性与高复杂性,往往采用多研究课题单位合作完成的工作方式。在重大科研项目中,课题主持单位负责课题研究团队的组建、人员甄选、指南构思、分工安排、过程监督等一系列流程,各协作单位分别负责各子课题的具体研究工作,重大科研项目参与单位之间以合作关系为主,具有跨组织项目网络特征(李林英和徐礼平,2017;许治等,2016;袁博等,2014)。同时,由于科研项目具有很强的创新性,在合作研究过程中会产生较多的知识交互和共同创造需求,项目最终的交付产品往往是合作单位间互相学习形成的共同知识,体现了网络层次的知识水平变化,具有跨组织项目网络组织间学习的典型特征。因此,本书的计算实验情境以一个作者参与的国家级科研项目案例进行设定。

该科研项目历时 5 年,研究内容主要聚焦于我国重大基础设施工程组织模式和组织行为,项目有 5 个课题团队合作完成,累计参研人数超过 100 人。由于项目持续时间长,课题参与人数众多,考虑到数据的可采集性,作者主要以 2015—2017 年的项目实施情况作为计算实验的项目情境,根据项目的申请书、该年度项目的会议纪要和研究成果报告,获取项目参数所需要的数据。

根据所构建的跨组织项目网络组织学习仿真模型,模型输入需要设定的项目情境参数有项目环境知识维度数 m、组织数 org_Num、个体数 agt_Num、任务数 $task\_Num$、工作项数 $work\_Num$、项目环境 $knowledge$、个体知识向量 $agent\_knowledge$、组织个体关系矩阵 $organization\_agent$、组织知识向量$organization_knowledge$、工作项与个体关系矩阵 $work\_agent$、工作项知识向量 $work\_$

knowledge。根据采集的项目基本信息，该项目这三个年度共有 5 个课题单位合作参研，参与人数共 50 人，完成研究工作 21 项，累计工作 149 项(表 5.1)。本书把项目任务等同于研究工作，把承担工作内容等同于任务中的工作项，设定 $org\_Num=5$，$agt\_Num=50$，$task\_Num=21$，$work\_Num=149$。

表 5.1 案例基本信息

组织编号	成员数/个	参与研究工作数/项	承担工作内容数/项
1	29	13	63
2	8	8	29
3	3	8	21
4	4	3	13
5	6	6	23

根据项目会议纪要中对研究工作分工的描述，本书构建 *task_work*、*work_agent* 和 *organization_agent*[1]。由于知识是抽象构念，项目任务、个体和组织的知识在案例中较难测度，因此本书把每项研究工作成果中提到的研究关键词作为一种知识，共识别出 113 个研究关键词(研究关键词识别过程见附录 C)，因此设定 $m=113$，并生成项目环境知识向量 *knowledge*。根据研究工作成果和所识别研究关键词的对应关系，构建 *work_knowledge*[2]。对于组织和个体知识向量，由于较难从项目中直接测度，本书采用 Matlab 伪随机数生成的方式自动生成 *organization_knowledge* 和 *agent_knowledge*。为了避免个体(组织)知识与工作项(任务)知识完全不匹配的极端情况出现，本书对跨组织项目网络整个网络组织和个体初始平均知识水平 perf 和组织初始平均知识水平 *org_perf* 进行设定，Perf 取值来源于案例项目上一年度任务的完成情况，根据上一年度项目成果报告记录，整个项目总体的任务完成为 30%，因此 *perf* 和 *org_perf* 取值为 0.3，表明项目中组织和个体具备项目所需 30%的知识。考虑到个体和组织初始知识水平差异性对研究结论的影响，本书在 5.4 节的敏感性分析对这两个参数进行分析。

项目中参与单位组织间关系相关参数测度较为困难，考虑到整个课题项目各

[1] *task_work*、*work_agent* 和 *organization_agent* 数据量较大，本书篇幅有限，不在文中提供具体数据，有需要可以联系作者。

[2] *work_knowledge* 数据量较大，本书篇幅有限不在文中提供具体数据，有需要可以联系作者。

个参与单位间信任水平较高，具有较高的组织间合作承诺，因此本书把 *organization_trust* 和 *organization_commitment* 矩阵中取值均为 1。此外，考虑到整个项目的各个单位间合作关系良好，未进行关系专用性投资，因此本书把 *organization_investment* 矩阵取值均为 0。

5.2.2　组织学习策略参数设定

不同跨组织项目网络组织学习策略的差异性主要体现在学习资源配置的差异性，而学习资源配置的差异性直接影响项目网络中各学习过程中知识交互和编码速度的差异性。因此，本书对组织学习策略的参数设定通过对仿真模型中不同学习主体知识编码和更新速度的设定来实现，参照 March (1991)、D. Miller 和 J. Calantone (2006)、Kim 和 Rhee (2009)、Fang (2008)、Park (2015)等组织学习仿真研究，个体相互学习速度 p_1、个体向组织学习速度 p_2 和组织向个体知识编码速度 q_1 是组织内学习速度的三个关键参数。考虑组织内学习资源的有限性和总体学习速度对项目知识水平的影响，本书设定 $p_1+p_2+q_1=1.1$[1]。由于缓慢学习策略主要用于检验组织间学习策略对项目知识水平影响机制，因此不对总体学习速度做限制，仅把各学习速度调为最低。项目网络组织内学习策略的参数设定见表 5.2[2]。

为了控制组织间学习对整个跨组织项目网络知识水平的影响，以验证组织内探索学习—利用学习平衡性对组织知识水平的影响，本书引入组织间缓慢无差别学习。类似于组织内学习策略参数设定，本书根据 5.1 节提出的组织间学习策略定义，通过对个体向项目网络学习速度 p_3、组织向项目网络学习速度 p_4、项目网络向个体学习速度 q_2、项目网络向组织学习速度 q_3 和组织学习资源投入占比 y 进行参数设定实现组织间学习策略参数设定，结果见表 5.3。考虑到项目网络学习资源的有限性和总体学习速度差异性对项目知识水平的影响，本书设定 $p_3+p_4+q_2+q_3=1.2$[3]。

---

[1] 根据仿真模型设定，在每个学习周期中，个体不能同时参与个体相互学习和个体向组织学习，因此 $p_1+p_2+q_1=1.1$ 的设定可以保证组织内总体学习速度为 1。

[2] 为了更好地检验不同实验组实验结果差异的显著性，本书参考了 Park (2015)组织学习策略参数设定，把各学习速度的最大值设为 0.9，最小值设为 0.1。

[3] 根据仿真模型设定，在每个学习周期中，个体不能同时参与个体相互学习和个体向项目网络学习，因此 $p_3+p_4+q_2+q_3=1.2$ 的设定可以保证组织间总体学习速度为 1。

表 5.2　组织内学习策略参数设定

编号	组织学习策略	参数赋值	参数赋值含义
0	缓慢学习	$p_1=0.1$，$p_2=0.1$，$q_1=0.1$	个体学习速度和组织向个体知识编码速度都处于极低水平(且无差别)
1	组织内探索式	$p_1=0.1$，$p_2=0.1$，$q_1=0.9$	个体学习速度远低于组织向个体知识编码速度
2	组织内利用式	$p_1=0.9$，$p_2=0.9$，$q_1=0.1$	个体学习速度远高于组织向个体知识编码速度
3	组织内平衡式	$p_1=0.5$，$p_2=0.5$，$q_1=0.5$	个体学习速度与组织向个体知识编码速度相当

注:个体学习包括个体相互学习与个体向组织学习;学习策略 0 和学习策略 3 的差别在于总体学习速度不同,前者控制为 0.1,后者控制为 1。

表 5.3　组织间学习策略参数设定

编号	学习策略	参数赋值	参数赋值含义
0	缓慢无差别学习	$p_3=0.1$，$p_4=0.1$，$q_2=0.1$，$q_3=0.1$，$y=0.5$	所有学习速度均处于极低水平(且无差别)
1	探索式个体学习	$p_3=0.1$，$p_4=0.1$，$q_2=0.9$，$q_3=0.1$，$y=0.1$	以项目网络向个体学习为主
2	探索式组织学习	$p_3=0.1$，$p_4=0.1$，$q_2=0.1$，$q_3=0.9$，$y=0.9$	以项目网络向组织学习为主
3	探索式混合学习	$p_3=0.1$，$p_4=0.1$，$q_2=0.9$，$q_3=0.9$，$y=0.5$	以项目网络向个体和组织学习为主,且个体层次和组织层次的学习资源均衡投入
4	利用式个体学习	$p_3=0.9$，$p_4=0.1$，$q_2=0.1$，$q_3=0.1$，$y=0.1$	以个体向项目网络学习为主
5	利用式组织学习	$p_3=0.1$，$p_4=0.9$，$q_2=0.1$，$q_3=0.1$，$y=0.9$	以组织向项目网络学习为主
6	利用式混合学习	$p_3=0.9$，$p_4=0.9$，$q_2=0.1$，$q_3=0.1$，$y=0.5$	以个体和组织向项目网络学习为主,且个体层次和组织层次的学习资源均衡投入
7	平衡个体学习	$p_3=0.5$，$p_4=0.1$，$q_2=0.5$，$q_3=0.1$，$y=0.1$	以个体和项目网络相互学习为主
8	平衡组织学习	$p_3=0.1$，$p_4=0.5$，$q_2=0.1$，$q_3=0.5$，$y=0.9$	以组织和项目网络相互学习为主
9	平衡混合学习	$p_3=0.5$，$p_4=0.5$，$q_2=0.5$，$q_3=0.5$，$y=0.5$	所有学习速度相当,学习资源投入均衡

注:所有学习包括个体与项目网络的相互学习以及组织与项目网络的相互学习;学习策略 0 和学习策略 9 的差别在于总体学习速度不同,前者的总体学习速度控制为 0.1,后者的总体学习速度控制为 1。

5.2.3 计算实验方案设计

本章研究目标主要有:①通过验证组织学习对组织知识水平的影响机制来论证跨组织项目网络组织学习仿真模型的有效性;②探究跨组织项目网络组织间学习策略对项目知识水平的影响;③探究跨组织项目网络组织间学习策略和组织学习策略对项目知识水平的交互影响,以找出不同组织内学习策略下的最佳组织间学习策略。为了实现以上三个研究目标,本书设计 5 个计算实验,实验设计方案见表 5.4。

表 5.4 实验设计方案

实验编号	设计目的	跨组织项目网络组织间学习策略	组织学习探索——利用平衡性
实验 1	验证组织内探索——利用学习不平衡对组织知识水平的影响	缓慢无差别学习	探索式、利用式、平衡
实验 2	研究跨组织项目网络组织间学习探索——利用平衡性对项目知识水平的影响	探索式混合学习、利用式混合学习、平衡混合学习	缓慢学习
实验 3	研究跨组织项目网络组织间学习层次对项目知识水平的影响	平衡个体学习、平衡组织学习	缓慢学习
实验 4	研究跨组织项目网络组织间探索——利用平衡性和学习层次对项目知识水平的交互影响	探索式个体学习、探索式组织学习、探索式混合学习、利用式个体学习、利用式组织学习、利用式混合学习、平衡个体学习、平衡组织学习	缓慢学习
实验 5	研究跨组织项目网络组织间学习策略和组织学习策略对项目知识水平的交互影响	探索式个体学习、探索式组织学习、探索式混合学习、利用式个体学习、利用式组织学习、利用式混合学习、平衡个体学习、平衡组织学习	探索式、利用式、混合式

计算实验 1 对跨组织项目网络组织间学习策略进行控制,使整个跨组织项目

网络中个体和组织对组织间学习的参与度达到最低，最大程度降低组织间学习过程对组织知识水平的影响，通过比较不同组织学习策略下的组织知识水平差异是否显著来验证模型的有效性。

计算实验2～实验4通过对组织内学习速度的控制，降低组织内学习过程对项目知识水平的影响，以探究跨组织项目网络组织间学习策略对项目知识水平的影响机制。计算实验2把组织间学习策略设定为混合学习，以平衡组织和个体层次学习，通过比较探索式组织间学习、平衡组织间学习和利用式组织间学习下的项目知识水平差异性来探究组织间学习方式对项目知识水平的影响机制。计算实验3通过控制组织间的探索学习——利用学习的平衡性，以分析跨组织项目网络组织间学习层次对项目知识水平的影响机制。计算实验4对组织间学习探索——利用式平衡性与学习层次对项目知识水平的交互影响机制进行探索性研究。

计算实验5主要对组织项目网络组织间学习探索——利用平衡性和组织内学习策略对项目知识水平的交互影响机制的探索。在验证交互作用存在的基础上，分别对组织内探索式学习、组织内利用式学习和组织内平衡学习并存情境下组织间学习策略对项目知识水平的影响机制进行探究，以找出不同组织内学习策略下的最佳组织间学习策略。

考虑到项目网络组织间学习目的的差异性以及知识水平测度方法对计算实验结果的影响，本书采用个体平均知识水平、组织平均知识水平和跨组织项目网络知识水平三个指标来测度跨组织项目网络组织学习的效果。由于学习周期数的取值会影响实验结果的稳健性，学习周期数太小，可能各输出结果未收敛，导致得到的知识水平结果低于真实水平。现有研究对学习周期数的取值未有相对完善的方法(March, 1991；D. Miller and J. Calantone, 2006；Kim and Rhee, 2009；Fang et al., 2008；Park et al., 2015)，主要设定的学习周期数区间在60～200次。本书采用小样本测试的方法，观察学习周期数取值60、100和200时知识水平是否相对稳定。经测试，所有试验中学习周期数取值100次时相对稳定，因此本书设定仿真周期数为100次。为了消除随机误差，每组实验设定100个随机种子，每次仿真初始设定采用不同的随机种子，每组计算实验中各个实验的仿真过程重复100次。

根据得到的实验结果，本书采用方差分析结合Tukey HSD事后多重比较分析对数据进行分析。方差分析主要用于检验各因素对知识水平影响的主效应，而Tukey HSD事后多重比较分析主要用于检验比较实验组和对照组以及实验组间知识水平差异的显著性。

5.3 计算实验结果分析

5.3.1 组织内学习策略对项目知识水平的影响

根据March (1991)等关于探索性和利用性学习平衡的研究(March, 1991; D. Miller and J. Calantone, 2006; Kim and Rhee, 2009; Fang et al., 2008; Park et al., 2015)，探索式学习有利于保持组织内知识的多样性，从而最终产生较高的知识水平，而利用式学习有利组织内个体知识快速同质化，实现组织知识水平的快速提升，但由于同质化过快最终会降低知识水平。

本书对所有实验组的跨组织项目网络知识水平进行了单因素方差分析，结果表明(表5.5)，组织内学习策略的主效应不显著，$F=1.360$，$p>0.1$。由于跨组织项目知识水平改变主要来源于组织间学习过程，因此实验组间跨组织项目网络知识水平不存在显著性差异表明实验控制是有效的。

表5.5　组织内学习策略对IOPN知识水平的主效应检验结果

组织学习策略		平方和	df	均方	F	显著性
IOPN知识	组之间	0.033	3	0.011	1.360	0.255
	组内	3.185	396	0.008		
	总计	3.218	399			

注：IOPN知识表示跨组织项目网络知识水平。

其次，本书对所有实验组的组织平均知识水平进行单因素方差分析。分析结果表明(表5.6)，组织内学习策略的主效应较为显著，$F=6.831$，$p<0.01$。Tukey HSD进一步的分析结果表明(表5.7)，尽管探索式学习和利用式学习下个体知识水平无显著差异，但探索式学习下的个体知识水平显著高于缓慢学习($\Delta_{1,0}=0.012\ 39$，$p<0.05$)，而缓慢学习与利用式学习下的个体知识水平无显著差异，这表明探索式学习比利用式学习更有利于个体知识水平的提升。值得注意的是，平

衡学习下的个体知识水平显著高于利用式学习($\Delta_{3,2}=0.013\ 70$, $p=0.01$),而和探索式学习下知识水平差异不显著。原因可能是虽然计算实验1对组织间学习速度进行了控制,部分参与组织间学习个体的知识水平还是受到组织间学习的影响。

表5.6 组织内学习策略对个体平均知识水平的主效应检验结果

组织学习策略		平方和	df	均方	F	显著性
个人知识	组之间	0.019	3	0.006	6.831	0.000
	组内	0.377	396	0.001		
	总计	0.396	399			

表5.7 不同组织内学习策略下的个体平均知识水平差异比较

组织学习策略			平均差($I-J$)	显著性	95% 置信区间	
					下限值	上限
个体知识	0	1	−0.012 39*	0.024	−0.023 6	−0.001 1
		2	−0.004 29	0.760	−0.015 5	0.007 0
		3	−0.017 98*	0.000	−0.029 2	−0.006 7
	1	0	0.012 39*	0.024	0.001 1	0.023 6
		2	0.008 10	0.248	−0.003 2	0.019 4
		3	−0.005 60	0.574	−0.016 9	0.005 7
	2	0	0.004 29	0.760	−0.007 0	0.015 5
		1	−0.008 10	0.248	−0.019 4	0.003 2
		3	−0.013 70*	0.010	−0.025 0	−0.002 4
	3	0	0.017 98*	0.000	0.006 7	0.029 2
		1	0.005 60	0.574	−0.005 7	0.016 9
		2	0.013 70*	0.010	0.002 4	0.025 0

注:* 表示0.05水平显著。

为此,本书进一步对所有实验组的组织知识水平进行单因素方差检验。检验结果表明(表5.8),组织学习策略的主效应非常显著,$F=10.042$, $p<0.01$。Tukey HSD进一步的分析结果表明(表5.9),平衡学习和探索式学习下的组织平均知识水平显著高于利用式学习下的知识水平($\Delta_{3,2}=0.036\ 93$, $p<0.01$; $\Delta_{1,2}=0.041\ 58$, $p<0.01$)。而探索式学习与平衡学习相比,其组织知识水平略高,但差

异并不显著($\Delta_{1,3}=0.004\ 65$, $p>0.1$),利用式学习和缓慢学习下的组织知识水平也不存在显著差异($\Delta_{1,3}=0.002\ 18$, $p>0.1$)。出现这种结果的主要原因是计算实验1虽然对组织和跨组织项目网络间相互学习的过程进行了控制,但这种控制主要是对学习速度的控制,组织与跨组织项目网络的交互过程延缓了组织对个体知识的学习过程,因此探索式学习下个体知识多样性优势得到减弱。基于上述分析,计算实验1的检验结果总体上较好地验证了组织内学习策略对组织知识水平的影响机制,利用式学习策略和探索式学习策略下组织知识水平的差异显著,这验证了本书构建仿真模型的有效性。

表 5.8　组织内学习策略对组织平均知识水平的主效应检验结果

组织学习策略		平方和	d*f*	均方	*F*	显著性
组织知识	组之间	0.147	3	0.049	10.042	0.000
	组内	1.932	396	0.005		
	总计	2.079	399			

表 5.9　不同组织内学习策略下的组织平均知识水平差异比较

组织学习策略			平均差 (*I*−*J*)	显著性	95% 置信区间	
					下限值	上限
组织知识	0	1	−0.039 40*	0.000	−0.064 9	−0.013 9
		2	0.002 18	0.996	−0.023 3	0.027 7
		3	−0.034 75*	0.003	−0.060 2	−0.009 3
	1	0	0.039 40*	0.000	0.013 9	0.064 9
		2	0.041 58*	0.000	0.016 1	0.067 1
		3	0.004 65	0.965	−0.020 8	0.030 1
	2	0	−0.002 18	0.996	−0.027 7	0.023 3
		1	−0.041 58*	0.000	−0.067 1	−0.016 1
		3	−0.036 93*	0.001	−0.062 4	−0.011 4
	3	0	0.034 75*	0.003	0.009 3	0.060 2
		1	−0.004 65	0.965	−0.030 1	0.020 8
		2	0.036 93*	0.001	0.011 4	0.062 4

注:* 表示 0.05 水平显著。

5.3.2 组织间学习策略对项目知识水平的影响

在计算实验 2 中，以跨组织项目网络组织间学习方式（探索式学习、利用式学习和平衡学习）为组间变量，跨组织项目网络知识水平、组织知识水平和个体知识水平为因变量，进行单因素方差分析，分析结果表明（表 5.10）：跨组织项目网络组织间学习方式对个体知识水平、组织知识水平和跨组织项目网络知识水平的主效应都很显著（$F=6.271$，$p<0.01$；$F=5.875$，$p<0.01$；$F=6.271$，$p<0.01$）。Tukey HSD 进一步的分析结果表明（附录 D），无论是跨组织项目网络知识水平、组织平均知识水平还是个体平均知识水平，探索式学习和平衡学习与利用式学习间的差异性显著，这表明在组织内学习缓慢时，跨组织项目网络呈现出单个组织学习特征，探索式学习更有利于最终项目知识水平的提高。附录 D 结果还表明，探索式学习和平衡学习之间不存在显著的差异性，这可能是因为参与组织内学习的个体（包括组织内相互学习和组织与个体的相互学习过程）未受到组织间学习策略的影响，更多地表现出组织内学习的特征。而组织内缓慢学习本身也是一种极端的平衡学习，当参与组织内学习个体较多时，组织间探索式学习对项目知识水平的影响被减弱了。

表 5.10 组织间学习方式主效应检验结果

组织学习策略		平方和	df	均方	F	显著性
IOPN 知识	组之间	0.171	2	0.085	8.244	0.002
	组内	0.280	27	0.010		
	总计	0.450	29			
组织知识	组之间	0.030	2	0.015	5.875	0.008
	组内	0.070	27	0.003		
	总计	0.101	29			
个体知识	组之间	0.071	2	0.035	6.271	0.006
	组内	0.152	27	0.006		
	总计	0.223	29			

注：IOPN 知识表示跨组织项目网络知识水平。

在计算实验3中，采用计算实验2中相同分析方法对跨组织项目网络组织间学习层次(个体、组织和混合)的主效应进行分析，结果表明(表5.11)：跨组织项目网络组织间学习层次对跨组织项目网络知识水平的主效应较为显著($F=3.774$，$p<0.05$)，而对组织知识水平和个体知识水平的主效应则一般显著($p<0.01$)。Tukey HSD分析结果表明，只有混合层次和个体层次在跨组织项目知识水平上的差异较为显著($F=-0.094\,00$，$p<0.05$)，其他实验组间都不存在显著差异。

表5.11　组织间学习层次主效应检验结果

组织学习策略		平方和	df	均方	F	显著性
IOPN知识	组之间	0.047	2	0.024	3.774	0.036
	组内	0.169	27	0.006		
	总计	0.216	29			
组织知识	组之间	0.008	2	0.004	2.864	0.074
	组内	0.038	27	0.001		
	总计	0.046	29			
个体知识	组之间	0.026	2	0.013	2.739	0.083
	组内	0.126	27	0.005		
	总计	0.152	29			

注：IOPN知识表示跨组织项目网络知识水平。

计算实验2和计算实验3分别验证了跨组织项目网络组织间学习策略两个维度——学习方法和学习层次对项目知识水平的影响，为了检验这两个维度因素对项目知识水平的交互作用，本书对计算实验4中各实验组的项目知识水平测度值进行双因素方差分析，结果见表5.12。无论是对跨组织项目网络知识水平，个体平均知识水平还是组织知识水平，学习方式的主效应都非常显著($F=6.468$，$p<0.01$；$F=5.992$，$p<0.01$；$F=3.150$，$p<0.05$)，而学习层次的主效应一般显著($p<0.1$)，学习层次与学习方式的交互效应较为显著($F=3.146$，$p<0.05$；$F=2.487$，$p<0.1$；$F=2.483$，$p=0.05$)。这表明，在把组织学习控制在较低水平时，跨组织项目网络组织间学习方式对项目知识水平的影响更大，而组织间学习层次对项目知识水平的影响通过与学习方式的交互作用实现。

表 5.12 组织间学习策略对项目知识水平影响检验结果(组织内缓慢学习)

(a) IOPN 知识水平影响检验结果(组织内缓慢学习)

	平方和	d*f*	平均值平方	*F*	显著性
探索—利用	0.110	2	0.055	6.468	0.002
个体—组织	0.045	2	0.023	2.653	0.077
交互	0.107	4	0.027	3.146	0.019

(b) 个体知识水平影响检验结果(组织内缓慢学习)

	平方和	d*f*	平均值平方	*F*	显著性
探索—利用	0.019	2	0.009	5.992	0.004
个体—组织	0.009	2	0.005	3.016	0.054
交互	0.016	4	0.004	2.487	0.050

(c) 组织知识水平影响检验结果(组织内缓慢学习)

	平方和	d*f*	平均值平方	*F*	显著性
探索—利用	0.033	2	0.016	3.150	0.048
个体—组织	0.026	2	0.013	2.495	0.089
交互	0.051	4	0.013	2.483	0.050

注:IOPN 知识表示跨组织项目网络知识水平。

进一步,本书采用 Tukey HSD 分析对不同学习方式和学习层次下的项目知识水平差异性进行检验,结果表明:在以个体层次为主和以组织层次为主的组织间学习,探索学习和利用学习的平衡性对项目知识水平的影响差异性较小;在个体和组织混合层次,探索式学习和平衡学习下的项目知识水平显著高于利用式学习下的知识水平(图 5.1)。

上述结果表明,在组织内缓慢学习的情境中,跨组织项目网络的组织间学习方式应具有探索式、学习层次应在个体层次和组织层次同时进行可以最大化地提升跨组织项目网络个体、组织和网络层次的知识水平。由于组织内缓慢学习不利于个体与组织间的相互学习,以个体层次为主的组织间学习策略较难把个体知识与组织知识有效利用起来,这影响了项目知识水平的提升。当跨组织项目网络组织间学习从个体层次为主逐渐转向以组织层次为主的学习时,组织间探索学习可

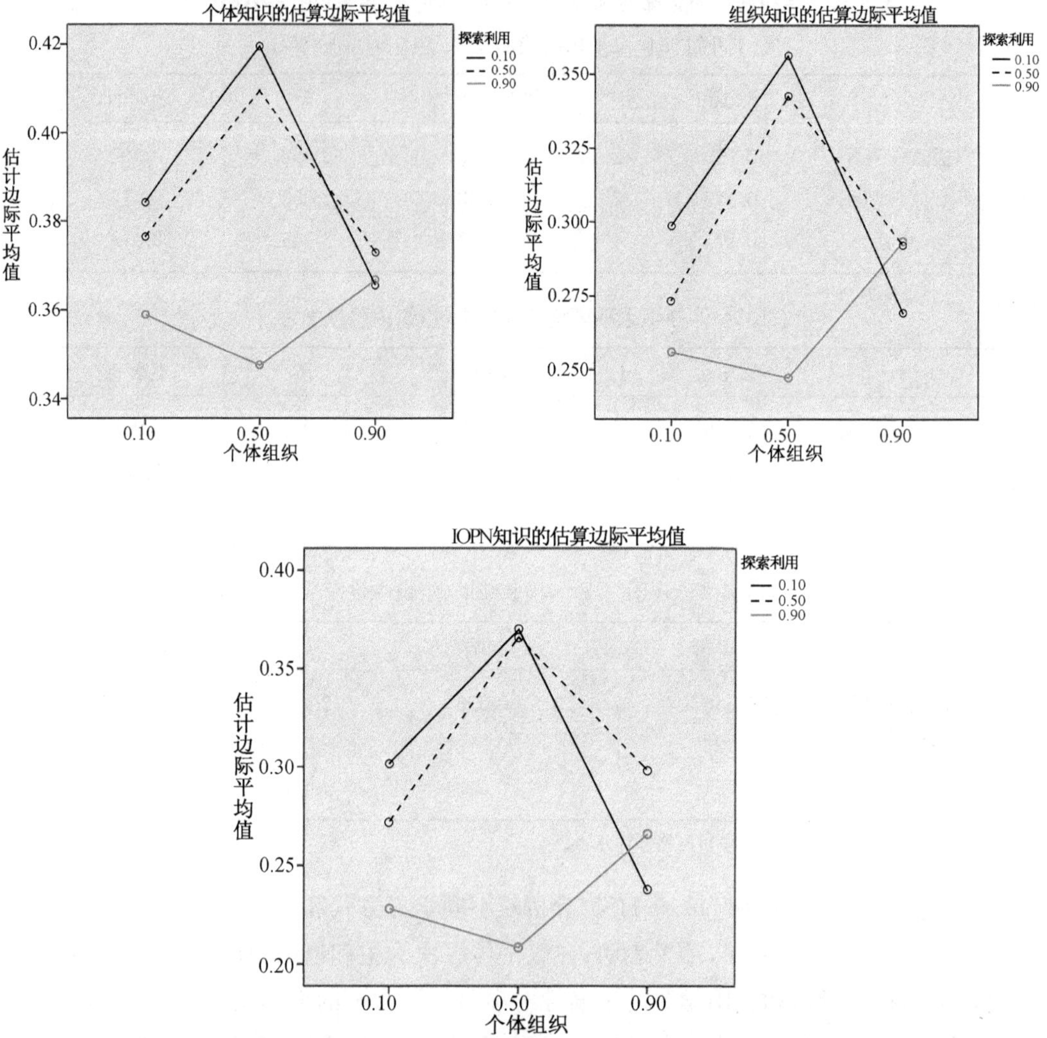

注：个体组织＝0.1，0.5，0.9 分别代表个体学习、混合学习和组织学习；探索利用＝0.1，0.5，0.9 分别代表探索式学习、平衡学习和利用式学习。

图 5.1　组织间学习方式和学习层次对项目知识水平交互影响(组织内缓慢学习)

以发挥其保持整个跨组织项目网络知识多样性的优势，而跨组织项目网络向组织探索学习过程可以有效利用组织知识资源，因此，具有探索式学习特点的组织间学习策略下的项目知识水平得到有效提升，探索性越强，项目知识水平提升越显著。当组织间学习逐步转向组织层次学习为主时，由于整个跨组织项目网络的知识来源是个体，过分强调网络与组织的交互学习并不能提升项目知识水平，但利用式的组织间学习策略可以更多地开发组织层次的知识，增加知识来源多样性，使项目知识水平提升。与探索式学习相反，利用式学习会引发知识同质化问题，组织层次的利用式学习主要引发组织知识同质化，而个体层次的利用式学习则引发个体层次的知识同质化。由于组织知识同质化向个体知识同质化主要通过组织内学习进行，缓慢的组织内学习延缓了同质化过程，因此组织间利用式组织学习下的项目知识水平高于组织间利用式个体学习下的知识水平，但差异并不显著。而个体和组织混合利用式学习促进了组织向个体的知识同质化过程，因此项目知识水平比单一层次的利用式学习下的知识水平更低。

5.3.3 组织间学习策略与组织内学习策略对项目知识水平交互影响

本书对计算实验5中所有实验组的项目知识水平进行多因素方差分析，结果见表5.13。根据分析结果，组织策略、组织间学习层次和学习方式的主效应都显著，组织策略和组织间学习方式交互效应显著，组织间学习方式和学习层次交互作用显著，而组织间学习层次和组织学习策略的交互效应以及三因素的交互效应均不显著。为此，本书进一步分析各组织内学习策略下的跨组织项目网络组织间学习策略对项目知识水平的影响。

表5.13 组织间学习策略和组织内学习策略对项目知识水平交互影响检验结果

(a) 个体知识交互影响检验结果

	自由度	均方	F	显著性
组织策略	2	0.007	41.884	0.000
个体组织	2	0.019	117.020	0.000
探索利用	2	0.101	638.530	0.000
组织策略×个人组织	4	0.001	3.984	0.003
组织策略×探索利用	4	0.000	1.196	0.310
探索利用×个人组织	4	0.001	6.450	0.000
组织策略×探索利用×个体组织	8	8.079×10^{5}	0.509	0.851

(b) 组织知识交互影响检验结果

	自由度	均方	F	显著性
组织策略	2	0.002	30.789	0.000
个体组织	2	0.003	63.808	0.000
探索利用	2	0.004	73.195	0.000
组织策略×个人组织	4	0.001	11.196	0.000
组织策略×探索利用	4	2.938×10^{-5}	0.592	0.669
探索利用×个人组织	4	0.000	3.594	0.006
组织策略×探索利用×个体组织	8	6.797×10^{-5}	1.369	0.205

(c) IOPN 知识交互影响检验结果

	自由度	均方	F	显著性
组织策略	2	0.014	89.448	0.000
个体组织	2	0.013	82.820	0.000
探索利用	2	0.020	126.712	0.000
组织策略×个人组织	4	0.003	16.354	0.000
组织策略×探索利用	4	0.000	1.457	0.213
探索利用×个人组织	4	0.001	5.418	0.000
组织策略×探索利用×个体组织	8	0.000	0.788	0.613

注:IOPN 知识表示跨组织项目网络知识水平。

(1) 组织内探索式学习策略下组织间学习策略对项目知识水平影响分析

本书对组织内探索学习下的实验组间的项目知识水平(包括个体知识水平、组织知识水平和网络知识水平)进行双因素分析,结果表明(表 5.14)跨组织项目网络组织间学习方式和学习层次对项目知识水平的主效应以及交互效应都很显著,这个结论和表 5.13 的检验结果是一致的。

图 5.2 给出了各种组织间学习策略下项目知识水平的平均估计,结合进一步的 Tukey HSD 分析得出的组间差异显著性分析结果,本书可以分别得到对个体知识水平、组织知识水平和项目知识水平提升最显著的组织间学习策略,结论如下:在组织内探索式学习策略下,个体知识水平、组织知识水平和网络知识水平的最优组织间学习策略并不一致。对于个体知识水平,利用式个体学习策略和利用

式混合学习策略是最优组织间学习策略。对于组织知识水平，探索式混合学习策略是最优组织间学习策略，而利用式个体学习策略和利用式混合学习策略是较优策略。对于项目知识水平，利用式混合学习策略、利用式个体学习策略、探索式混合学习策略和探索式个体学习策略是较优的组织间学习策略。以组织层次为主的学习策略都是较劣的组织间学习策略。因此，如果跨组织项目网络的参与组织普遍采用组织内探索式学习时，项目网络组织间学习方式以利用式学习为主有助于培养个体精英，采用混合层次的探索式学习有助于提升参与组织的整体知识水平，采用探索式学习和利用式学习都有利于项目共同知识的创造。但是，项目网络应避免采用探索式和利用式混合的组织间学习策略，在学习资源配置方面应在个体层次和组织层次均衡投入，尤其应避免对组织层次过多的投入。

表 5.14　组织间学习策略对项目知识水平影响检验结果(组织内探索学习)

(a) IOPN 知识水平影响检验结果(组织内探索学习)

	平方和	d*f*	平均值平方	*F*	显著性
探索—利用	0.011	2	0.006	31.005	0.000
个体—组织	0.019	2	0.009	51.824	0.000
交互	0.005	4	0.001	7.396	0.000

(b) 个体知识水平影响检验结果(组织内探索学习)

	平方和	d*f*	平均值平方	*F*	显著性
探索—利用	0.004	2	0.002	10.985	0.000
个体—组织	0.026	2	0.013	72.642	0.000
交互	0.002	4	0.001	2.995	0.018

(c) 组织知识水平影响检验结果(组织内探索学习)

	平方和	d*f*	平均值平方	*F*	显著性
探索—利用	0.001	2	0.001	10.383	0.000
个体—组织	0.005	2	0.002	34.762	0.000
交互	0.002	4	0.000	6.586	0.000

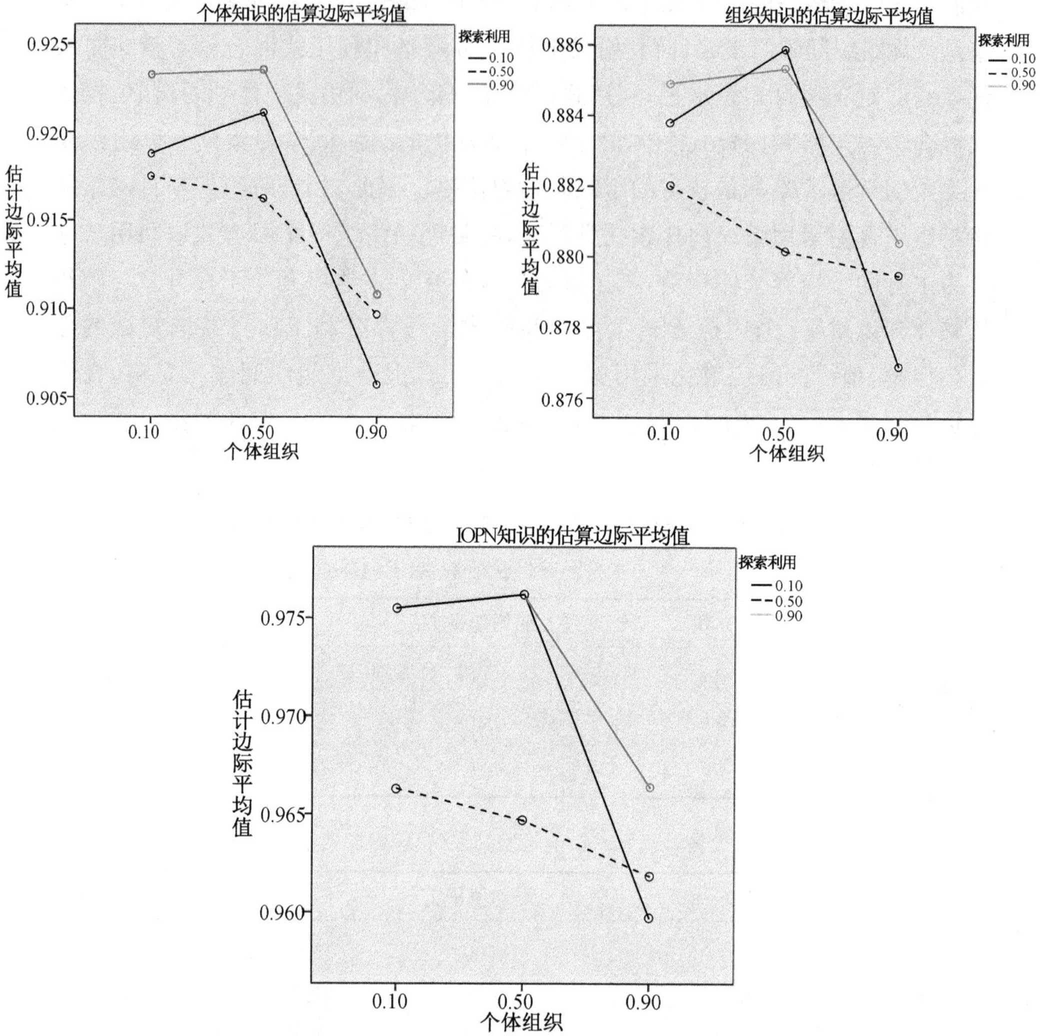

注:个体组织＝0.1，0.5，0.9分别代表个体学习、混合学习和组织学习;探索利用＝0.1，0.5，0.9分别代表探索式学习、平衡学习和利用式学习。

图5.2　组织间学习方式和学习层次对项目知识水平的交互影响(组织内探索学习)

(2) 组织内利用式学习策略下组织间学习策略对项目知识水平影响分析

组织内利用式学习下的分析过程类似于组织内探索式学习分析过程。表5.15给出了组织内平衡学习策略下不同组织间学习策略下的项目知识水平进行双因素分析的结果,组织间学习方式和学习层次的主效应都是显著的,只有对个体知识水平的交互效应不显著，对网络知识水平和组织知识水平的交互效应都非常显著，该结论和表5.13结果基本一致。

表5.15　组织间学习策略对项目知识水平影响检验结果(组织内利用学习)

(a) IOPN知识水平影响检验结果(组织内利用学习)

	平方和	df	平均值平方	F	显著性
探索—利用	0.006	2	0.003	19.668	0.000
个体—组织	0.004	2	0.002	15.038	0.000
交互	0.004	4	0.001	6.876	0.000

(b) 个体知识水平影响检验结果(组织内利用学习)

	平方和	df	平均值平方	F	显著性
探索—利用	0.003	2	0.002	11.390	0.000
个体—组织	0.008	2	0.004	27.663	0.000
交互	0.001	4	0.000	0.988	0.413

(c) 组织知识水平影响检验结果(组织内利用学习)

	平方和	df	平均值平方	F	显著性
探索—利用	0.001	2	0.000	7.284	0.001
个体—组织	0.001	2	0.001	19.177	0.000
交互	0.001	4	0.000	4.315	0.002

结合进一步的Tukey HSD分析得出的组间差异显著性分析结果和各组织间学习策略下的项目知识水平平均估计值(图5.3)，本书得出以下结论：在组织内利用式学习下，组织间利用式混合学习策略下的个体知识水平和组织知识水平显著高于其他实验组的知识水平。探索式个体学习策略对网络层次知识水平提升较大，其次是平衡组织学习策略、探索式混合学习策略、利用式学习策略(个体、组织和混合层次)。由于组织内利用式学习注重对个体知识的提升优先于对组织共同知识的提升，个体探索式学习实现了跨组织项目网络向个体的快速学习，有效促进网络共同知识提升。个体层次的利用式学习有助于个体知识水平提升，因此利用式混合学习策略和利用式个体学习策略对个体知识水平有显著提升。根据上述结果，当跨组织项目网络中普遍采用组织内利用式学习时，项目网络如果致力

于培养优秀项目人员，则可以采用组织间利用式学习，但应避免在组织层次过多的学习资源配置。当项目网络致力于通过项目培育优秀组织，也应该采用利用式学习策略，同时注重个体层次和组织层次学习资源的平衡配置，可以兼顾各方知识水平的提升。如果项目网络致力于项目共同知识的创造和积累，则应采用以组织层次为主的利用式学习，尽量减少在个体层次的学习资源投入。

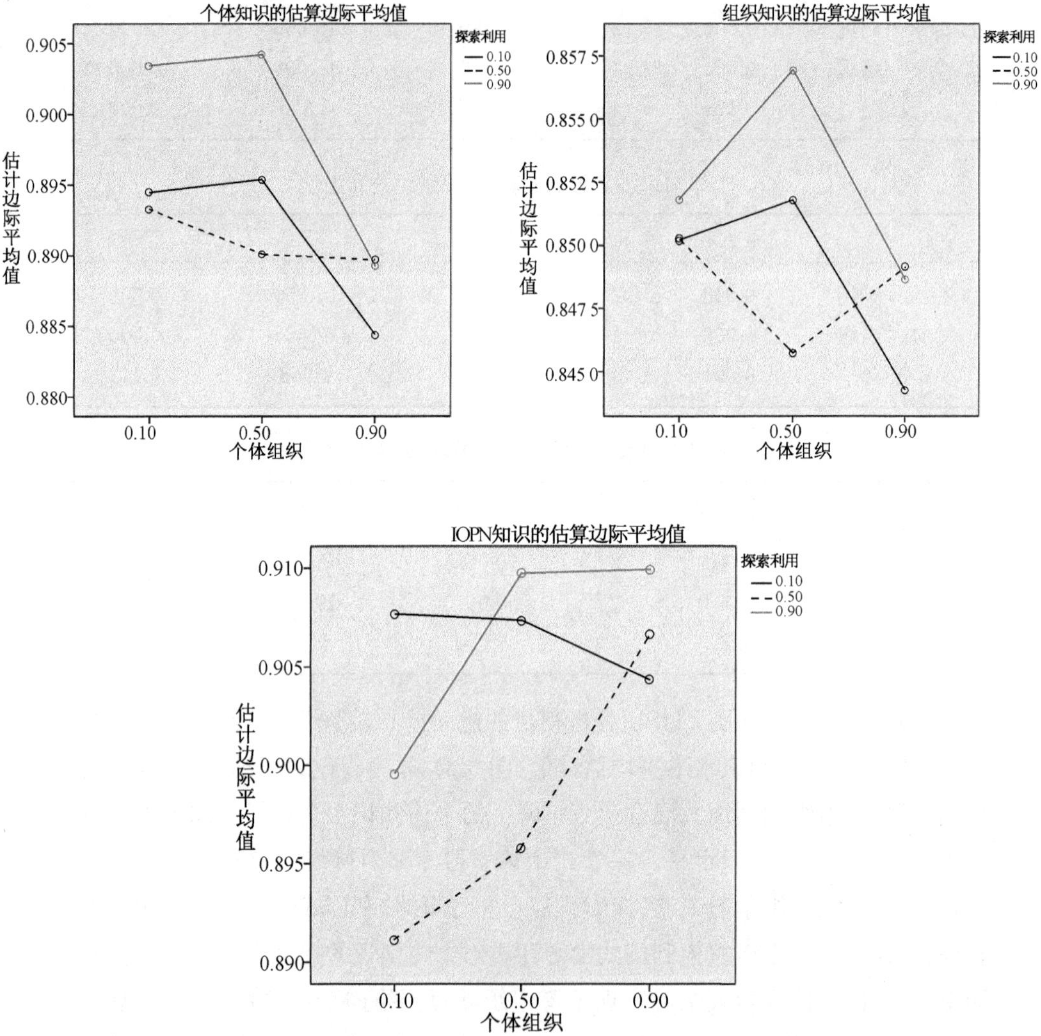

注：个体组织＝0.1，0.5，0.9 分别代表个体学习、混合学习和组织学习；探索利用＝0.1，0.5，0.9 分别代表探索式学习、平衡学习和利用式学习。

图 5.3　组织间学习方式和学习层次对项目知识水平的交互影响(组织内利用学习)

(3) 组织内平衡学习策略下组织间学习策略对项目知识水平影响分析

表5.16给出了组织内平衡学习策略下不同组织间学习策略下的项目知识水平进行双因素分析结果，组织间学习方式的主效应是显著的，学习层次的主效应均不显著，所有交互效应均显著。

表5.16 组织间学习策略对项目知识水平影响检验结果(组织内平衡学习)

(a) IOPN知识水平影响检验结果(组织内平衡学习)

	平方和	d*f*	平均值平方	*F*	显著性
探索—利用	0.068	2	0.034	10.015	0.000
个体—组织	0.005	2	0.003	0.799	0.450
交互	0.057	4	0.014	4.224	0.002

(b) 个体知识水平影响检验结果(组织内平衡学习)

	平方和	d*f*	平均值平方	*F*	显著性
探索—利用	0.012	2	0.006	10.913	0.000
个体—组织	0.011	2	0.006	10.067	0.000
交互	0.006	4	0.002	2.898	0.021

(c) 组织知识水平影响检验结果(组织内平衡学习)

	平方和	d*f*	平均值平方	*F*	显著性
探索—利用	0.001	2	0.001	1.650	0.193
个体—组织	0.003	2	0.001	2.921	0.054
交互	0.009	4	0.002	4.871	0.001

结合Tukey HSD进一步分析得出的组间差异显著性分析结果和各组织间学习策略下的项目知识水平平均估计值(图5.4)，本书得出以下结论：在组织内平衡学习情境中，利用式混合学习策略下的项目知识水平是最高的。因此项目网络采用利用式混合策略可以实现整个项目网络学习效率的帕累托最优。相比于组织内探索式学习和组织内利用式学习情境，组织内平衡学习情境中组织层次的学习策略有助于项目共同知识的提升，特别是组织层次的利用式学习对网络层次知识水平的积极影响不弱于个体和组织层次混合的利用式学习。基于上述结果，当项

目网络中参与组织内探索式学习和利用式学习相对平衡时，组织间利用式学习是较优的策略，但需要根据学习目标调整在不同层次上的学习资源配置。如果项目网络致力于培养个体精英和优先组织，个体层次和组织层次的学习资源配置要尽量均衡。如果项目网络致力于项目共同知识的创造和积累，则只需避免在个体层次学习资源的过多投入。

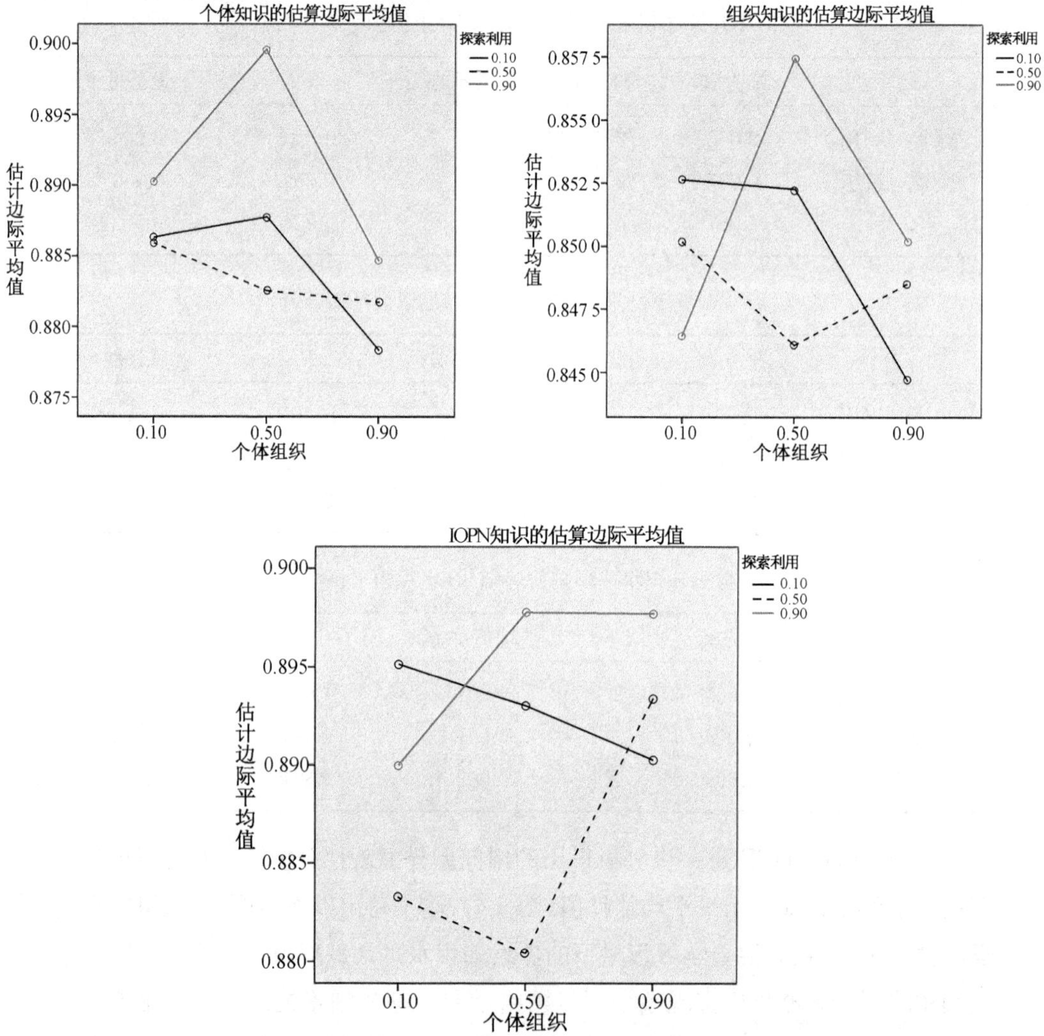

注：个体组织＝0.1，0.5，0.9 分别代表个体学习、混合学习和组织学习；探索利用＝0.1，0.5，0.9 分别代表探索式学习、平衡学习和利用式学习。

图 5.4　组织间学习方式和学习层次对项目知识水平的交互影响(组织内平衡学习)

基于上述分析，本书提出了跨组织项目网络中组织间学习策略和组织学习策略的适应性关系（表 5.17），以最大化个体层次、组织层次和网络层次的知识水平提升。

表 5.17　跨组织项目网络组织间学习策略与组织内学习策略适应性关系

组织内学习策略	个体精英培育导向	优先组织培育导向	项目共同知识创造
探索式学习	利用式混合学习、利用式个体学习	探索式混合学习、利用式个体学习、利用式混合学习	利用式混合学习、利用式个体学习、探索式混合学习、探索式个体学习
利用式学习	利用式混合学习、利用式个体学习	利用式混合学习	利用式混合学习、利用式组织学习
平衡学习	利用式混合学习	利用式混合学习	利用式混合学习、利用式组织学习

5.4　项目情境参数敏感性分析

敏感性为无量纲指数，反映了模型输出结果随模型参数的微小改变而变化的影响程度或敏感性程度，参数敏感性分析就是分析影响模型效率最关键的几个参数，以检验模型结果的稳健性。由于本章研究是基于现实案例，主要的模型情境参数根据现实案例设定，只有 *organization_knowledge* 和 *agent_knowledge* 变量取值采用设定初始平均知识水平的方式随机生成，因此本节主要对这两个参数分别进行单因素敏感性分析。

5.4.1　组织初始知识水平参数设定对研究结果影响分析

本书首先按照 5.2.3 小节中计算实验 5 中的设计方案，对跨组织项目网络组织间学习模型的情境参数和学习策略参数进行设定。然后本书把模型中对组织初始知识水平进行控制的变量 *Org_perf* 进行调整，主要考虑两种情形：①组织初始知识水平低于个体初始知识水平，*Org_perf* 设定为 0.1；②组织初始知识水平高于个体初始知识水平，*Org_perf* 设定为 0.5。基于设定的 *Org_perf* 参数值，实验组每次仿真开始前重新生成 *organization_knowledge*。最后，采用双因素方差分析和 Tukey HSD 分析对不同实验组下的模型输出值进行分析，得出不同组织内学习策略下组织间学习策略与项目知识水平的对应关系。

图 5.5 和图 5.6 分别给出了 $Org\_perf=0.5$ 和 $Org\_perf=0.1$ 情形下各组织内学习策略下跨组织项目网络组织间学习策略对项目知识水平的平均估计值，以此本书得出 $Org\_perf=0.5$（高水平）、$Org\_perf=0.3$（基本模型）和 $Org\_perf=0.1$（低水平）下跨组织项目网络组织间学习策略和组织内学习策略的适应性关系，见表 5.18～表 5.20。

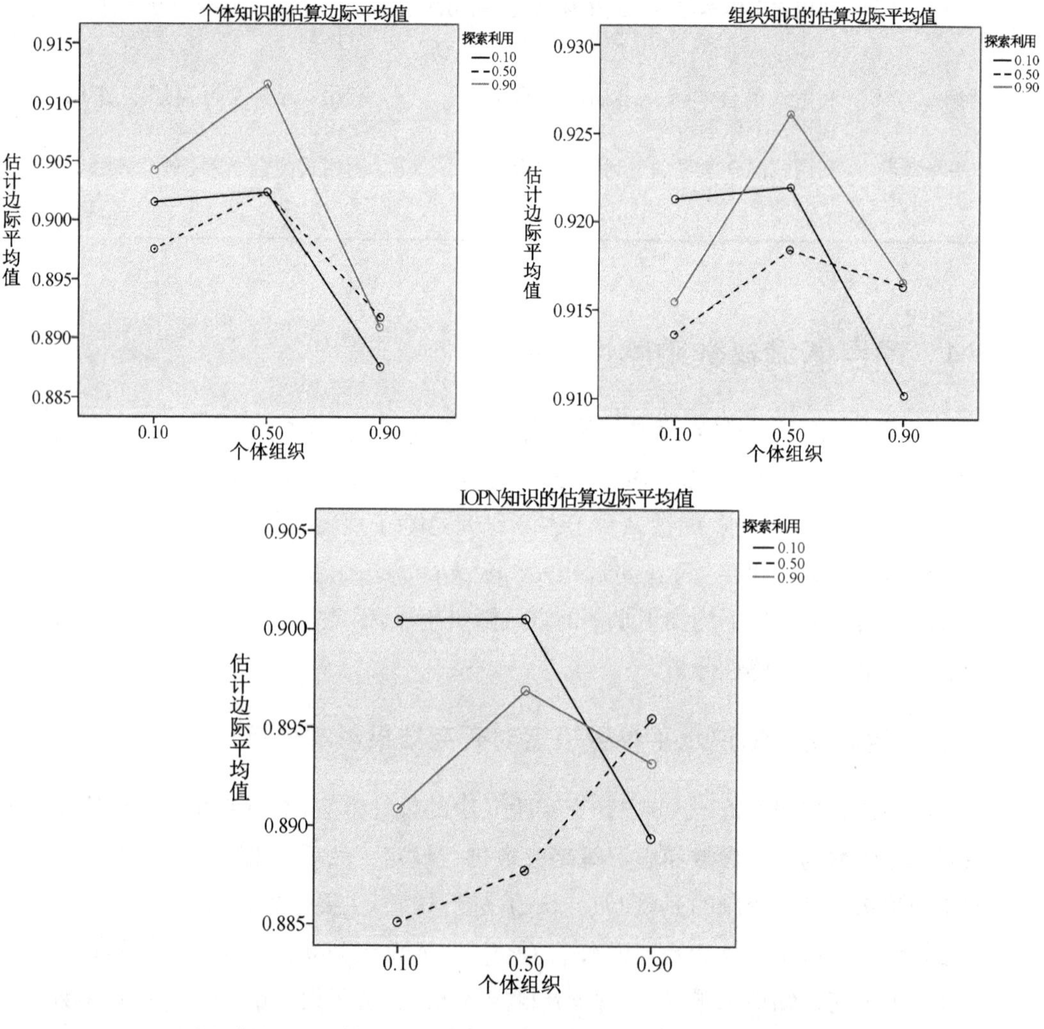

（a）组织内探索式学习下组织间学习策略对项目知识水平的影响（组织初始知识水平＝0.1）

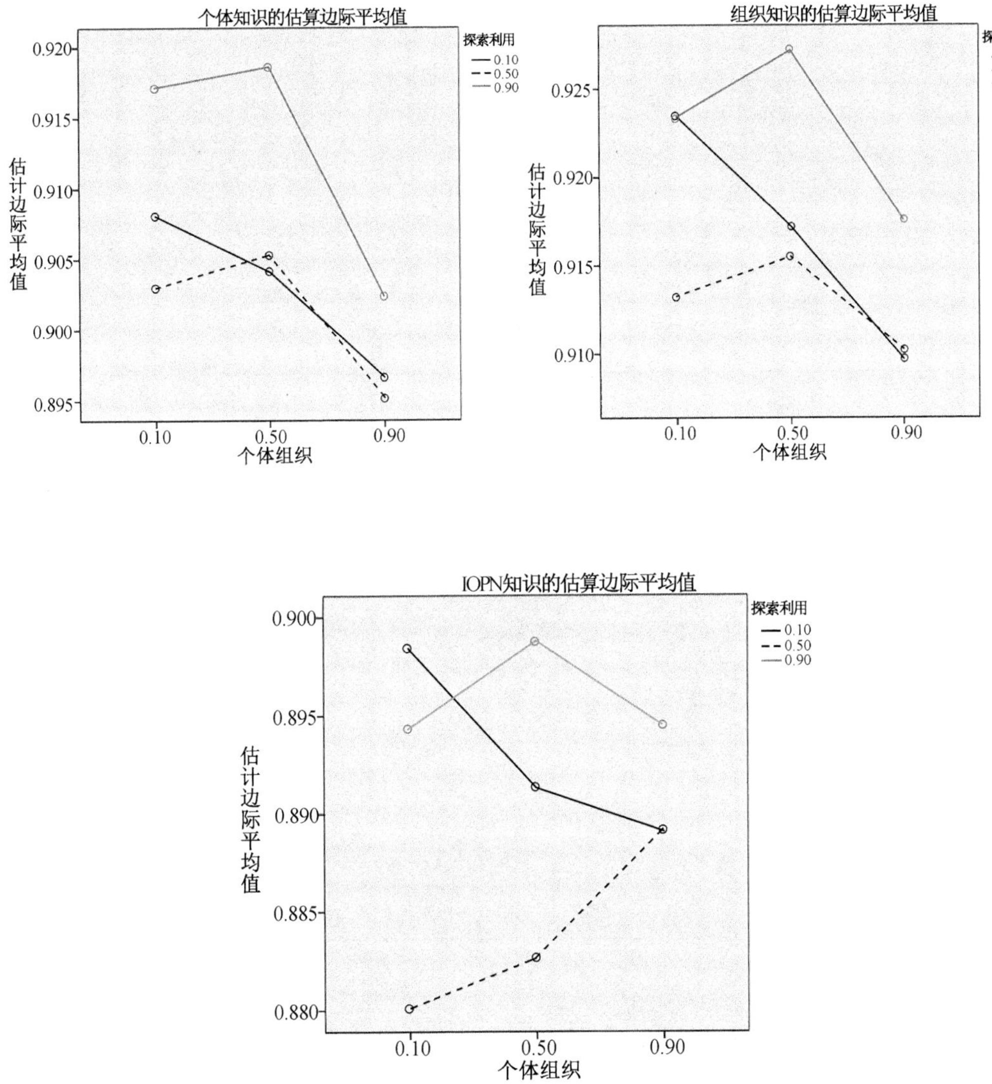

(b) 组织内利用式学习下组织间学习策略对项目知识水平的影响(组织初始知识水平＝0.1)

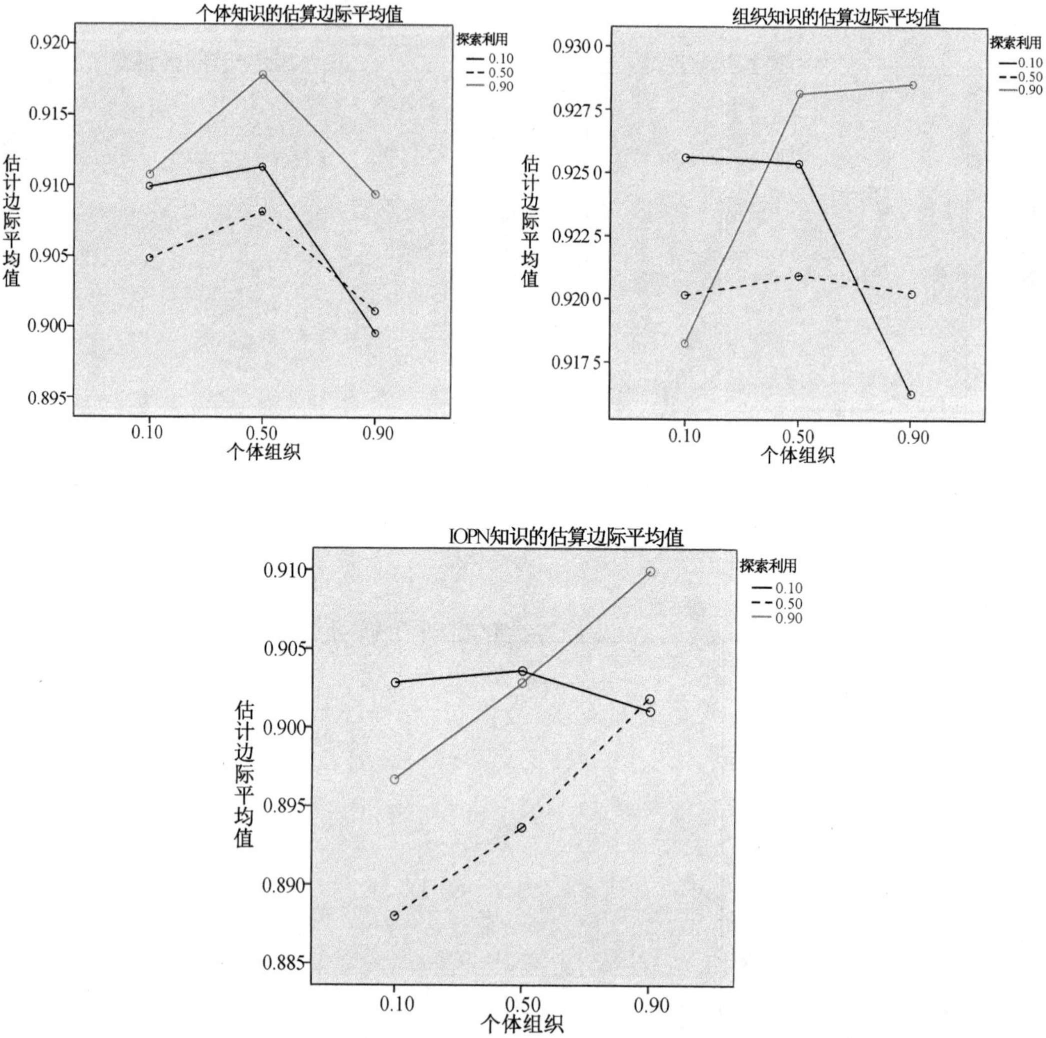

(c) 组织内平衡学习下组织间学习策略对项目知识水平的影响(组织初始知识水平＝0.1)

注:个体组织＝0.1,0.5,0.9 分别代表个体学习、混合学习和组织学习;探索利用＝0.1,0.5,0.9 分别代表探索式学习、平衡学习和利用式学习。

图 5.5　组织间学习策略对项目知识水平的影响(组织初始知识水平＝0.1)

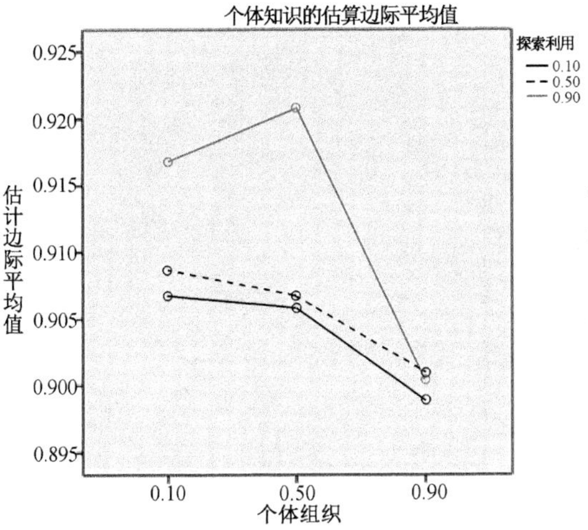

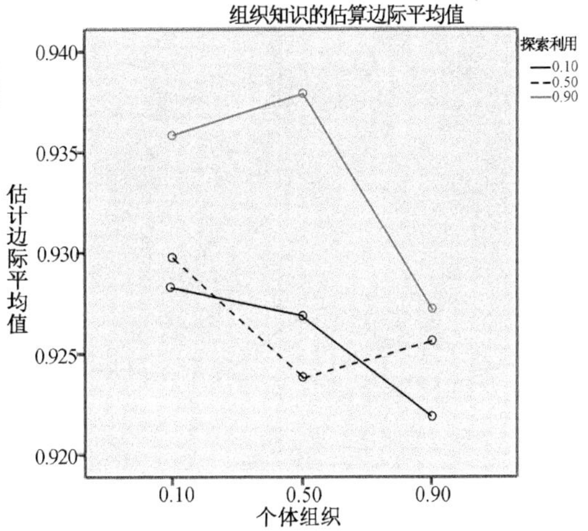

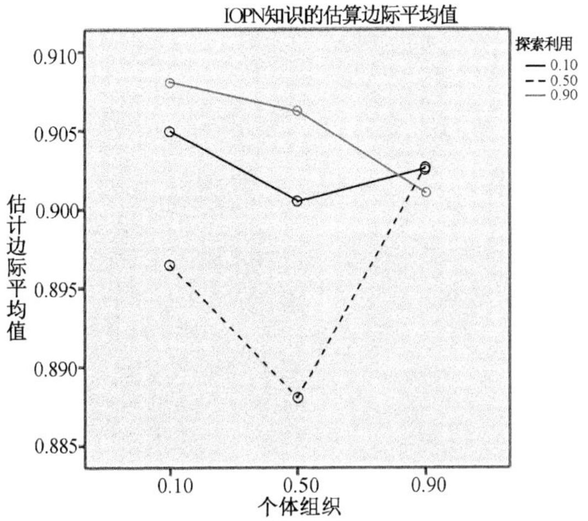

(a) 组织内探索式学习下组织间学习策略对项目知识水平的影响(组织初始知识水平＝0.5)

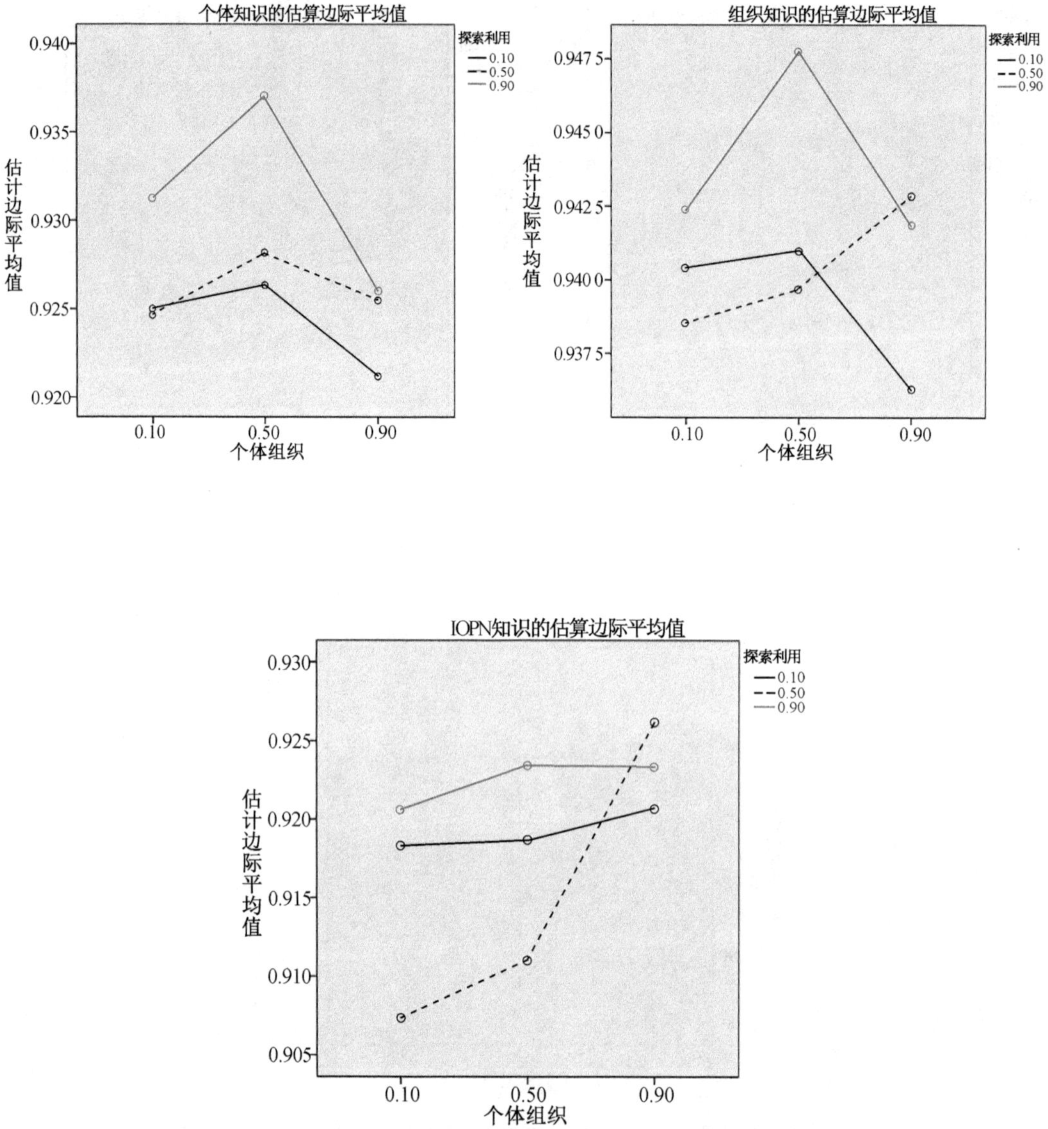

(b) 组织内利用式学习下组织间学习策略对项目知识水平的影响(组织初始知识水平＝0.5)

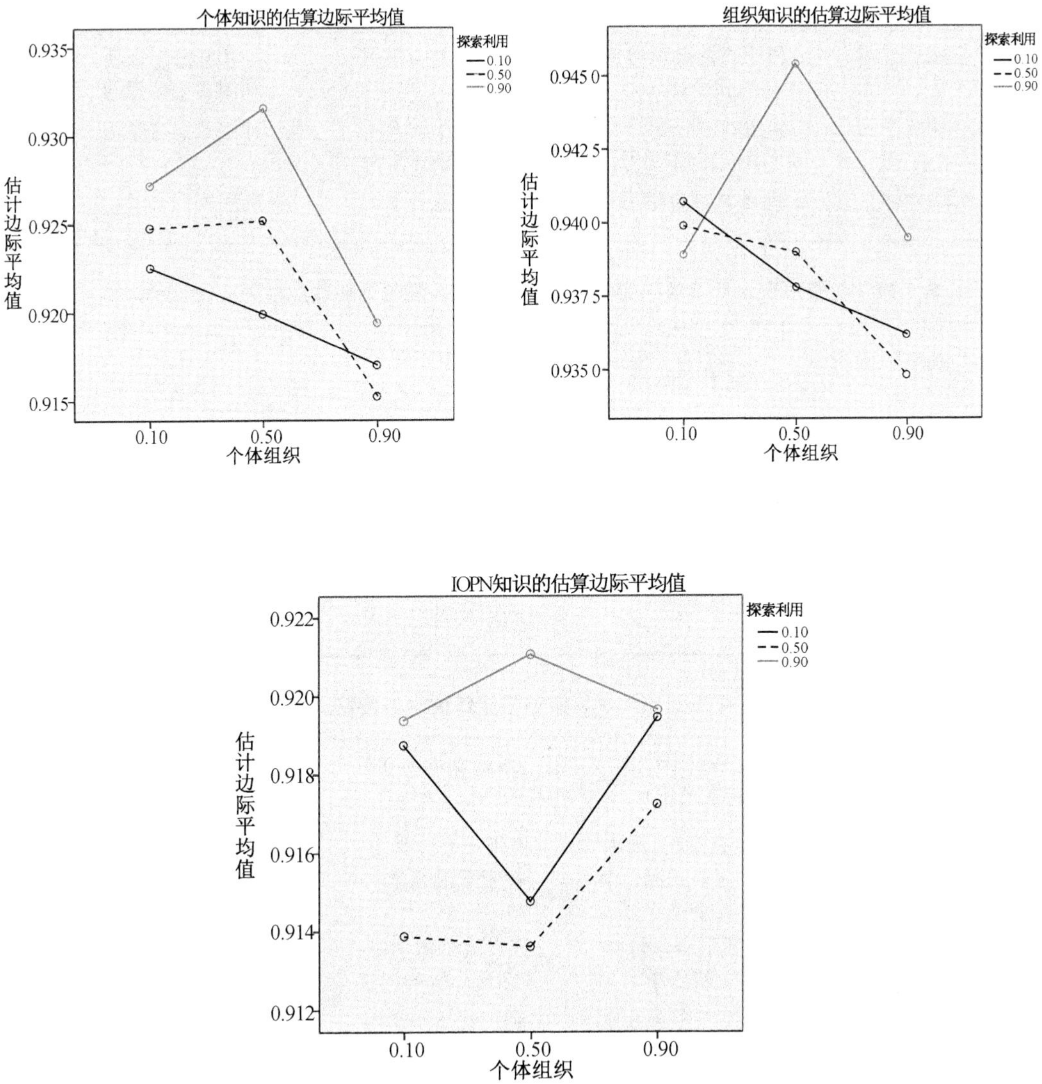

(c) 组织内平衡学习下组织间学习策略对项目知识水平的影响(组织初始知识水平＝0.5)

注:个体组织＝0.1，0.5，0.9 分别代表个体学习、混合学习和组织学习;探索利用＝0.1，0.5，0.9 分别代表探索式学习、平衡学习和利用式学习。

图 5.6　组织间学习策略对项目知识水平的交互影响(组织初始知识水平＝0.5)

表 5.18　组织知识水平下组织间学习策略与组织内学习策略适应性关系(个体导向)

组织内学习策略	$Org\_perf=0.3$（基本模型）	$Org\_perf=0.1$（低水平）	$Org\_perf=0.5$（高水平）
探索式学习	利用式混合学习、利用式个体学习	利用式混合学习	利用式混合学习、利用式个体学习
利用式学习	利用式混合学习、利用式个体学习	利用式混合学习、利用式个体学习	利用式混合学习
平衡学习	利用式混合学习	利用式混合学习	利用式混合学习

表 5.19　组织知识水平下组织间学习策略与组织内学习策略适应性关系(组织导向)

组织内学习策略	$Org\_perf=0.3$（基本模型）	$Org\_perf=0.1$（低水平）	$Org\_perf=0.5$（高水平）
探索式学习	探索式混合学习、利用式个体学习、利用式混合学习	利用式混合学习	利用式混合学习、利用式个体学习
利用式学习	利用式混合学习	利用式混合学习	利用式混合学习
平衡学习	利用式混合学习	利用式混合学习、利用式组织学习	利用式混合学习

表 5.20　组织知识水平下组织间学习策略与组织内学习策略适应性关系(项目导向)

组织内学习策略	$Org\_perf=0.3$（基本模型）	$Org\_perf=0.1$（低水平）	$Org\_perf=0.5$（高水平）
探索式学习	利用式混合学习、利用式个体学习、探索式混合学习、探索式个体学习	探索式个体学习、探索式混合学习	利用式混合学习、利用式个体学习
利用式学习	利用式混合学习、利用式组织学习	探索式个体学习、利用式混合学习	平衡组织学习
平衡学习	利用式混合学习、利用式组织学习	利用式组织学习	利用式混合学习

表 5.18 结果表明，组织利用式混合学习策略是用于提升个体知识水平较为稳定的最优策略。在项目网络普遍采用组织内平衡学习时，组织的初始知识水平不影响组织间学习策略的选择。在项目网络普遍采用组织内探索式学习时，当组织的初始知识水平较高时(高于个体初始知识水平)，利用式混合学习是唯一的最

优组织间学习策略；而当组织初始知识水平与个体初始知识水平持平或者更低时，利用式个体学习策略下的个体知识水平与利用式混合学习策略下的知识水平无显著差异性。项目网络普遍采用组织内探索式学习时的结论刚好相反，组织初始知识水平较高或和个体初始知识水平相当时，利用式个体学习也成为较优策略，而较低时利用式混合学习策略变成唯一最优学习策略。

表5.19结果表明，和个体知识水平提升类似，利用式混合学习策略是提升组织知识水平稳定较优的学习策略。当项目网络内组织普遍采用利用式学习时，组织初始知识水平对组织间学习策略无相关关系。当项目网络内普遍采用探索式学习且组织初始知识水平较高，或者当项目网络内普遍采用平衡学习且组织初始知识水平较低时，个体知识水平提升不如组织知识水平提升，而组织间利用式个体学习有助于加强个体通过组织间学习进行知识水平提升，是较优的学习策略。

表5.20结果表明，利用式混合策略在多数情况下是提升项目共同知识的有效策略。但组织内学习策略和组织初始知识水平会影响到利用式混合策略下项目共同知识水平的提升。如果项目网络内组织普遍采用利用式学习策略，且组织的初始知识水平较高，平衡组织学习会成为更占优的组织间学习策略。如果组织初始知识水平和个体初始知识水平相当，则探索式个体学习策略更有利于项目共同知识的创造。如果项目网络内组织普遍采用平衡学习策略，且组织的初始知识水平处于较低水平，则利用式组织学习策略成为更有效的策略。如果项目网络内组织普遍采用探索式学习，且组织的初始知识水平较低时，探索式个体学习和探索式混合策略对项目共同知识的提升更大。只有当项目网络内组织普遍采用平衡学习策略，且组织初始知识水平较高时，利用式混合学习策略是唯一促进项目共同知识提升最有效的学习策略。

综上所述，组织初始知识水平对跨组织项目网络组织间学习策略和组织内学习策略适应关系的调节作用依赖于项目网络组织间学习的定位。如果项目网络致力于通过项目的组织间学习来培养个体精英或者优秀组织，则利用式混合学习策略是相对稳定较优的组织间学习策略，组织的初始知识水平并不影响组织间学习策略与组织内学习策略的适应关系。如果项目网络组织间学习的目的是实现项目共同知识创新，则组织初始知识水平和组织内学习策略会影响组织间学习策略的选择。

5.4.2 个体初始知识水平参数设定对研究结果的影响分析

本书对个体初始知识水平参数敏感性分析过程和对组织初始知识水平敏感

性分析过程类似，只是把组织初始知识水平控制参数设定 Org_perf 改为个体初始知识水平控制参数 $perf$，每次仿真开始前根据设定 $perf$ 值随机生成个体知识向量 $agent\_knowledge$。本书主要考虑个体初始知识水平的两种情形对研究结果的影响：①个体初始知识水平低于组织的初始知识水平，$perf$ 设定为 0.1；②个体初始知识水平高于组织的初始知识水平，$perf$ 设定为 0.5。采用双因素方差分析和 Tukey HSD 分析对不同实验组下的模型输出值进行分析，得出各实验条件下组织间学习策略对项目知识水平的影响结果（图 5.7、图 5.8）。

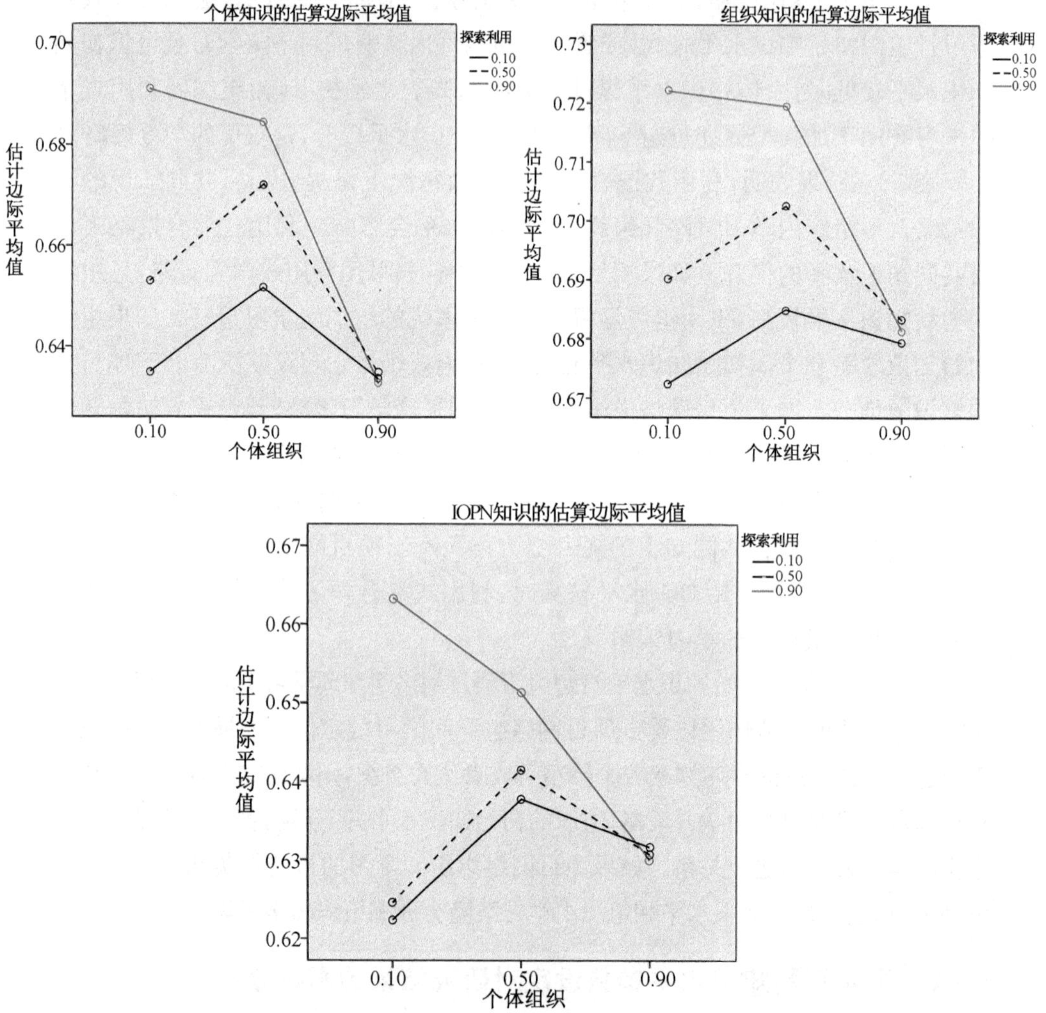

(a) 组织内探索式学习下组织间学习策略对项目知识水平的影响（个体初始知识水平＝0.1）

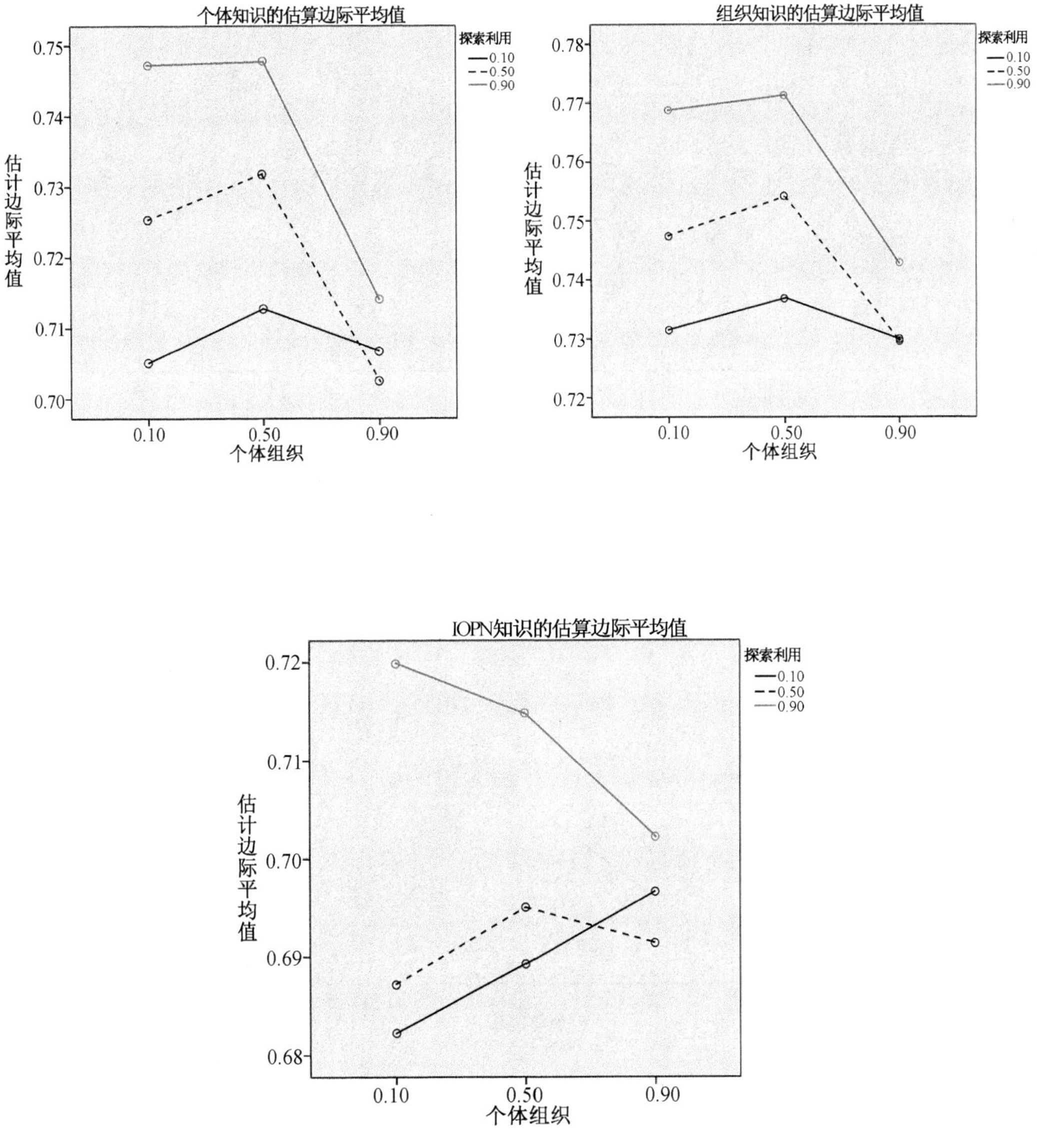

(b) 组织内利用式学习下组织间学习策略对项目知识水平的影响(个体初始知识水平＝0.1)

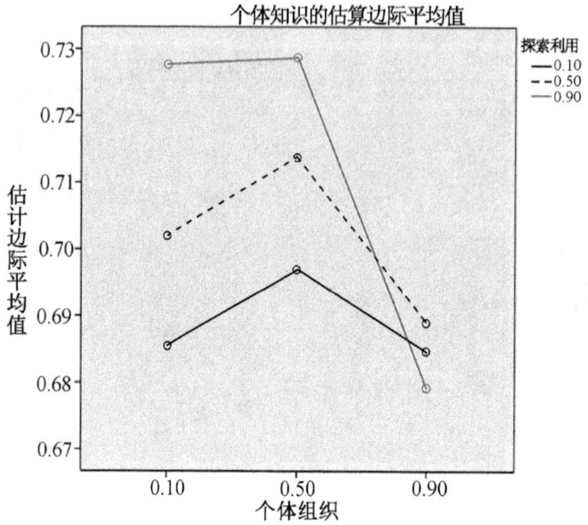

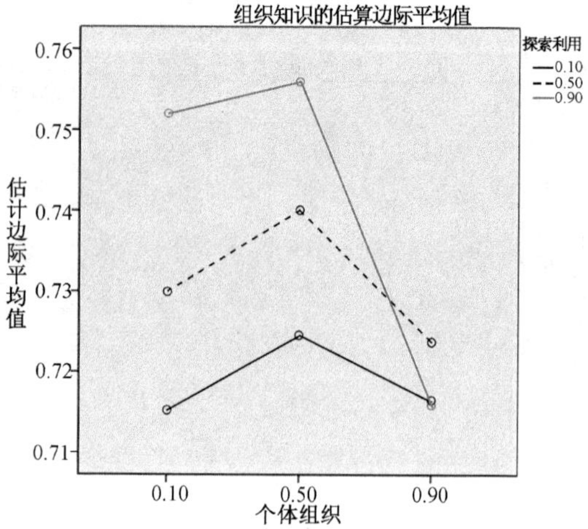

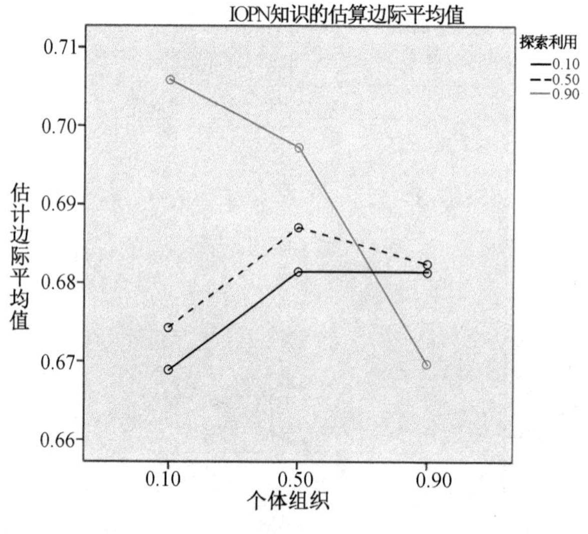

(c) 组织内平衡学习下组织间学习策略对项目知识水平的影响(个体初始知识水平＝0.1)

注：个体组织＝0.1，0.5，0.9 分别代表个体学习、混合学习和组织学习；探索利用＝0.1，0.5，0.9 分别代表探索式学习、平衡学习和利用式学习。

图 5.7　组织间学习策略对项目知识水平的影响(个体初始知识水平＝0.1)

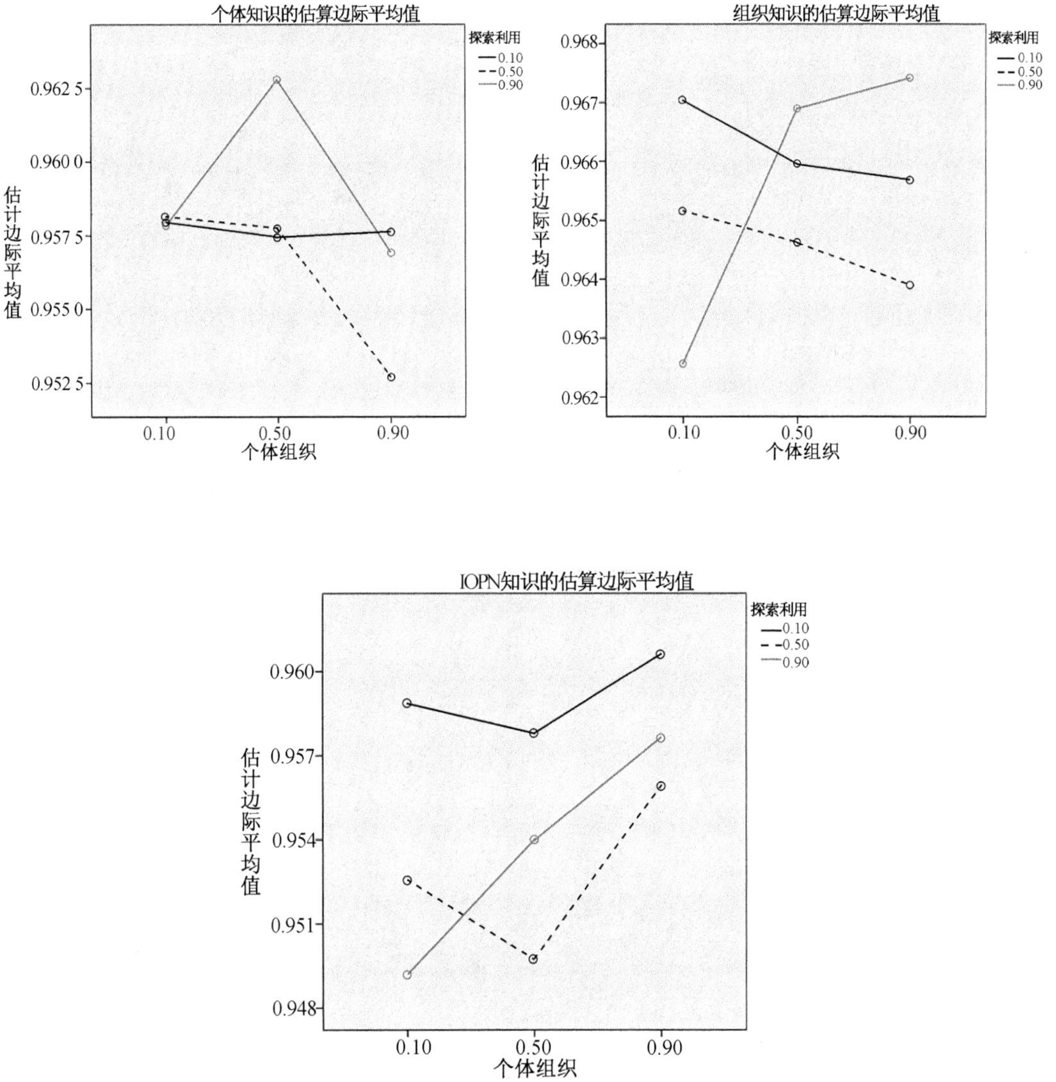

(a) 组织内探索式学习下组织间学习策略对项目知识水平的影响(个体初始知识水平＝0.5)

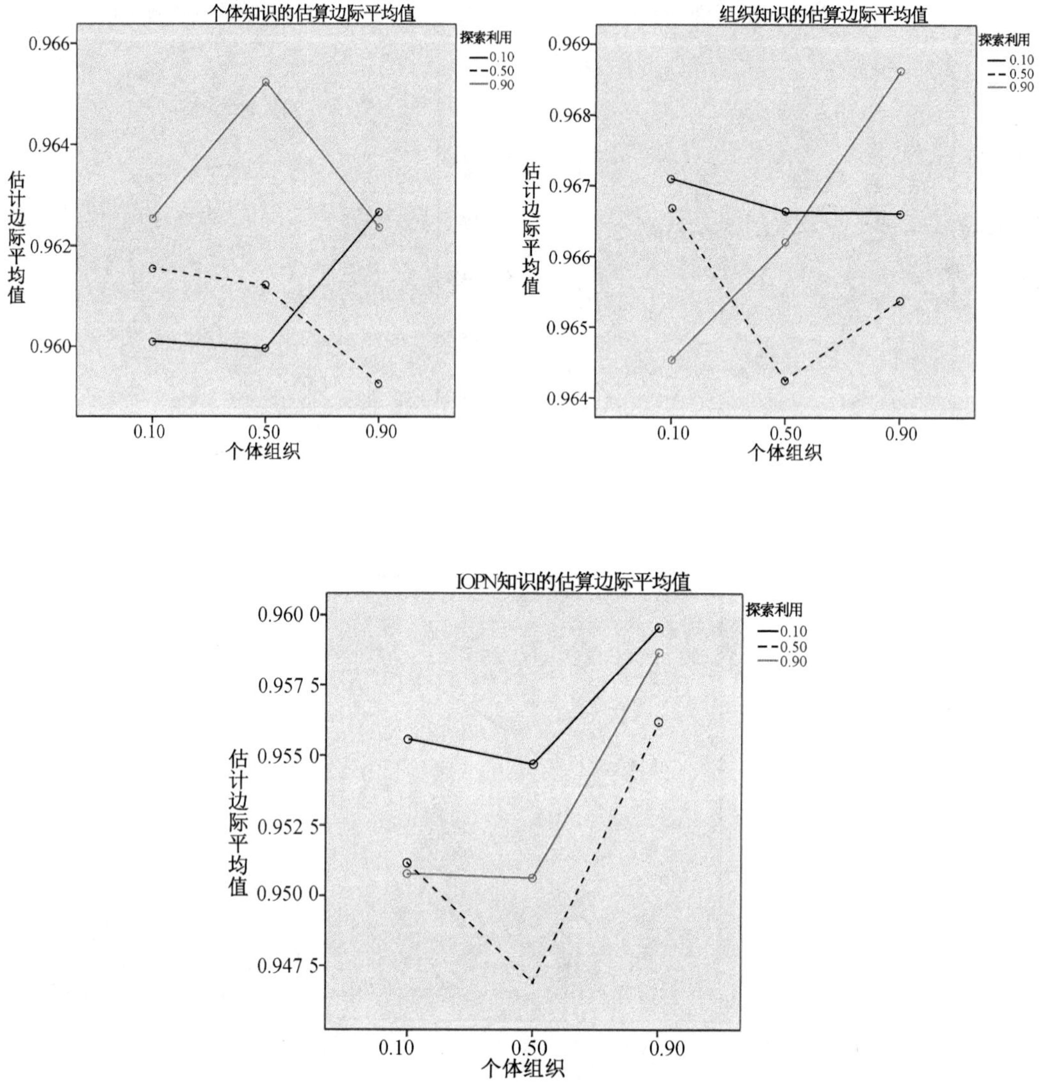

(b) 组织内利用式学习下组织间学习策略对项目知识水平的影响(个体初始知识水平＝0.5)

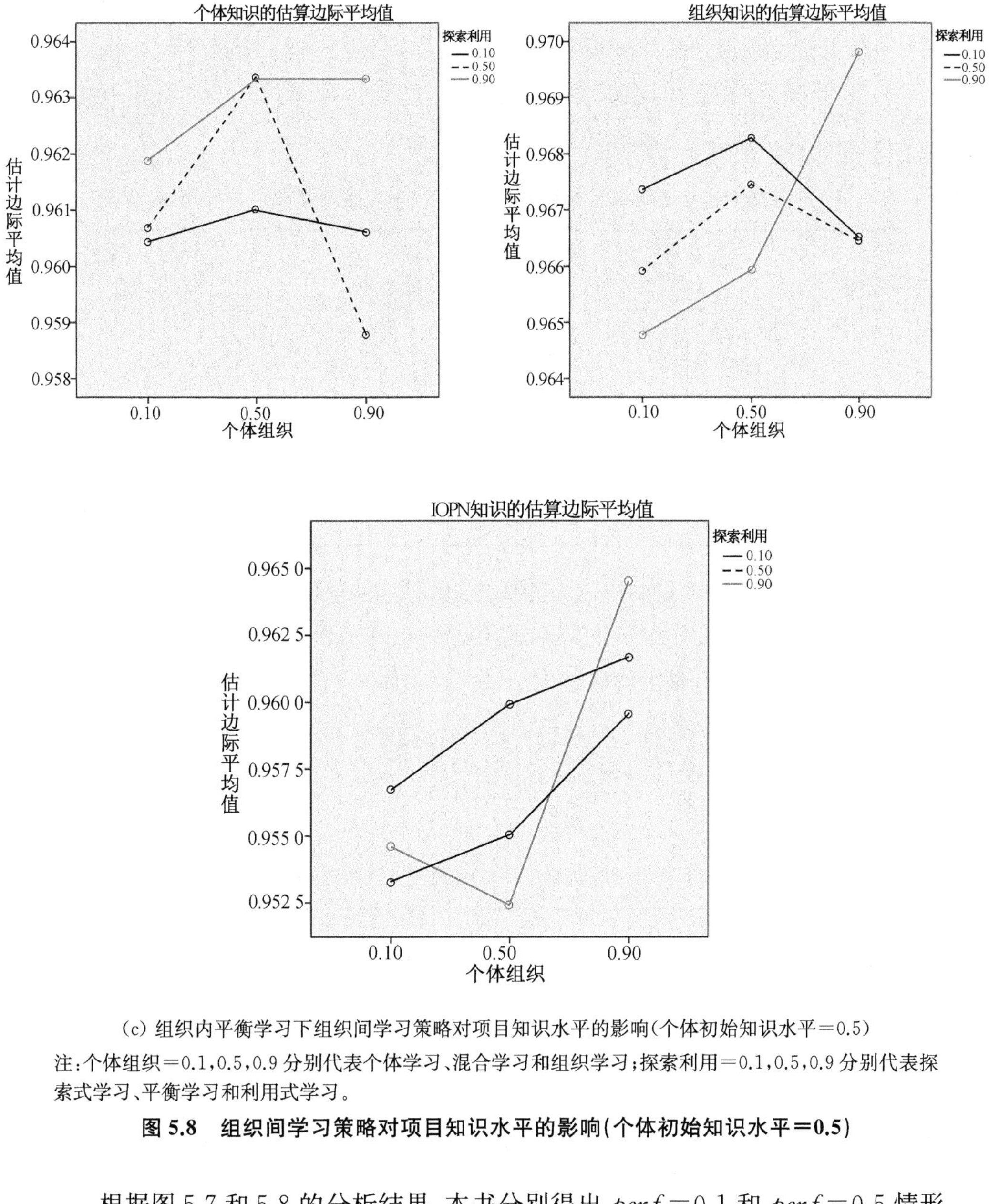

(c) 组织内平衡学习下组织间学习策略对项目知识水平的影响(个体初始知识水平=0.5)

注:个体组织=0.1,0.5,0.9 分别代表个体学习、混合学习和组织学习;探索利用=0.1,0.5,0.9 分别代表探索式学习、平衡学习和利用式学习。

图 5.8　组织间学习策略对项目知识水平的影响(个体初始知识水平=0.5)

根据图 5.7 和 5.8 的分析结果,本书分别得出 $perf=0.1$ 和 $perf=0.5$ 情形下的最优跨组织项目网络组织间学习策略(表 5.21～表 5.23)。对比表 5.18～表 5.20的结果,可以发现共同性的结论,利用式混合学习策略是提升个体知识水平相当稳定的较优组织间学习策略。值得注意的是，利用式个体学习在个体初始知识水平较低时也是提升个体知识水平相对稳定的学习策略。而当个体初始知识水平较高，且项目网络内的组织普遍采用平衡学习时，利用式组织学习和平衡混合学习也成为较优培养个体精英的组织间学习策略。

表 5.21　个体知识水平下组织间学习策略与组织内学习策略适应性关系(个体导向)

组织内学习策略	$perf=0.3$（基本模型）	$perf=0.1$（低水平）	$perf=0.5$（高水平）
探索式学习	利用式混合学习、利用式个体学习	利用式混合学习、利用式个体学习	利用式混合学习
利用式学习	利用式混合学习、利用式个体学习	利用式混合学习、利用式个体学习	利用式混合学习
平衡学习	利用式混合学习	利用式个体学习、利用式混合学习	利用式混合学习、利用式组织学习、平衡混合学习

表 5.22 揭示了当项目网络以培养优先组织为学习目标时应采用的组织间学习策略。不同于组织初始知识水平，个体初始知识水平影响了利用式组织学习策略对组织知识水平提升最大的稳健性结果。当个体初始知识水平处于较高水平时，利用式组织学习策略成为提升组织知识水平相对稳定的最优学习策略。而当个体初始水平处于较低水平时，利用式个体学习也成为较优的组织间学习策略。

表 5.22　个体知识水平下组织间学习策略与组织内学习策略适应性关系(组织导向)

组织内学习策略	$perf=0.3$（基本模型）	$perf=0.1$（低水平）	$perf=0.5$（高水平）
探索式学习	探索式混合学习、利用式个体学习、利用式混合学习	利用式个体学习、利用式混合学习	探索式个体学习、利用式组织学习
利用式学习	利用式混合学习	利用式混合学习、利用式个体学习	利用式组织学习
平衡学习	利用式混合学习	利用式个体学习、利用式混合学习	利用式组织学习

表 5.23 给出了跨组织项目网络以项目知识共同创新为导向下个体初始知识

水平对组织间学习策略和组织内学习策略适应性关系的调节作用。一个显著的特点是当个体初始知识水平较低时，利用式个体学习策略成为较为稳健的最优组织间学习策略。而在个体初始知识水平较高时，组织层次为主的组织间学习策略对项目共同知识的提升更为明显。

表 5.23 个体知识水平下组织间学习策略与组织内学习策略适应性关系(项目导向)

组织内学习策略	$perf=0.3$（基本模型）	$perf=0.1$（低水平）	$perf=0.5$（高水平）
探索式学习	利用式混合学习、利用式个体学习、探索式混合学习、探索式个体学习	利用式个体学习	探索式组织学习
利用式学习	利用式混合学习、利用式组织学习	利用式个体学习	利用式组织学习、探索式组织学习
平衡学习	利用式混合学习、利用式组织学习	利用式个体学习	利用式组织学习

综上所述，个体初始知识水平主要影响组织知识提升导向和项目共同知识提升导向下的跨组织项目网络组织间学习策略选择。因此，如果项目网络致力于培养个体精英，则采用利用式组织学习是相对较为稳健的组织间学习策略。如果项目网络致力于培育优秀组织，且个体初始知识水平较低时，采用利用式学习策略，并注重在个体层次的学习资源配置是比较有效的方法。随着个体知识初始知识水平升高，对组织层次的学习资源配置应相应提升，逐步实现以组织层次为主的利用式学习。如果项目网络的组织间学习目的是项目共同知识创造，组织间学习策略受到组织内学习策略和个体初始知识水平的共同影响。当个体初始知识水平较低时，项目网络采用利用式个体学习较为有效。随着个体初始知识水平提升，项目网络应逐步增加在组织层次的利用式学习资源配置。如果项目网络内的组织普遍采用探索式学习策略，则也可以在个体层次增加探索式学习资源配置，并随着个体初始知识水平的提升，逐步转换为以组织层次为主的探索式学习资源。

5.4.3 个体和组织初始知识水平差异性对研究结果的影响分析

本书主要考虑三种典型情形的个体和组织初始知识水平差异性对研究结果

的影响：①个体初始知识水平低于组织初始知识水平，即 $Org\_perf > perf$；②个体初始知识水平与组织初始知识水平相当，即 $Org\_perf = perf$；③个体初始知识水平高于组织初始知识水平，即 $Org\_perf < perf$。个体初始知识水平与组织初始知识水平的组织指参与项目的各参与组织在参加项目前已完成对组织成员的知识整合和配置，在实际项目中对应的是那些具有丰富项目经验和成员间合作默契的项目组织，在科研项目中比较典型的代表就是那些团队建设完善、骨干成员工作多年、形成丰富课题成果的课题单位。个体初始知识水平高于组织初始知识水平的组织在实际项目中对应的是那些依靠少量个体精英组建的项目组织，这样的组织对个体精英的知识往往未进行充分整合，使得组织的整体性不如个体的集合，在科研项目中典型的代表是那些刚刚由优秀科研者组建的课题单位。而个体初始知识水平低于组织初始知识水平的组织在实际项目中对应的是那些刚刚失去骨干成员的组织或从母组织抽调新成员成立的子组织。这类组织的特点是通过长期发展或者母组织知识输送，组织积累了大量知识，但这些知识由于骨干成员的离开或新组织成立不久的原因还未完全被成员开发利用。

根据5.4.1小节和5.4.2小节的实验结果，本书可以得到个体和组织初始知识水平差异性对跨组织项目网络组织间学习策略和组织内学习策略适应关系的影响(表5.24～表5.26)。

表5.24 知识水平差异下组织间学习策略与组织内学习策略适应性关系(个体导向)

组织内学习策略	$Org\_perf > perf$	$Org\_perf = perf$（基本模型）	$Org\_perf < perf$
探索式学习	利用式混合学习、利用式个体学习	利用式混合学习、利用式个体学习	利用式混合学习
利用式学习	利用式混合学习、利用式个体学习	利用式混合学习、利用式个体学习	利用式混合学习、利用式个体学习
平衡学习	利用式个体学习、利用式混合学习	利用式混合学习	利用式混合学习、利用式组织学习、平衡混合学习

表 5.25　知识水平差异下组织间学习策略与组织内学习策略适应性关系(组织导向)

组织内学习策略	$Org\_perf > perf$	$Org\_perf = perf$（基本模型）	$Org\_perf < perf$
探索式学习	探索式混合学习、利用式混合学习、利用式个体学习	探索式混合学习、利用式个体学习、利用式混合学习	探索式个体学习、利用式组织学习、利用式混合学习
利用式学习	利用式混合学习	利用式混合学习	利用式组织学习、利用式混合学习
平衡学习	利用式个体学习、利用式混合学习	利用式混合学习	利用式组织学习

表 5.26　知识水平差异下组织间学习策略与组织内学习策略适应性关系(项目导向)

组织内学习策略	$Org\_perf > perf$	$Org\_perf = perf$（基本模型）	$Org\_perf < perf$
探索式学习	利用式混合学习、利用式个体学习	利用式混合学习、利用式个体学习、探索式混合学习、探索式个体学习	探索式个体学习、探索式混合学习、探索式组织学习
利用式学习	平衡组织学习、利用式个体学习	利用式混合学习、利用式组织学习	探索式个体学习、利用式混合学习、利用式组织学习、探索式组织学习
平衡学习	利用式混合学习、利用式个体学习	利用式混合学习、利用式组织学习	利用式组织学习

表 5.24 的结果表明，个体和组织初始知识水平差异性并不影响以培养个体精英为学习目标的项目网络进行组织间学习策略选择。同样，表 5.25 结果表明，个体和组织初始知识水平差异性与培养优秀组织为目标的项目网络的组织间学习策略无显著相关性。相反，个体和组织初始知识水平差异性，影响着以项目共同知识创新为学习目标的项目网络组织间学习策略制定。根据表 5.26 的结果，当个体初始知识水平低于组织初始知识水平时，项目网络应采用利用式学习，学习资源配置以个体层次为主并兼顾组织层次，随着个体初始知识水平与组织初始知识水平的差距逐步减小，如果项目网络内组织普遍采用平衡学习，则应逐步调整为以组织层次的利用式学习为主；如果项目网络内的组织都采用探索式学习，

则应逐步调整为探索式学习；如果项目网络内的组织都采用利用式学习，则可以同时向两种策略方向调整。

5.5 结果与讨论

本章通过5个计算实验的设计，对跨组织项目网络中组织间学习策略和组织内学习策略的适应性关系进行了研究。在基本模型中，本书设定项目网络中的个体和组织的初始知识水平不存在平均水平上的差异性，分析了参与项目的组织所构成的项目网络如何在项目层次制定有效的组织间学习策略，以实现个体层次、组织层次和项目网络层次的知识水平提升最大化。在此基础上，本书考察了个体初始知识水平和组织初始知识水平具有差异性对研究结果的影响。根据上述研究结果，本书可以得出跨组织项目网络在不同学习目标下的最佳组织间学习策略，结论如下。

5.5.1 个体精英培育导向下的组织间学习策略选择

如果项目网络致力于培养个体精英，则采取利用式学习策略，并注重个体层次和组织层次的学习资源配置均衡是相对稳健且有效的方式。March提出的探索式学习—利用式学习平衡理论有助于解释这一结论的合理性。根据本书对组织间学习策略的定义（5.1节），组织间利用式学习强调个体和组织通过项目网络中的组织间合作关系或者个体知识交互关系实现组织间层次的知识利用式开发。这种知识利用式开发既包括对项目共同知识，即跨组织项目网络知识的利用和开发，也包括项目网络中任务合作网络和知识交互网络中个体间的共同知识利用开发，因此对于项目网络中的组织通过组织间利用式学习可以实现新知识的获取和探索，当组织内的个体把获取的新知识内化为组织共同知识时，实现了组织内探索式学习。相反，当项目网络采用探索式学习时，个体和组织的知识被用于项目共同知识创造，对个体和组织本身的提升是有限的。根据双元学习理论，组织内探索式学习有助于组织和组织内个体最终知识的提升。因此，项目网络强调组织间利用式学习有助于项目网络个体层次知识的提升。项目网络应注重个体层次和组织层次学习资源的均衡配置表明在项目网络中，引导个体通过组织间合作任务网络和共同知识交互网络开发利用个体层次的组织间共同知识和引导个体把项目共同知识提炼为组织共同知识两种学习机制，对培育项目个体精英同样重要。

这对项目实践的启示是，通过跨组织项目培育个体精英既要鼓励个体间的相互学习、个体向优秀个体的学习，也要重视对项目共同成果的提炼和内化为组织自己的知识资源。

5.5.2 优秀培育导向下的组织间学习策略选择

如果项目网络致力于培养优秀的组织团队，则应以利用式学习为主，学习资源应根据参与项目中个体的知识水平来配置。如果项目网络中个体的知识水平比较高，应加大对组织层次的学习资源的投入，反之则应该均衡个体层次和组织层次的学习资源投入。组织间利用式学习有效提升组织知识水平同样论证了双元学习理论的有效性。当个体的知识水平较高时，加大对组织层次的学习资源投入有利于拉近个体和组织间的知识水平差距，这对提升项目组织知识水平是有益的。

这对项目实践的启示是，通过跨组织项目培育优秀的组织团队要考虑到项目中的个体知识水平和组织知识水平的差异性。如果项目中存在大量由少量个体精英领导的组织，则表明项目个体的平均知识水平高于组织的平均水平，培育优秀组织应鼓励各组织的个体精英重视项目共同知识成果提炼和内化为组织自己的知识。在这种情形下，由于个体精英的存在，项目共同知识成果往往是基于这些个体精英知识的整合和创造，通过把这些知识在组织层次的推广和内化，可以有效提升参与组织整体的知识水平。

5.5.3 项目共同知识创新导向下的组织间学习策略选择

如果项目网络致力于通过组织间学习实现项目共同知识创新，则组织间学习策略应同时考虑项目网络中各组织采用的组织内学习策略以及个体和组织的知识水平差异性。如果个体知识水平低于组织知识水平，采用利用式学习策略，并注重个体层次兼顾组织层次的学习资源配置是提升项目共同知识稳健有效的方法。如果个体知识水平与组织知识水平相当，项目网络的组织间学习策略依赖于组织内学习特征。当组织内普遍采用利用式学习策略和平衡学习策略时，项目网络应继续采用探索式学习，但学习资源配置应以组织层次为主兼顾个体层次。当组织内普遍采用探索式学习时，项目网络应采用探索式学习，学习资源配置以个体层次为主兼顾组织层次。如果个体知识水平高于组织知识水平，项目网络组织间学习策略应结合组织内学习策略来决定：组织内平衡学习下应以利用式学习为主；组织内利用式学习采用探索式和利用式相结合策略，同时注重组织层次的学习资源配置；探索式学习下则应采用探索式学习。

这对项目实践的启示是，培育项目共同知识成果下的组织间学习策略具有权变特征，需要与参与项目组织内学习策略和知识水平的相适应性。图 5.9 给出了项目参与组织内学习策略和知识水平二维视角下的组织间学习策略的选择结果。如果项目中存在大量个体精英领导的组织，且组织处于知识整合阶段，直接引导个体和组织参与项目共同知识创新是实现项目创新最有效的路径。如果这些组织已经实现知识整合，正处于组织知识开发利用阶段，则鼓励组织内个体参与组织共同知识与项目知识成果的相互转化是比较有效的方法。如果项目中存在大量优秀组织分派的子组织，应引导组织重视对项目成果的利用优先于组织知识的开发利用，以提高项目中个体和组织对项目成果创新的积极性。如果项目中的组织项目经验丰富，组织成员合作默契且较为重视组织知识的开发和利用，则应引导他们重视对项目共同知识的开发和利用。如果他们更重视对组织知识的合作创新，则应引导他们加强对项目成果的学习以及项目层次的合作创新。

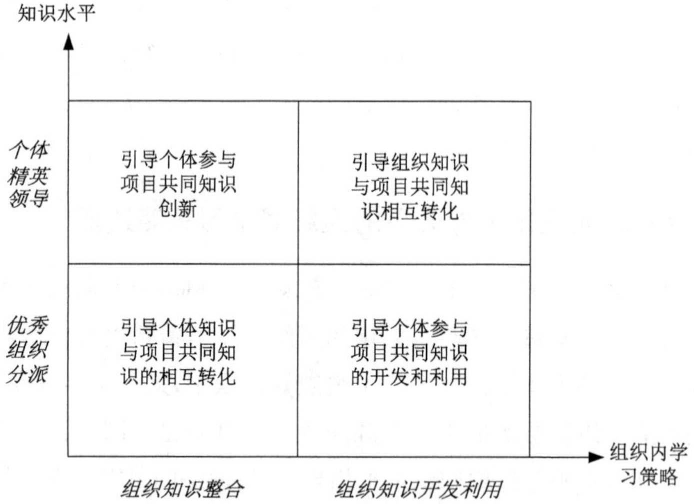

图 5.9　跨组织项目网络致力于项目共同知识提升下的较优组织间学习策略

5.6 本章小结

本章根据第4章构建的跨组织项目网络组织间学习仿真模型,基于一个跨组织科研项目案例情境,对影响项目网络组织间学习的内部因素进行研究,分析了项目网络在不同组织内的学习策略以及组织和个体知识水平下的组织间学习策略对项目知识水平的影响机制,以此找出提升项目知识水平的最佳组织间学习策略。本章通过研究发现,组织间学习策略选择具有权变特征:①提升项目个体知识水平较为有效的学习策略是利用式学习策略,学习资源配置应个体—组织相平衡;②提升项目组织知识水平较为有效的学习策略是利用式学习策略,学习资源配置需考虑个体知识水平高低;③推动项目共同创新的组织间学习策略应同时考虑组织内学习策略以及个体和组织的知识水平差异性。

第 6 章

结 论 与 展 望

本章对研究工作进行总结，基于研究相关结论提出实践启示和研究创新点，最后讨论文章的局限并对未来该问题的潜在重要研究方向进行展望。

6.1 主要研究结论

跨组织项目的涌现和项目复杂性的提升使得项目参与组织迫切需要通过项目实践中的组织间学习过程对项目知识资源进行有效探索和利用，以快速提升组织知识和能力水平，提高整个项目组织对项目环境的适应性。然而，现有跨组织项目组织间的学习实践具有局部学习特征，缺乏对整个项目的组织间学习过程的全景式考察和系统性认识，使得整个项目组织间学习实践缺乏系统性整合和规划设计。为此，本书基于网络学习理论、双元学习平衡理论和元网络理论，提出了跨组织项目网络具有学习功能，并对跨组织项目网络组织间学习机制以及学习策略选择问题进行深入分析，为项目层次的合作学习实践提供理论指导。本书研究得到的主要结论有：

(1) 基于对现有跨组织项目组织间学习文献的系统性梳理和元分析，本书识别出对跨组织项目网络组织间学习机制产生重要影响的因素主要包括三个方面：学习主体因素、组织间关系因素和项目环境因素。学习主体因素中组织的学习意愿和相对吸收能力对组织间学习有显著的积极影响，而组织规模与组织间学习的相关性未得到论证。组织间关系因素中，组织间信任、组织间合作承诺、组织间合作关系强度及组织的社会资本和关系专用性投资对组织间学习有显著的正向影响，其中组织间合作关系强度与组织间学习的相关关系强度受到研究视角的调节作用，关系学习研究视角下的相关性更强。项目环境主要通过项目不确定性对组织间学习产生显著的正向影响，但相关性强度弱于学习主体因素和组织间关系因素。跨组织项目网络的组织间学习影响因素研究结论与主流组织学习领域的研究具有一定的一致性，这表明主流组织间学习研究可以作为跨组织项目情境下研究的理论基础。

(2) 基于 Knight 和 Pye (2005)提出的组织学习分类框架，本书对跨组织项目网络的组织间学习系统进行分析，并采用文献事例法识别了学习主体、学习过程和学习结果，厘清了组织间学习与组织内学习转变机制，明确了学习主体、组织间关系和项目环境的交互机制，构建了跨组织项目网络组织间学习机制理论模型。该模型把组织间学习过程看作个体、组织和跨组织项目网络在组织间层次的相互知识交互和共同整合过程，主要包括跨组织项目网络为学习主体的网络学习过程、跨组织项目网络中个体组织间相互学习以及个体和组织向跨组织项目网络学习过程，通过个体和组织的学习角色转换实现其与组织内学习的相互影响。在此基础上，本书通过项目元网络构建、组织间关系构建、学习过程设定和学习评价实现了跨组织项目网络组织间学习机制仿真模型构建，并从概念模型验证和数据效度验证两个方面验证了模型的有效性。该仿真模型可以为深入探究组织间学习过程的内在复杂机制以及对项目知识水平的影响机理提供方法和工具支持。

(3) 基于双元学习理论，本书提出了跨组织项目网络的组织学习策略分类方法，并探究了不同组织内学习策略和组织间学习策略对项目知识水平的影响机制，揭示了不同学习目标导向下的最优组织间学习策略的权变特征。通过研究发现，如果项目网络以个体知识水平提升和以组织知识水平提升为学习目标时，组织间学习方式应以利用式学习为主，强调个体和组织对项目共同知识的开发和利用，但学习资源的层次配置应根据个体和组织知识水平的差异性进行权变决策，采用互补性机制对知识水平较低的一方进行更多的资源支持。如果项目网络以网络共同知识提升为导向，则组织间学习方式和学习资源的层次配置上要根据组织内学习策略以及组织和个体初始知识水平的差异性进行权变决策。个体知识水平越高，组织探索式学习越强，则项目网络应加强个体对项目网络共同知识的创新，反之则加强组织对项目网络共同知识的开发和利用。

6.2 项目实践启示

如何引导跨组织项目网络中组织和个体利用组织间学习机会对项目共同知

识资源进行有效探索和开发，以提高项目组织和个体的能力水平，促进项目共同知识的创造和整合，以解决跨组织项目组织间学习实践中的“学习困境”是本书要研究解决的现实问题。基于本书的研究结论，结合项目管理实践，本书得出以下两方面的实践启示。

（1）关于如何促进组织间学习活动的开展

本书关于跨组织项目组织间学习机制研究结果表明，跨组织项目管理者可以从提升组织的相对吸收能力和组织学习意愿以及加强组织间合作关系三方面来促进组织间学习。首先，项目参与组织管理者应重视整个项目网络的组织间学习资源的配置方式，找出探索式学习和利用式学习的最佳平衡点，最大可能地提升组织的相对吸收能力。其次，项目管理者也要注重利用组织间任务合作和组织间知识差异性来提升各组织的学习意愿，从而促进组织间知识交互和知识整合过程，提升组织间学习绩效。最后，项目协调者应着眼于如何在现有项目中加强组织间任务的协作，拓展组织间合作范围，延长组织间合作时间，同时要充分挖掘组织间合作带来的双赢机会，以加强既有组织间合作关系和促进未来合作承诺的实现，同时尽可能地促进任务合作组织间的互动沟通和整个项目网络组织间的知识可交互性，以提高每一个组织社会结构资本，这有利于组织间学习活动的开展。

（2）关于如何制定组织间学习策略，实现项目学习资源配置优化

本书关于跨组织项目网络组织间学习策略研究结果表明，项目网络的最优学习策略依赖于项目网络学习目标的设定。对于大多数的跨组织项目，项目绩效取决于个体和组织的能力，因此培育个体精英和优秀的组织团队往往是跨组织项目组织间学习的主要目标。在这种情境下，项目管理者需要促进项目参与个体间的相互学习，例如建立优秀项目工作者的评选机制并号召广大的项目参与人员向优秀工作者学习，同时支持项目参与组织对项目共享知识的内化和吸收。如果项目管理者强调优秀组织团队的培育优于个体精英的培育，则需要考虑项目参与组织知识水平和组织内个体知识水平的差异性，并采用互补性机制对其中较低的一方进行更多的资源支持。如果项目管理者致力于项目共同知识的创造和整合，例如在某些跨组织合作科研项目中，需要综合考虑项目参与组织学习策略和知识水平的特点。当项目参与组织是个体精英领导型组织时，如果组织注重知识整合，则应引导他们从组织层次知识整合向项目层次知识整合的转变，如果组织注重知识利用，则应引导他们推进组织知识向整个项目的推广，同时加强对项目共同知识

的吸收内化为组织知识。当项目参与组织是优秀组织分派型组织，如果组织注重知识整合，则应引导他们参与项目层次的知识整合过程，同时加强个体对项目共同知识的学习，如果组织注重知识利用，则应引导他们从组织知识的利用和开发转变为对项目共同知识的利用和开发。

6.3 研究创新点

本书的创新点主要体现在以下三个方面。

(1) 本书首次将网络学习理论应用于项目管理领域，突破了现有项目情境下组织间学习研究视角和研究对象的局限性，为进一步打开跨组织项目情境下组织间学习过程的"黑箱"提供了新的研究思路。本书的研究基于网络学习理论，提出了跨组织项目网络可以作为组织学习主体，具有学习功能，从过程影响因素、系统构成分析、转变机制和交互机制等多个方面对组织间学习机制进行深入研究，拓展了现有项目管理领域对组织间学习研究主体的边界，更全面系统地揭示了项目情境下组织间学习内在机制的复杂性。

(2) 本书的研究克服了现有实证研究方法对项目情境下组织间学习研究的局限性，借助基于元网络理论和 agent 仿真技术构建了跨组织项目网络组织间学习机制动态仿真模型。该仿真模型考虑了项目网络中个体、组织和项目网络本身之间的相互学习机制以及项目任务差异性对学习主体行为决策的影响，体现了跨组织项目情境下组织间学习的多层次多主体动态变化和项目任务驱动特征，为跨组织项目情境下组织间学习动态演化机制以及对项目网络环境适应性的复杂影响机制计算实验研究提供了方法支持，在研究方法上具有一定的创新性。同时，本书提出的仿真模型也拓展了组织探索—利用学习仿真模型在项目管理领域的适用性，为进一步探究组织间学习机制情境特征提供了新的研究思路。

(3) 本书的研究突破了现有项目管理领域单个组织学习视角下学习策略研究的局限性，提出了具有权变特性的跨组织项目网络整体性组织间学习策略选择方法，为项目管理实践者解决组织间局部学习问题提供了新的决策思路。跨组织项目组织间学习实践的局部学习问题，源于对跨组织项目情境下组织间学习过程的系统性认识不足和整体性组织间学习策略设计欠缺，而后者被绝大多数研究所忽略。本书基于跨组织项目网络整体知识水平提升考虑，从学习方式和学习资源层次配置两个维度提出了的项目网络整体组织间学习策略的最优选择，并揭示了组织间学习策略与学习目标和项目组织情境特征的适应性关系。本书的研究弥补了项目层次组织间学习策略顶层设计研究的不足，为跨组织项目管理者如何开展跨层次的组织间学习实践、快速提升整个项目组织知识水平的路径决策提供理论依据。

6.4 研究不足与未来展望

本书的研究为项目情境下的组织学习研究提供了新的研究视角和研究方法，同时为跨组织项目管理者开展组织间学习实践提供了建议和启示，但是作为一项探索性研究，限于作者的能力和水平，研究还存在不足之处，有待在后续研究中进一步解决。

(1) 影响因素研究差异性分析维度方面。基于对 36 篇跨组织项目情境下的组织间学习实证研究文献的元分析，本书对跨组织项目网络组织间学习机制影响因素进行了识别和归纳。受限于文献样本数量，本书仅从研究视角对不同文献研究结论差异性的原因进行了探索性分析，发现不同研究视角下的研究结论较为一致。为了提高本书研究结论的稳健性，未来研究需要从多个维度对研究结论的差异性进行检验，例如学习主体、学习发生的层次、项目类型和项目来源等。

(2) 仿真模型构建方面。由于跨组织项目网络组织间学习过程是个复杂动态变化过程，受到影响因素较多，本书仅基于文献研究对跨组织项目网络的组织间学习机制进行分析，所构建的仿真模型仅考虑了学习主体、组织间合作关系和项目环境三种因素对组织间学习过程的静态影响机制。因此，未来研究应考虑项目动态变化性带来的组织间合作关系变化、组织人员变化、组织任务变化等因素对组织间学习过程的影响，以构建更为完善和精细化的理论模型，为进一步探究跨组织项目网络组织间学习对项目知识水平的动态影响机理提供更有效的方法和工具支持。

(3) 研究结论的情境依赖性。本书对跨组织项目网络组织间学习策略的研究主要基于一个特定的现实项目案例，仅对项目网络中组织情境因素进行敏感性分析，因此研究结论可能存在情境依赖性，在其他项目情境下的稳健性有待检验。未来的研究应基于更多现实项目案例对更多的项目情境因素进行敏感性分析，以得出更具有普适性的研究结论。

附录 A

基于网络学习事件法对文献实例分析过程

本书以 Brady and Davies (2004)文献中 C&W 公司和 Ericsson 公司项目学习案例为例,采用网络学习事件法识别案例中描述的学习事件中涉及的学习主体、学习过程和学习结果,具体过程分两步进行。

(1) 本书以 Brady and Davies (2004)文献中关于 C&W 公司和 Ericsson 公司如何在项目实践中发展项目能力的描述作为文本分析的对象,根据 Knight 和 Pye (2005)提出的网络学习事件分析法,按照"学习主体—学习过程—学习结果"的方式对文本中关于学习的内容进行编码,编码过程如下[1]:

The learning activities in phase 1 were primarily exploratory. C&W's bid team and Ericsson's turnkey project organization ①学习主体 needed to gain in-depth understanding of their customers' changing demands. They found that existing in-house project processes were unable to cope with the scale and complexity of the new types of projects demanded by their customers. Where possible they relied on existing routines and capabilities, but had to develop new areas of knowledge and expertise to meet the changing requirements of their customers.

Senior management in both firms created a context which allowed project members to question existing institutional norms①学习过程. Vanguard projects were allowed to operate at a distance from the larger organization to encourage experimentation with new approaches and to provide them with the space to abandon or deviate from established routines①学习过程. The new ways of thinking学习结果 pioneered by the vanguard groups①学习主体 represented a threat to the core values and mainstream culture of the larger organization, which often

[1] 该案例描述的组织学习过程涉及项目间学习,因此在编码过程中主要对项目内学习描述进行编码。

occurs when pilot groups are isolated.

Strategic management in both firms recognized that the rewards from exploration could only be realized in the longer term. They were willing to accept the short-term risks of cost overruns, delays and other problems associated with conducting unfamiliar vanguard projects in the expectation that any losses would be recovered by the future revenue streams①学习过程.

In phase 2, the learning shifted from ‘within-project’ to ‘between-project’ exploratory learning. Project capabilities were developed without altering existing organizational structures. Rather than simply encouraging a proliferation of alternative practices, deliberate attempts were made to ‘select’ successful routines and practices and carry them forward into subsequent projects.

Key participants in C&W’s bid and Ericsson’s turnkey project were largely kept together as a team when assigned to subsequent projects. This ensured that new routines and team-based knowledge that worked well on the first bids and projects were adopted in subsequent ones. However, learning tended to be on an ad-hoc basis, with few systematic attempts to spread the initiall earning throughout organizations. Although attempts were made to exploit the learning gained, key members of the first bids and projects had little time to reflect on their experience before moving to another project.

In phase 3, the learning from projects was fed back into the project businesses. These organizations changed their structures to accommodate an increasing number of the new type of projects. C&W’s business unit employed many new staff and developed new bid, project and functional activities to support global outsourcing bids and projects. ETL created an internal consultancy unit to support the growing volume of turnkey projects executed in the UK and elsewhere in Europe. Project capabilities continued to be built from the ‘bottom up’ by the project business organization②学习主体. The emphasis switched from exploration to exploiting what had been learned from previous projects. Attempts were made to refine and institutionalize routines②学习过程 so that knowledge gained from bidding and executing projects became part of their organizational memory②学习结果. New company-specific routines, processes and IT tools were developed ②学习结果 to execute a growing volume of bids and projects more efficiently and effectively.

根据编码结果，上述文本描述了两类跨组织项目中的学习事件，分别是项目参与成员对适用新项目的项目规范的探索性学习以及项目中组织根据项目知识对组织惯例的修正和组织记忆的发展。具体编码结果如下：

学习事件	学习主体	学习过程描述	学习结果
① 个体对新项目规范的探索	C&W公司的项目投标团队、Ericsson总公司的土耳其项目团队	1. 通过先锋项目为个体对既有项目规范反思创造条件； 2. 鼓励个体脱离既有(项目)惯例进行探索性创新 3. 参与组织高层支持个体在项目中的创新	新的项目制度思考
② 组织基于项目知识对组织惯例修正和组织记忆的发展	C&W 公司商业部门	在项目执行过程中根据投标项目学习的知识修正和发展组织惯例，发展组织记忆、公司流程和IT技术	组织管理修正和发展，组织记忆发展

(2) 根据上述文本编码结果，识别每个学习事件的学习主体和学习环境发生的层次，基于Knight和Pye (2005)提出的组织学习分类框架，对学习事件进行分类，分析结果如下：

学习事件	学习主体	学习环境	学习结果	学习过程
① 个体对新项目规范的探索	项目网络中的个体	组织间(先锋项目中)	项目层次的知识变化	项目网络向个体学习
② 组织基于项目知识对组织惯例修正和组织记忆的发展	项目参与组织	组织间(项目执行中)	组织知识变化	组织向项目网络学习

附录 B

跨组织项目网络组织间学习仿真模型部分代码

1. 项目系统生成

```
%task_work
task_work = zeros(task_Num,work_Num);
x1 = randperm(task_Num);
for i = 1:task_Num
    task_work(i,x1(i)) = 1;
end
x2 = work_Num-task_Num;
x1 = unidrnd(task_Num,1,x2);
for i = 1:x2
    task_work(x1(i),i + task_Num) = 1;
end

%task_agent
task_agent = zeros(task_Num,agt_Num);
for i = 1:task_Num
    x1 = sum(work_agent(task_work(i,:)>0,:),1);
    task_agent(i,x1>0) = 1;
end

%work_organization
work_organization = zeros(work_Num,org_Num);
for i = 1:work_Num
    for j = 1:org_Num
        if sum(work_agent(i,organization_agent(j,:)>0))>0
```

```
            work_organization(i,j) = 1;
        end
    end
end

%task_organization
task_organization=zeros(task_Num,org_Num);
for i=1:task_Num
    for j=1:org_Num
        if sum(task_agent(i,organization_agent(j,:)>0))>0
            task_organization(i,j) = 1;
        end
    end
end

%task_knowledge
task_knowledge=zeros(task_Num,m);
for i=1:task_Num
    x1=task_work(i,:);
    x2=sum(work_knowledge(x1>0,:)~=0,1);
    task_knowledge(i,x2>0)=knowledge(x2>0);
end

%agent_K
agent_K=zeros(agt_Num,m);
for i=1:agt_Num
    agent_K(i,:)=sum(work_knowledge(work_agent(:,i)>0,:)~=0,1)>0;
end

%org_K
org_K=zeros(org_Num,m);
for i=1:org_Num
    org_K(i,:)=sum(work_knowledge(work_organization(:,i)>0,:)~=0,1)>0;
```

```
end

%organization_relation
org_Num = size(organization_trust, 1); organization_relation = zeros(org_Num, org_Num);
for i = 1:org_Num
    for j = i + 1:org_Num
        x = sum(task_organization(:, i) + task_organization(:, j) == 2) > 0;
        if organization_trust(i, j) * x > 0
            organization_relation(i, j) = 1; organization_relation(j, i) = 1;
        elseif (x == 0) * organization_trust(i, j) * organization_commitment(i, j) > 0
            organization_relation(i, j) = 3; organization_relation(j, i) = 3;
        elseif x * (rand(1, 1) < investment) * (organization_trust(i, j) == 0) > 0
            organization_relation(i, j) = 2; organization_relation(j, i) = 2;
        elseif (x + organization_trust(i, j) == 0) * (rand(1, 1) < investment) * organization_commitment(i, j) > 0
            organization_relation(i, j) = 4; organization_relation(j, i) = 4;
        else
            organization_relation(i, j) = 0; organization_relation(j, i) = 0;
        end
    end
end
%agt_k_related
[agt_Num, m] = size(agent_K);
agt_k_related = zeros(agt_Num, agt_Num);
for i = 1:agt_Num
    for j = i + 1:agt_Num
        x = agent_K(i, :) .* agent_K(j, :);
        agt_k_related(i, j) = sum(x > 0);
        agt_k_related(j, i) = sum(x > 0);
    end
end
```

```
%agent_relation
agt_Num = size(agt_k_related,1);agent_relation = zeros(agt_Num,agt_Num);
for i = 1:agt_Num
    for j = i + 1:agt_Num
        if agt_k_related(i,j)<1
            agent_relation(i,j) = 0;agent_relation(j,i) = 0;
        else
            x1 = find(organization_agent(:,i)>0);x2 = find(organization_agent(:,j)
>0);
            x3 = sum(task_agent(:,i) + task_agent(:,j) == 2)>0;
          if x1 == x2
              agent_relation(i,j) = 1;agent_relation(j,i) = 1;
          else
              if x3 * organization_relation(x1,x2)>0
                  agent_relation(i,j) = 2;agent_relation(j,i) = 2;
              elseif organization_relation(x1,x2)>2
                  agent_relation(i,j) = 2;agent_relation(j,i) = 2;
              else
                  agent_relation(i,j) = 0;agent_relation(j,i) = 0;
              end
          end
        end
    end
end
```

2. 个体学习

```
orgid = find(organization_agent(:,ID)>0);
updatedknowledge = agent_knowledge(ID,:);t = 0;
if work_do(ID)>0
    y1 = task_work(:,work_do(ID))>0;
    y2 = task_organization(y1>0,:)>0;
    y3 = sum(y2);
    if y3>1%组织间交互
```

```
        x1=agent_relation(ID,:)==1;
        x2=task_agent(y1>0,:)>0;
        com=x1.*x2;
        if max(agent_performance(com>0)-IOPN_performance)>0

        [updatedknowledge,t]=learningknowledge(ID,agent_K,agt_k_related,agent_knowledge,agent_learning(ID,3),agent_performance,com);
        t(t>0)=3;
        elseif agent_performance(ID)<IOPN_performance%IOPN学习
            K=agent_K(ID,:).*(IOPN_knowledge~=0);
            updatedknowledge=interaction_update(agent_knowledge(ID,:),IOPN_knowledge,K,agent_learning(ID,3));
            t=4;
        else%组织间交互
            x1=agent_relation(ID,:)==2;
            x2=organization_agent(orgid,:)==0;
            com=x1.*x2;
            [updatedknowledge,t]=learningknowledge(ID,agent_K,agt_k_related,agent_knowledge,agent_learning(ID,3),agent_performance,com);
            t(t>0)=3;
        end
    else
        x2=agent_relation(ID,:)==3;%组织内交互
        x3=task_agent(y1>0,:)>0;
        com=x2.*x3;
        if max(agent_performance(com>0)-org_performance(orgid))>0
        [updatedknowledge,t]=learningknowledge(ID,agent_K,agt_k_related,agent_knowledge,agent_learning(ID,1),agent_performance,com);
        elseif agent_performance(ID)<org_performance(orgid)%组织学习
            learned_knowledge=organization_knowledge(orgid,:);
            K=agent_K(ID,:).*(organization_knowledge(orgid,:)~=0);
            updatedknowledge=interaction_update(agent_knowledge(ID,:),learned_knowledge,K,agent_learning(ID,2));
```

```
            t=2;
        else
            x1=agent_relation(ID,:)==4;%组织内交互
            x2=organization_agent(orgid,:)>0;
            com=x1.*x2;

            [updatedknowledge,t]=learningknowledge(ID,agent_K,agt_k_related,agent_knowledge,agent_learning(ID,1),agent_performance,com);
        end
    end
end


function[knowledge_updated,t]=learningknowledge(id,agent_K,agt_k_related,agent_knowledge,p,agent_performance,com)
x1=agent_performance>agent_performance(id);
x2=com.*x1';
knowledge_updated=agent_knowledge(id,:);t=0;
if sum(x2)>0
    [x,y]=sort(-agt_k_related(id,x2>0));
    if x(1)<0
        x3=find(x2>0);x4=x3(y(1));
        x6=agent_K(id,:).*agent_K(x4,:);
        prob=rand(1,size(agent_knowledge,2))<p;
        x7=prob.*agent_knowledge(x4,:);
        x8=agent_knowledge(x4,:)~=0;
       knowledge_updated(prob.*x6.*x8>0)=x7(prob.*x6.*x8>0);
        t=1;
    end
end

function knowledge_updated=interaction_update(agent_knowledge,learned_knowledge,K,p)
```

```
m=length(agent_knowledge);
prob=rand(1,m)<p;
u=prob.*K;
knowledge_updated=agent_knowledge;
knowledge_updated(u>0)=learned_knowledge(u>0);
```

3. 知识编码

```
function[knowledge_updated,t]=code_update(org_K,agent_K,organization_knowledge,q,org_performance,agent_performance,com,agent_knowledge)
x=organization_knowledge;t=0;
m=length(organization_knowledge);
for i=1:m
    if org_K(i)>0
        x1=agent_K(:,i)>0;

        x2=agent_performance>org_performance;

        x3=x1'.*x2'.*com;
        if sum(x3)>0
            y=agent_knowledge(x3>0,i);
            a1=sum(y>0);a2=sum(y<0);
            if a1>a2
                x(i)=1;t=1;
            elseif a1<a2
                x(i)=-1;t=1;
            end
        end
    end
end
z=rand(1,m)<q;
knowledge_updated=organization_knowledge;
knowledge_updated(z>0)=x(z>0);
```

组织知识编码：

```
for j = 1:org_Num
    if org_performance(j,i)>IOPN_performance(i)
        com=organization_agent(j,:);
[updatedorgknowledge(j,:),~] = code_update(org_K(j,:),agent_K,organization_knowledge(j,:),organization_learning(j),org_performance(j,i),agent_performance(:,i),com,agent_knowledge);
    else
updatedorgknowledge(j,:) = interaction_update(organization_knowledge(j,:),IOPN_knowledge,org_K(j,:),p4(ii));

    end

end
```

IOPN 知识编码：

```
prob=rand(1,1);
if prob<y
[updatedIOPNknowledge,~]=code_update(ones(1,m),org_K,IOPN_knowledge,IOPN_learning(2),0,org_performance(:,i),ones(1,org_Num),organization_knowledge);
else
com=agent_action(:,i)==3;
[updatedIOPNknowledge,~] = code_update(ones(1,m),agent_K,IOPN_knowledge,IOPN_learning(1),IOPN_performance(i),agent_performance(:,i),com',agent_knowledge);
end
```

附录 C

研究关键词识别过程

本书把研究工作成果中提到的研究关键词作为一种知识，对每一项研究工作从研究背景、研究理论和研究方法 3 个方面提取研究成果中的关键词，其中研究背景关键词主要来源研究成果总结报告摘要中的关键词，研究理论和研究方法来源研究总结报告中关于研究理论和研究方法的描述，下表给出了其中一项研究工作的关键词提取结果。在此基础上，本书对各项研究工作关键词识别结果的归类，共识别出 113 项研究关键词，作为整个项目环境知识构成。

研究工作名称和编号	W2 - 3 重大工程业主方项目××××机理以及行为策略研究
负责人员姓名和编号	A5 陈××
所属组织编号	O2
研究背景关键词	重大工程、基础设施、组织积极行为、公民行为、项目管理绩效
研究理论关键词	关系资本、组织行为学、项目管理、战略管理
研究方法工具关键词	问卷调查、结构方程、因子分析、agent 仿真、计算实验
来源	研究成果出版物《重大工程业主方××××机理以及行为策略研究》

注：根据项目负责人要求，项目中研究工作和研究者部分信息暂不对外公开，因此用×××隐去。

附录 D

组织间学习方式主效应的 Tukey HSD 检验结果

组织间学习方式			平均差（$I-J$）	显著性	95% 置信区间	
					下限值	上限值
IOPN 知识	0.10	0.50	0.004 00	0.045 51	−0.108 8	0.116 8
		0.90	0.162 00*	0.045 51	0.049 2	0.274 8
	0.50	0.10	−0.004 00	0.045 51	−0.116 8	0.108 8
		0.90	0.158 00*	0.045 51	0.045 2	0.270 8
	0.90	0.10	−0.162 00*	0.045 51	−0.274 8	−0.049 2
		0.50	−0.158 00*	0.045 51	−0.270 8	−0.045 2
	0.10	0.50	0.010 03	0.022 78	−0.046 4	0.066 5
		0.90	0.072 08*	0.022 78	0.015 6	0.128 6
	0.50	0.10	−0.010 03	0.022 78	−0.066 5	0.046 4
		0.90	0.062 05*	0.022 78	0.005 6	0.118 5
	0.90	0.10	−0.072 08*	0.022 78	−0.128 6	−0.015 6
		0.50	−0.062 05*	0.022 78	−0.118 5	−0.005 6
个体知识	0.10	0.50	0.013 79	0.033 58	−0.069 5	0.097 0
		0.90	0.109 19*	0.033 58	0.025 9	0.192 4
	0.50	0.10	−0.013 79	0.033 58	−0.097 0	0.069 5
		0.90	0.095 40*	0.033 58	0.012 1	0.178 7
	0.90	0.10	−0.109 19*	0.033 58	−0.192 4	−0.025 9
		0.50	−0.095 40*	0.033 58	−0.178 7	−0.012 1
	0.10	0.50	0.004 00	0.045 51	−0.108 8	0.116 8
		0.90	0.162 00*	0.045 51	0.049 2	0.274 8
	0.50	0.10	−0.004 00	0.045 51	−0.116 8	0.108 8
		0.90	0.158 00*	0.045 51	0.045 2	0.270 8
		0.10	−0.162 00*	0.045 51	−0.274 8	−0.049 2
		0.50	−0.158 00*	0.045 51	−0.270 8	−0.045 2

（续　表）

组织间学习方式			平均差（$I-J$）	显著性	95% 置信区间	
					下限值	上限值
组织知识	0.10	0.50	0.010 03	0.022 78	−0.046 4	0.066 5
		0.90	0.072 08*	0.022 78	0.015 6	0.128 6
	0.50	0.10	−0.010 03	0.022 78	−0.066 5	0.046 4
		0.90	0.062 05*	0.022 78	0.005 6	0.118 5
	0.90	0.10	−0.072 08*	0.022 78	−0.128 6	−0.015 6
		0.50	−0.062 05*	0.022 78	−0.118 5	−0.005 6
	0.10	0.50	0.013 79	0.033 58	−0.069 5	0.097 0
		0.90	0.109 19*	0.033 58	0.025 9	0.192 4
	0.50	0.10	−0.013 79	0.033 58	−0.097 0	0.069 5
		0.90	0.095 40*	0.033 58	0.012 1	0.178 7
	0.90	0.10	−0.109 19*	0.033 58	−0.192 4	−0.025 9
		0.50	−0.095 40*	0.033 58	−0.178 7	−0.012 1

注：IOPN 知识表示跨组织项目网络知识水平；因变量＝0.1，0.5，0.9 时，分别表示探索式学习、平衡学习和利用式学习。

参 考 文 献

[1] Adler P S, Goldoftas B, Levine D I. Flexibility Versus Efficiency? A Case Study of Model Changeovers in the Toyota Production System[J]. Organization Science, 1999, 10: 43-68.

[2] Albort-Morant G, Leal-Millán A, Cepeda-Carrion G, et al. Developing green innovation performance by fostering of organizational knowledge and coopetitive relations[J]. Review of managerial science, 2018a, 12: 499-517.

[3] Albort-Morant G, Leal-Rodríguez A L, De Marchi V. Absorptive capacity and relationship learning mechanisms as complementary drivers of green innovation performance[J]. Journal of Knowledge Management, 2018b, 22: 432-452.

[4] Arditi D, Tokdemir O B, Suh K. Effect of learning on line-of-balance scheduling[J]. International Journal of Project Management, 2001, 19: 265-277.

[5] Ayas K. Professional project management: a shift towards learning and a knowledge creating structure[J]. International Journal of Project Management, 1996, 14: 131-136.

[6] Badir Y F, O'Connor G C. The formation of tie strength in a strategic alliance's first new product development project: The influence of project and partners' characteristics[J]. Journal of Product Innovation Management, 2015, 32: 154-169.

[7] Bakker R M, Boroş S, Kenis P, et al. It's Only Temporary: Time Frame and the Dynamics of Creative Project Teams[J]. British Journal of Management, 2013, 24: 383-397.

[8] Bakker R M, Cambré B, Korlaar L, et al. Managing the project learning paradox: A set-theoretic approach toward project knowledge transfer[J]. International Journal of Project Management, 2011, 29: 494-503.

[9] Baum J, Berta W. Sources, dynamics, and speed: A longitudinal behavioral simulation of interorganizational and population-level learning[J]. Advances in Strategic Management, 1999, 16: 155-184.

[10] Baum J, Li S, Usher J. Making the Next Move: How Experiential and Vicarious Learning

Shape the Locations of Chains' Acquisitions[J]. Administrative Science Quarterly, 2000, 45: 766-801.

[11] Becerra M, Lunnan R, Huemer L. Trustworthiness, risk, and the transfer of tacit and explicit knowledge between alliance partners[J]. Journal of management studies, 2008, 45: 691-713.

[12] Beck R, Schott K. The interplay of project control and interorganizational learning: Mitigating effects on cultural differences in global, multisource ISD outsourcing projects [J]. Business and Information Systems Engineering, 2012, 4: 183-192.

[13] Beeby M, Booth C. Networks and inter-organizational learning: A critical review[J]. The Learning Organization, 2000, 7: 75-88.

[14] Benavides-Espinosa M M, Ribeiro-Soriano D. Cooperative learning in creating and managing joint ventures[J]. Journal of Business Research, 2014, 67: 648-655.

[15] Bettoni M, Schiller G, Bernhard W. Proceedings of the 9th European Conference on Knowledge Management [C]. Southampton: Academic Conferences and Publishing International, 2015.

[16] Borenstein M, Hedges L V, Higgins J P, et al. Introduction to meta-analysis[M]. New York: John Wiley & Sons, 2011.

[17] Brady T, Davies A. Building Project Capabilities: From Exploratory to Exploitative Learning[J]. Organization Studies, 2004, 25: 1601-1621.

[18] Brower R S, Choi S O, Jeong H S, et al. Forms of Inter-Organizational Learning in Emergency Management Networks[J]. Journal of Homeland Security and Emergency Management, 2009, 6.10.2202/1547-7355.1585.

[19] Cacciatori E, Tamoschus D, Grabher G. Knowledge transfer across projects: Codification in creative, high-tech and engineering industries[J]. Management Learning, 2012, 43: 309-331.

[20] Calamel L, Defelix C, Picq T, et al. Inter-organisational projects in French innovation clusters: the construction of collaboration [J]. International Journal of Project Management, 2012, 30: 48-59.

[21] Canonico P, De Nito E, Esposito V, et al. The adoption of knowledge integration mechanisms in an interdisciplinary research project[J]. Management Research Review, 2017, 40: 604-622.

[22] Chakravorti S. Extending customer relationship management to value chain partners for competitive advantage[J]. Journal of Relationship Marketing, 2009, 8: 299-312.

[23] Chang C-H. Enhancing new product development performance from adaptive ability and relationship learning: the mediation role of resource integration [J]. Total Quality Management and Business Excellence, 2017, 28: 62-75.

[24] Chang K H, Gotcher D F. Relationship learning and dyadic knowledge creation in international subcontracting relationships: the supplier's perspective [J]. International Journal of Technology Management, 2008, 41: 55-74.

[25] Chen J, Taylor J, I. Unsal H. Proceedings of the 2009 Winter Simulation Conference[C]. Austin Texas: Winter Simulation Conference, 2009.

[26] Chen T Y. The Effects on the Relationship Learning from Relationship Enhancement Activities[J]. Journal of Relationship Marketing, 2007, 6: 89-107.

[27] Chen Y-S, Lin M-J J, Chang C-H. The positive effects of relationship learning and absorptive capacity on innovation performance and competitive advantage in industrial markets[J]. Industrial Marketing Management, 2009, 38: 152-158.

[28] Cheng H L. Effect of Organizational Politics on Nondominant Firms: From Interorganizational Learning to Intraorganizational Learning [J]. Journal of Applied Behavioral Science, 2012, 48: 463-494.

[29] Cheung M-S, Myers M B, Mentzer J T. Does relationship learning lead to relationship value? A cross-national supply chain investigation[J]. Journal of operations management, 2010, 28: 472-487.

[30] Chinowsky P, Diekmann J, Galotti V. Social network model of construction[J]. Journal of Construction Engineering and Management, 2008, 134: 804-812.

[31] Chinowsky P, Taylor J, Marco M. Project Network Interdependency Alignment: New Approach to Assessing Project Effectiveness[J]. Journal of Management in Engineering, 2011, 27: 170-178.

[32] Choe J-M. How to classify the types of inter-organizational relationships in manufacturing firms[J]. African Journal of Business Management, 2011, 5: 6500-6514.

[33] Choi S, Ko I. Leveraging electronic collaboration to promote inter-organizational learning [J]. International Journal of Information Management, 2012, 32: 550-559.

[34] Chronéer D, Backlund F. A Holistic View on Learning in Project-Based Organizations[J]. Project Management Journal, 2015, 46: 61-74.

[35] Cohen W M, Levinthal D A. Absorptive capacity: A new perspective on learning and innovation[J]. Administrative science quarterly, 1990, 35: 128-152.

[36] Corallo A, Lazoi M, Secundo G. Inter-organizational knowledge integration in

Collaborative NPD projects: evidence from the aerospace industry [J]. Knowledge Management Research & Practice, 2012, 10: 354-367.

[37] Crossan M M, Lane H W, White R E. An organizational learning framework: From intuition to institution[J]. Academy of management review, 1999, 24: 522-537.

[38] Cutler White C. An Integrative Literature Review to Introduce Socio-Networked Learning: A New Theoretical Framework for HRD[J]. Human Resource Development Review, 2014, 13: 276-292.

[39] D. Miller K, J. Calantone R. Adding Interpersonal Learning and Tacit Knowledge to March's Exploration-Exploitation Model[J]. Academy of Management Journal, 2006, 49: 709-722.

[40] Dahl J. Conceptualizing coopetition as a process: An outline of change in cooperative and competitive interactions[J]. Industrial Marketing Management, 2014, 43: 272-279.

[41] Davies A, Brady T. Organisational Capabilities and Learning in Complex Product Systems: Towards Repeatable Solutions[J]. Research Policy, 2000, 29: 931-953.

[42] Davies A, Gann D, Douglas T. Innovation in Megaprojects: Systems Integration at London Heathrow Terminal 5[J]. California Management Review, 2009, 51: 101-125.

[43] DeFillippi R, Sydow J. Project Networks: Governance Choices and Paradoxical Tensions [J]. Project Management Journal, 2016, 47: 6-17.

[44] del Mar Benavides-Espinosa M, Roig-Dobón S. The influence of cultural differences in cooperative learning through joint ventures[J]. Service Business, 2011, 5: 69-85.

[45] Di Marco M K, Taylor J E, Alin P. Emergence and Role of Cultural Boundary Spanners in Global Engineering Project Networks[J]. Journal of Management in Engineering, 2010, 26: 123-132.

[46] Doranova A, Costa I, Duysters G. The role of absorptive capacity in technological learning in CDM projects: evidences from survey in Brazil, China, India and Mexico [J]. International Journal of Technology and Globalisation, 2011, 5: 230.

[47] Downe J, Hartley J, Rashman L. Evaluating the extent of inter-organizational learning and change in local authorities through the English beacon council scheme[J]. Public Management Review, 2004, 6: 531-554.

[48] Dyer J H, Nobeoka K. Creating and managing a high-performance knowledge-sharing network: the Toyota case[J]. Strategic management journal, 2000, 21: 345-367.

[49] Easterby-Smith M, Lyles M A, Tsang E W. Inter-organizational knowledge transfer: Current themes and future prospects [J]. Journal of management studies, 2008, 45:

677-690.

[50] Eiriz V, Gonçalves M, Areias J S. Inter-organizational learning within an institutional knowledge network: A case study in the textile and clothing industry[J]. European Journal of Innovation Management, 2017, 20: 230-249.

[51] Emberson C, Storey J. The reconfiguration of practical knowledge in competitive alliances [J]. International Journal of Knowledge Management Studies, 2010, 4: 114-131.

[52] Emden Z, Yaprak A, Cavusgil S. Learning from experience in international alliances: Antecedents and firm performance implications[J]. Journal of Business Research, 2005, 58: 883-892.

[53] Engestrom Y, Kerosuo H. From workplace learning to inter-organizational learning and back: The contribution of activity theory[J]. Journal of Workplace Learning, 2007, 19: 336-342.

[54] Enkel E, Groemminger A, Heil S. Managing technological distance in internal and external collaborations: absorptive capacity routines and social integration for innovation [J]. Journal of Technology Transfer, 2018, 43: 1257-1290.

[55] Faccin K, Balestrin A. The dynamics of collaborative practices for knowledge creation in joint R&D projects[J]. Journal of Engineering and Technology Management, 2018, 48: 28-43.

[56] Fang C, Lee J, Schilling M A. Balancing Exploration and Exploitation through Structural Design: The Isolation of Subgroups and Organization Learning[J]. Organization Science, 2010, 21. 625-642.

[57] Fang S C, Tsai F S, Lin J L. Leveraging tenant-incubator social capital for organizational learning and performance in incubation programme[J]. International Small Business Journal, 2010, 28: 90-113.

[58] Feller J, Parhankangas A, Smeds R. Inter-partner relationship, knowledge transfer mechanisms, and improved capability to manage R&D alliances: Evidence from the telecommunications industry[J]. International Journal of Technology Management, 2009, 47: 346-370.

[59] Feller J, Parhankangas A, Smeds R, et al. How Companies Learn to Collaborate: Emergence of Improved Inter-Organizational Processes in R&D Alliances[J]. Organization Studies, 2013, 34: 313-343.

[60] Ferdinand J, Simm D. Re-theorizing external learning: Insights from economic and industrial espionage[J]. Management Learning, 2007, 38: 297-317.

[61] Fredrich V, Bouncken R B, Kraus S. The race is on: Configurations of absorptive capacity, interdependence and slack resources for interorganizational learning in coopetition alliances[J]. Journal of Business Research, 2019, 101: 862-868.

[62] Ganesan S. Determinants of Long-Term Orientation in Buyer-Seller Relationships[J]. Journal of Marketing, 1994, 58: 1-19.

[63] Gao S, Song X, Ding R. Computing in Civil Engineering 2019: Visualization, Information Modeling, and Simulation [C]. Virginia: American Society of Civil Engineers Reston, 2019.

[64] Gebauer H, Worch H, Truffer B. Absorptive capacity, learning processes and combinative capabilities as determinants of strategic innovation[J]. European Management Journal, 2012, 30: 57-73.

[65] Gibb J, Sune A, Albers S. Network learning: Episodes of inter-organizational learning towards a collective performance goal[J]. European Management Journal, 2017, 35: 15-25.

[66] Gibson C, Birkinshaw J. The Antecedents, Consequences, and Mediating Role of Organizational Ambidexterity[J]. Academy of Management Journal, 2004, 47: 209-226.

[67] Gluch P, Johansson K, Räisänen C. Knowledge sharing and learning across community boundaries in an arena for energy efficient buildings[J]. Journal of Cleaner Production, 2013, 48: 232-240.

[68] Gottschalk P, Solli-Sæther H. Knowledge transfer in IT outsourcing relationships: Three international case studies[J]. International Journal of Innovation and Learning, 2007, 4: 103-111.

[69] Grabher G, Thiel J. Coping with a Self-Induced Shock: The Heterarchic Organization of the London Olympic Games 2012[J]. Social Sciences, 2014, 3: 527-548.

[70] Grant R. Prospering in Dynamically Competitive Environments: Organizational Capability as Knowledge Integration[J]. Organization Science, 1996a, 7: 375-387.

[71] Grant R. Toward A Knowledge-Based Theory of the Firm[J]. Strategic management journal, 1996b, 17: 109-122.

[72] Grant RM, Baden-Fuller C. A knowledge accessing theory of strategic alliances[J]. Journal of management studies, 2004, 41: 61-84.

[73] Greve H R. Interorganizational learning and heterogeneous social structure [J]. Organization Studies, 2005a, 26: 1025-1047.

[74] Greve H R. Interorganizational learning before 9/11[J]. International Public Management

Journal, 2005b, 8: 383-390.

[75] Grub B, Martin S. Evaluating communication as an essential precondition for inter-organisational learning in Governance Networks-The case of the Healthy Cities Network in Germany[J]. Health Service Management Rescource, 2019, 32: 130-145.

[76] Grunwald R, Kieser A. Learning to reduce interorganizational learning: An analysis of architectural product innovation in strategic alliances[J]. Journal of Product Innovation Management, 2007, 24: 369-391.

[77] Halachmi A, Woron A M. Spontaneous inter-organizational learning[J]. International Journal of Organization Theory and Behavior, 2013, 16: 135-164.

[78] Hamel G. Competition for competence and interpartner learning within international strategic alliances[J]. Strategic management journal, 1991, 12: 83-103.

[79] Hansen M T. The search-transfer problem: The role of weak ties in sharing knowledge across organization subunits[J]. Administrative science quarterly, 1999, 44: 82-111.

[80] Hao B, Feng Y. Leveraging learning forces in asymmetric alliances: Small firms' perceived power imbalance in driving exploration and exploitation[J]. Technovation, 2018, 78: 27-39.

[81] Harryson S J, Dudkowski R, Stern A. Transformation networks in innovation alliances-the development of Volvo C70[J]. Journal of management studies, 2008, 45: 745-773.

[82] Hartley J, Allison M. Good, better, best: Inter-organizational learning in a network of local authorities[J]. Public Management Review, 2002, 4: 101-118.

[83] Hartley J, Rashman L. Innovation and inter-organizational learning in the context of public service reform[J]. International Review of Administrative Sciences, 2018, 84: 231-248.

[84] Hartmann A, Dorée A. Learning between projects: More than sending messages in bottles [J]. International Journal of Project Management, 2015, 33: 341-351.

[85] Heide J, John G. The Role of Dependence Balancing in Safeguarding Transaction-Specific Assets in Conventional Channels[J]. Journal of Marketing, 1988, 52: 20-35.

[86] Hellgren B, Stjernberg T. Design and implementation in major investments — A project network approach[J]. Scandinavian Journal of Management, 1995, 11: 377-394.

[87] Hernández-Espallardo M, Rodríguez-Orejuela A, Sánchez-Pérez M. Inter-organizational governance, learning and performance in supply chains[J]. Supply Chain Management, 2010, 15: 101-114.

[88] Hill R. Managing business complexity: discovering strategic solutions with agent-based

modelling and simulation[J]. Journal of Simulation, 2010, 4: 211-212.

[89] Holmqvist M. A dynamic model of intra-and interorganizational learning[J]. Organization Studies, 2003a, 24: 95-123.

[90] Holmqvist M. Intra-and interorganisational learning processes: An empirical comparison [J]. Scandinavian Journal of Management, 2003b, 19: 443-466.

[91] Hong J F L, Snell R S, Easterby-Smith M. Knowledge flow and boundary crossing at the periphery of a MNC[J]. International business review, 2009, 18: 539-554.

[92] Hoof B. Organizational learning in cleaner production among Mexican supply networks[J]. Journal of Cleaner Production, 2014, 64: 115-124.

[93] Houldsworth E, Alexander G. Inter-organisational collaboration for the digital economy [J]. Journal of Business and Industrial Marketing, 2005, 20: 211-217.

[94] Hsu F-M, Chen T, Huang T-Y. The Effects on the Relationship Learning from Relationship Enhancement Activities[J]. Journal of Relationship Marketing, 2007, 6: 89-107.

[95] Hsu J S, Liang T P, Wu S P J, et al. Promoting the integration of users and developers to achieve a collective mind through the screening of information system projects [J]. International Journal of Project Management, 2011, 29: 514-524.

[96] Hsu S M, Chou T C, Lee G G, et al. The role of relational norms in linking inter-partner learning and IT co-sourcing performance[J]. Information Technology and People, 2019, 10.1108/ITP-04-2018-0176.

[97] Huang Y T. Learning from cooperative inter-organizational relationships: the case of international joint venture[J]. Journal of Business and Industrial Marketing, 2010, 25: 454-467.

[98] Huang Y T, Chu W. Enhancement of product development capabilities of OEM suppliers: Inter-and intra-organisational learning[J]. Journal of Business and Industrial Marketing, 2010, 25: 147-158.

[99] Hung S-W, Chen P-C, Chung C-F. Gaining or losing? The social capital perspective on supply chain members' knowledge sharing of green practices[J]. Technology Analysis and Strategic Management, 2014, 26.10.1080/09537325.2013.850475.

[100] Hunter J E, Schmidt F L. Methods of meta-analysis corrected error and bias in research findings[J]. Journal of the American Statal Association, 2004, 20: 89-93.

[101] Iacono M P, Martinez M, Mangia G, et al. Knowledge creation and inter-organizational relationships: The development of innovation in the railway industry[J]. Journal of

Knowledge Management, 2012, 16: 604-616.

[102] Ingram P, Baum J A C. Advances in Strategic Management[M]. Greenwich CT: JAI Press, 2001.

[103] Inkpen A C, Currall S C. The coevolution of trust, control, and learning in joint ventures [J]. Organization Science, 2004, 15: 586-599.

[104] Janowicz-Panjaitan M, Noorderhaven N G. Formal and informal interorganizational learning within strategic alliances[J]. Research Policy, 2008, 37: 1337-1355.

[105] Janowicz-Panjaitan M, Noorderhaven N G. Trust, calculation, and interorganizational learning of tacit knowledge: An organizational roles perspective [J]. Organization Studies, 2009, 30: 1021-1044.

[106] Jarratt D. Conceptualizing a relationship management capability[J]. Marketing Theory, 2004, 4: 287-309.

[107] Jarratt D. Testing a theoretically constructed relationship management capability [J]. European Journal of Marketing, 2008, 42: 1106-1132.

[108] Jean R-J B, Sinkovics R R, Kim D. Drivers and performance outcomes of relationship learning for suppliers in cross-border customer-supplier relationships: The role of communication culture[J]. Journal of International Marketing, 2010, 18: 63-85.

[109] Jean R J B, Kim D, Sinkovics R R. Drivers and performance outcomes of supplier innovation generation in customer-supplier relationships: The role of power-dependence [J]. Decision Sciences, 2012, 43: 1003-1038.

[110] Jean R J B, Sinkovics R R. Relationship learning and performance enhancement via advanced information technology: The case of Taiwanese dragon electronics firms[J]. International Marketing Review, 2010, 27: 200-222.

[111] Jensen R J, Szulanski G. Template use and the effectiveness of knowledge transfer[J]. Management science, 2007, 53: 1716-1730.

[112] Jia F, Lamming R. Cultural adaptation in Chinese-Western supply chain partnerships: Dyadic learning in an international context[J]. International journal of operations and production management, 2013, 33: 528-561.

[113] Jin Y, Levitt R. The virtual design team: A computational model of project organizations [J]. Computational and Mathematical Organization Theory, 1996, 2: 171-195.

[114] Jones C, Lichtenstein B. The Oxford Handbook of Inter-Organizational Relations[M]. New York: Oxford University Press, 2009.

[115] Jones O, Macpherson A. Inter-Organizational Learning and Strategic Renewal in SMEs.

Extending the 4I Framework[J]. Long Range Planning, 2006, 39: 155-175.

[116] Jugdev K, Mathur G. Bridging Situated Learning Theory to the Resource-Based View of Project Management[J]. International Journal of Managing Projects in Business, 2013, 6: 633-653.

[117] Kale P, Singh H. Building firm capabilities through learning: the role of the alliance learning process in alliance capability and firm-level alliance success[J]. Strategic management journal, 2007, 28: 981-1000.

[118] Kale P, Singh H, Perlmutter H. Learning and Protection of Proprietary Assets in Strategic Alliances: Building Relational Capital[J]. Strategic management journal, 2000, 21: 217-237.

[119] Kane G, Alavi M. Information Technology and Organizational Learning: An Investigation of Exploration and Exploitation Processes[J]. Organization Science, 2005, 18: 796-812.

[120] Kathuria A, Fontaine A, Prietula M J, et al. Proceedings of the Seventh IEEE/ACIS International Conference on Computer and Information Science[C]. NW Washington: IEEE Computer Society, 2008.

[121] Kennedy D M, McComb S A, Vozdolska R R. An investigation of project complexity's influence on team communication using Monte Carlo simulation[J]. Journal of Engineering and Technology Management, 2011, 28: 109-127.

[122] Khachlouf N, Quélin B. Interfirm ties and knowledge transfer: The moderating role of absorptive capacity of managers[J]. Knowledge and Process Management, 2018, 25: 97-107.

[123] Kim N, Shim C. Social capital, knowledge sharing and innovation of small-and medium-sized enterprises in a tourism cluster[J]. International Journal of Contemporary Hospitality Management, 2018, 30: 2417-2437.

[124] Kim T, Rhee M. Exploration and Exploitation: Internal Variety and Environmental Dynamism[J]. Strategic Organization, 2009, 7: 11-41.

[125] Knight L. Network learning: Exploring learning by interorganizational networks[J]. Human Relations, 2002, 55: 427-454.

[126] Knight L, Pye A. Exploring the relationships between network change and network learning[J]. Management Learning, 2004, 35: 473-490.

[127] Knight L, Pye A. Network learning: An empirically derived model of learning by groups of organizations[J]. Human Relations, 2005, 58: 369-392.

[128] Kohtamäki M. Relationship governance and learning in partnerships[J]. The Learning Organization, 2010, 17: 41-57.

[129] Kohtamäki M, Bourlakis M. Antecedents of relationship learning in supplier partnerships from the perspective of an industrial customer: the direct effects model[J]. Journal of Business and Industrial Marketing, 2012, 27: 299-310.

[130] Konikow L, Bredehoeft J. Ground-water models cannot be validated[J]. Advances in Water Resources, 1992, 15: 75-83.

[131] Koskinen K U. Organizational Learning in Project-Based Companies: A Process Thinking Approach[J]. Project Management Journal, 2012, 43: 40-49.

[132] Kotnour T. Organizational learning practices in the project management environment[J]. International Journal of Quality and Reliability Management, 2000, 17: 393-406.

[133] Kożuch B, Sienkiewicz-Małyjurek K, Lenart-Gansiniec R. Managing Public Trust[M]. New York: Palgrave Macmillan, 2018.

[134] Kujala J, Vuorinen T. 2017 IEEE International Conference on Industrial Engineering and Engineering Management[C]. Singapore: IEEE. 2017.

[135] Kunz J. Group-Level Exploration and Exploitation: A Computer Simulation-Based Analysis[J]. Journal of Artificial Societies and Social Simulation, 2011, 14:18-22.

[136] Lai C S, Pai D C, Yang C F, et al. The effects of market orientation on relationship learning and relationship performance in industrial marketing: The dyadic perspectives [J]. Industrial Marketing Management, 2009, 38: 166-172.

[137] Lambe C, Morgan R, Sheng S, et al. Alliance-Based New Product Development Success: The Role of Formalization in Exploration and Exploitation Contexts[J]. Journal of Business-to-business Marketing, 2009, 16: 242-275.

[138] Lane P, Koka B, Pathak S. The Reification of Absorptive Capacity: A Critical Review and Rejuvenation of the Construct[J]. The Academy of Management Review, 2006, 31: 833-863.

[139] Lane P J, Lubatkin M. Relative absorptive capacity and interorganizational learning[J]. Strategic management journal, 1998, 19: 461-477.

[140] Larsson R, Bengtsson L, Henriksson K, et al. The Inter-organizational Learning Dilemma: Collective Knowledge Development in Strategic Alliances[J]. Organization Science, 1998, 9: 285-305.

[141] Lavie D, Rosenkopf L. Balancing Exploration and Exploitation in Alliance Formation[J]. Academy of Management Journal, 2006, 49: 797-818.

[142] Lavie D, Tushman M. Exploration and Exploitation Within and Across Organizations[J]. The Academy of Management Annals, 2010, 4: 109-155.

[143] Lawson B, Potter A. Determinants of knowledge transfer in inter-firm new product development projects [J]. International Journal of Operations and Production Management, 2012, 32: 1228-1247.

[144] Leal-Millán A, Roldán J L, Leal-Rodríguez A L, et al. IT and relationship learning in networks as drivers of green innovation and customer capital: Evidence from the automobile sector[J]. Journal of Knowledge Management, 2016, 20: 444-464.

[145] Lee J, Lee J, Lee H. Exploration and Exploitation in the Presence of Network Externalities[J]. Management science, 2003, 49: 553-570.

[146] Leufkens A, Noorderhaven N. Learning to collaborate in multi-organizational projects [J]. International Journal of Project Management, 2011, 29: 432-441.

[147] Levinson N S, Asahi M. Cross-national alliances and interorganizational learning[J]. Organizational Dynamics, 1995, 24: 50-63.

[148] Li J, Liu Y, Cao J. Effects of overseas network embeddedness and relationship learning on internationalization performance[J]. Journal of Interdisciplinary Mathematics, 2017, 20: 1581-1586.

[149] Li J H, Zhu W J, Lin L, et al. Manufacturer-user dependence, relationship learning and manufacturer servitisation in China. International Journal of Technology[J], Policy and Management, 2015, 15: 311-332.

[150] Li L Y. Relationship learning at trade shows: Its antecedents and consequences[J]. Industrial Marketing Management, 2006, 35: 166-177.

[151] Li Y, Lu Y, Li D, et al. Meta-network Analysis for Project Task Assignment[J]. Journal of Construction Engineering and Management, 2015, 141: 04015044.

[152] Lindner F, Wald A. Success factors of knowledge management in temporary organizations[J]. International Journal of Project Management, 2011, 29: 877-888.

[153] Ling-Yee L. The effects of relationship governance mechanisms on relationship performance: how do relationship learning processes matter? [J] Journal of Marketing Channels, 2007, 14: 5-30.

[154] Liu C-L. An investigation of relationship learning in cross-border buyer-supplier relationships: The role of trust[J]. International business review, 2012, 21: 311-327.

[155] Liu R. Management learning in business networks: The process and the effects[J]. Management Learning, 2015, 46: 337-360.

[156] Louie M, Carley K. Balancing the Criticisms: Validating Multi-Agent Models of Social Systems[J]. Simulation Modelling Practice and Theory, 2008, 16: 242-256.

[157] Lounsbury M, Haas M, Lee B, et al. The Blackwell Companion to Organizations[J]. Administrative science quarterly, 2003, 48: 318.

[158] Love P E D, Teo P, Davidson M, et al. Building absorptive capacity in an alliance: Process improvement through lessons learned[J]. International Journal of Project Management, 2016, 34: 1123-1137.

[159] Lui S S. The roles of competence trust, formal contract, and time horizon in interorganizational learning[J]. Organization Studies, 2009, 30: 333-353.

[160] Lyles M A, Gudergan S. Handbook of strategic alliances[M]. New York: SAGE Publications Inc, 2006.

[161] Doney P, Cannon J. An Examination of the Nature of Trust in Buyer-Seller Relationships [J]. Journal of Marketing, 1997, 61: 35-51.

[162] Manning S. Managing project networks as dynamic organizational forms: Learning from the TV movie industry[J]. International Journal of Project Management, 2005, 23: 410-414.

[163] Manring S L, Moore S B. Creating and managing a virtual inter-organizational learning network for greener production: a conceptual model and case study[J]. Journal of Cleaner Production, 2006, 14: 891-899.

[164] Manuj I, Omar A, Yazdanparast A. The quest for competitive advantage in global supply chains: The role of interorganizational learning[J]. Transportation Journal, 2013, 52: 463-492.

[165] March J G. Exploration and Exploitation in Organizational Learning[J]. Organization Science, 1991, 10: 299-316.

[166] Mariotti F. Exploring Interorganizational Learning: A Review of the Literature and Future Directions[J]. Knowledge and Process Management, 2012, 19: 215-221.

[167] Martínez-Noya A, García-Canal E. The framing of knowledge transfers to shared R&D suppliers and its impact on innovation performance: A regulatory focus perspective[J]. R and D Management, 2016, 46: 354-368.

[168] Maurer I. How to build trust in inter-organizational projects: The impact of project staffing and project rewards on the formation of trust, knowledge acquisition and product innovation[J]. International Journal of Project Management, 2010, 28: 629-637.

[169] McDaniel M A, Rothstein H R, Whetzel D L. Publication bias: A case study of four test

vendors[J]. Personnel Psychology, 2006, 59: 927-953.

[170] Mellat-Parast M. Supply chain quality management: An inter-organizational learning perspective[J]. International Journal of Quality and Reliability Management, 2013, 30: 511-529.

[171] Meyer J P, Alstete J W. Inter-organisational learning in cases of disruptive innovation. International Journal of Technology[J], Policy and Management, 2018, 18: 185-200.

[172] Miron-Spektor E, Erez M, Naveh E. Do Personal Characteristics and Cultural Values That Promote Innovation, Quality, and Efficiency Compete or Complement Each Other? [J]. Journal of Organizational Behavior, 2004, 25: 175-199.

[173] Morgan R, Hunt S[J]. The Commitment-Trust Theory of Relationship Marketing, 1994, 58: 20-38.

[174] Mozzato A R, Bitencourt C C. Understanding interorganizational learning based on social spaces and learning episodes[J]. Brazilian Administration Review, 2014, 11: 284-301.

[175] Mozzato A R, Bitencourt C C. The process of interorganisational learning in the context of spatial agglomeration[J]. International Journal of Innovation and Learning, 2018, 24: 176-199.

[176] Murovec N, Prodan I. Absorptive Capacity, Its Determinants, and Influence on Innovation Output: Cross-Cultural Validation of the Structural Model[J]. Technovation, 2009, 29: 859-872.

[177] Muthusamy S K, White M A. Learning and knowledge transfer in strategic alliances: a social exchange view[J]. Organization Studies, 2005, 26: 415-441.

[178] Mutiganda J C. Financial management of public services in a hybrid organisation: A learning approach in inter-organisational settings[J]. International Journal of Public Sector Performance Management, 2016, 2: 310-330.

[179] Nahapiet J, Ghoshal S. Social Capital, Intellectual Capital, and the Organizational Advantage[J]. The Academy of Management Review, 1998, 23:242-266.

[180] O'Reilly C A, Tushman M. Ambidexterity as a Dynamic Capability: Resolving the Innovator's Dilemma[J].Research in Organizational Behavior, 2007, 28: 185-206.

[181] O'Reilly C A, Tushman M L. Organizational Ambidexterity: Past, Present, and Future [J]. Academy of Management Perspectives, 2013, 27: 324-338.

[182] Oliveira N, Lumineau F. How Coordination Trajectories Influence the Performance of Interorganizational Project Networks[J]. Organization Science, 2017, 28: 1029-1060.

[183] Omar A A, Mohan A V. 2006 IEEE International Conference on Management of

Innovation and Technology[C]. Singapore: IEEE, 2006.

[184] Otto P. Dynamics in strategic alliances: A theory on interorganizational learning and knowledge development [J]. International Journal of Information Technologies and Systems Approach, 2012, 5: 74-86.

[185] Oxley J, Wada T. Alliance structure and the scope of knowledge transfer: Evidence from US-Japan agreements[J]. Management science, 2009, 55: 635-649.

[186] Pérez-Nordtvedt L, Kedia B L, Datta D K, et al. Effectiveness and efficiency of cross-border knowledge transfer: An empirical examination [J]. Journal of management studies, 2008, 45: 714-744.

[187] Parast M M. A learning perspective of supply chain quality management: empirical evidence from US supply chains[J]. Supply Chain Management, 2020, 25: 17-34.

[188] Park S, Stylianou A, Subramaniam C, et al. Information technology and interorganizational learning: An investigation of knowledge exploration and exploitation processes[J]. Information and Management, 2015, 52: 998-1011.

[189] Paulsen J M, Hjertø K B. Exploring individual-level and group-level levers for inter-organizational knowledge transfer[J]. Learning Organization, 2014, 21: 274-287.

[190] Pemsel S, Widén K. Bridging boundaries between organizations in construction [J]. Construction Management and Economics, 2011, 29: 495-506.

[191] Peng D X, Heim G R, Mallick D N. Collaborative product development: The effect of project complexity on the use of information technology tools and new product development practices [J]. Production and Operations Management, 2014, 23: 1421-1438.

[192] Petro Y, Ojiako U, Williams T, et al. Organizational Ambidexterity: A Critical Review and Development of a Project-Focused Definition [J]. Journal of Management in Engineering, 2019, 35: 03119001.

[193] Powell W W, Koput K W, Smith-Doerr L. Interorganizational collaboration and the locus of innovation: Networks of learning in biotechnology[J]. Administrative science quarterly, 1996, 41: 116-145.

[194] Prencipe A, Tell F. Inter-Project Learning: Processes and Outcomes of Knowledge Codification in Project-Based Firms[J]. Research Policy, 2001, 30: 1373-1394.

[195] Raisch S, Birkinshaw J. Organizational Ambidexterity: Antecedents, Outcomes, and Moderators[J]. Journal of Management, 2008, 34: 375-409.

[196] Rajala A. Examining the effects of interorganizational learning on performance: a meta-

analysis[J]. Journal of Business and Industrial Marketing, 2018, 33: 574-584.

[197] Ramirez M, Dickenson P. Gatekeepers, knowledge brokers and inter-firm knowledge transfer in Beijing's Zhongguancun science park[J]. International Journal of Innovation Management, 2010, 14: 93-122.

[198] Raskovic M, Brencic M M, Ferligoj A, et al. Relationship learning as a dimension of relationship quality: tentative evidence from transnational buyer-supplier relationships [J]. Trziste Market, 2013, 25: 37.

[199] Rauniar R, Rawski G, Morgan S, et al. Knowledge integration in IPPD project: role of shared project mission, mutual trust, and mutual influence[J]. International Journal of Project Management, 2019, 37: 239-258.

[200] Reagans R, McEvily B. Network structure and knowledge transfer: The effects of cohesion and range[J]. Administrative science quarterly, 2003, 48: 240-267.

[201] Rejeb-Khachlouf N, Mezghani L, Quélin B. Personal networks and knowledge transfer in inter-organizational networks[J]. Journal of Small Business and Enterprise Development, 2011, 18: 278-297.

[202] Ribeiro-Soriano D, del Mar Benavides-Espinosa M, Mohedano-Suanes A. Cooperative learning and learning of knowledge through a joint venture: A study from the entrepreneurial firm perspective[J]. Revista de EconomiaMundial, 2013: 67-85.

[203] Rodan S. Exploration and exploitation revisited: Extending March's model of mutual learning[J]. Scandinavian Journal of Management, 2005, 21: 407-428.

[204] Rodrigues L, Gopalkrishna B, Dharmaraj N, et al. Second Asia International Conference on Modelling & Simulation[C]. Kuala Lumpur: IEEE Computer Society, 2008.

[205] Rothaermel F, Deeds D. Exploration and Exploitation Alliances in Biotechnology: A System of New Product Development[J]. Strategic management journal, 2004, 25: 201-221.

[206] Rungsithong R, Meyer K, Roath A. Relational capabilities in Thai buyer-supplier relationships[J]. Journal of Business & Industrial Marketing, 2017, 32: 1228-1244.

[207] Ruuska I, Ahola T, Artto K, et al. A new governance approach for multi-firm projects: Lessons from Olkiluoto 3 and Flamanville 3 nuclear power plant projects [J]. International Journal of Project Management, 2011, 29: 647-660.

[208] Söderlund J. On the broadening scope of the research on projects: A review and a model for analysis[J]. International Journal of Project Management, 2004, 22: 655-667.

[209] Sammarra A, Biggiero L. Heterogeneity and specificity of Inter-Firm knowledge flows in

innovation networks[J]. Journal of management studies, 2008, 45: 800-829.

[210] Schildt H, Keil T, Maula M. The temporal effects of relative and firm-level absorptive capacity on interorganizational learning[J]. Strategic management journal, 2012, 33: 1154-1173.

[211] Schildt H A, Maula M V J, Keil T. Explorative and exploitative learning from external corporate ventures[J]. Entrepreneurship: Theory and Practice, 2005, 29: 493-515.

[212] Scott J E. Facilitating interorganizational learning with information technology[J]. Journal of Management Information Systems, 2000, 17: 81-113.

[213] Selnes F, Sallis J. Promoting relationship learning[J]. Journal of Marketing, 2003, 67: 80-95.

[214] Shan L, Dan L, Qiu Y. Study of the impact mechanism of inter-organizational learning on alliance performance-with relationship capital as the mediator[J]. Neural Computing and Applications, 2020, 32: 117-126.

[215] Sienkiewicz-Małyjurek K E, Kożuch B, Szczygłowski J. Inter-organisational learning in public safety management system[J]. Disaster Prevention and Management: An International Journal, 2019, 28: 286-298.

[216] Siggelkow N, Levinthal D A. Temporarily divide to conquer: centralized, decentralized, and reintegrated organizational approaches to exploration and adaptation[J]. Organization Science, 2003, 14: 650-669.

[217] Skarmeas D, Saridakis C, Leonidou C N. Examining relationship value in cross-border business relationships: A comparison between correlational and configurational approaches[J]. Journal of Business Research, 2017, 89: 280-286.

[218] Slåtten T, Lien G, Fredheim A, et alz cc. Enabling relationship learning in intra-firm professional service teams[J]. Total Quality Management & Business Excellence, 2017, 28: 946-958.

[219] Sobrero M, Roberts E. The Trade-off between Efficiency and Learning in Interorganizational Relationships for Product Development[J]. Management science, 2001, 47: 493-511.

[220] Stjerne I S, Söderlund J, Minbaeva D. Crossing times: Temporal boundary-spanning practices in interorganizational projects[J]. International Journal of Project Management, 2019, 37: 347-365.

[221] Sukoco B, Hardi H, Qomariyah A. Social capital, relational learning, and performance of suppliers[J]. Asia Pacific Journal of Marketing and Logistics, 2018, 30: 417-437.

[222] Sun J, Ren X, Anumba C J. Analysis of Knowledge-Transfer Mechanisms in Construction Project Cooperation Networks[J]. Journal of Management in Engineering, 2019, 35: 04018061.

[223] Sun R, Zhang H F. The influence of customer relationship learning on product innovation performance[J]. Pakistan Journal of Statistics, 2014, 30: 1141-1160.

[224] Sydow J, Braun T. Projects as temporary organizations: An agenda for further theorizing the interorganizational dimension[J]. International Journal of Project Management, 2018, 36: 4-11.

[225] Sydow J, Staber U. The Institutional Embeddedness of Project Networks: The Case of Content Production in German Television[J]. Regional Studies, 2002, 36: 215-227.

[226] Taylor J E, Levitt R, Villarroel J A. Simulating learning dynamics in project networks [J]. Journal of Construction Engineering and Management, 2009, 135: 1009-1015.

[227] Tiwari S R. Knowledge integration in government-industry project network [J]. Knowledge and Process Management, 2015, 22: 11-21.

[228] Tsang E. Acquiring Knowledge by Foreign Partners from International Joint Ventures in a Transition Economy—Learning-by-Doing and Learning Myopia [J]. Strategic management journal, 2002, 23: 835-854.

[229] Tushman M L, Anderson P. Technological Discontinuities and Organizational Environments[J]. Administrative science quarterly, 1986, 31: 439-465.

[230] Unsal H, Taylor J. Absorptive Capacity of Project Networks[J]. Journal of Construction Engineering and Management, 2011, 137: 994-1002.

[231] Van Wijk R, Jansen J J, Lyles M A. Inter-and intra-organizational knowledge transfer: a meta-analytic review and assessment of its antecedents and consequences[J]. Journal of management studies, 2008, 45: 830-853.

[232] Vasudeva G, Alexander E A, Jones S L. Institutional logics and interorganizational learning in technological arenas: Evidence from standard-setting organizations in the mobile handset industry[J]. Organization Science, 2015, 26: 830-846.

[233] Verona G, Ravasi D. Unbundling Dynamic Capabilities: An Exploratory Study of Continuous Product Innovation [J]. Industrial and Corporate Change, 2003, 12: 577-606.

[234] Von Danwitz S. Managing inter-firm projects: A systematic review and directions for future research[J]. International Journal of Project Management, 2018, 36: 525-541.

[235] Wagner S, Buko C. An Empirical Investigation of Knowledge-Sharing in Networks[J].

Journal of Supply Chain Management, 2005, 41: 17-31.

[236] Wang C H, Hsu L C. Building exploration and exploitation in the high-tech industry: The role of relationship learning[J]. Technological Forecasting and Social Change, 2014, 81: 331-340.

[237] Watt D J, Kayis B, Willey K. Identifying key factors in the evaluation of tenders for projects and services[J]. International Journal of Project Management, 2009, 27: 250-260.

[238] Weck M. Knowledge creation and exploitation in collaborative R& D projects: Lessons learned on success factors[J]. Knowledge and Process Management, 2006, 13: 252-263.

[239] Wei J, Zheng W, Zhang M. Social Capital and Knowledge Transfer: A Multi-Level Analysis[J]. Human Relations, 2011, 64: 1401-1423.

[240] Wei L Y, Fang C H, Chen G L. Proceedings of the 4th IEEE International Conference on Management of Innovation and Technology[C].Bangkok: IEEE, 2008.

[241] Wei Q, Zhang Q, Yan R, et al. Proceedings of the Thirteenth International Conference on Management Science[C].Ontario: Springer, 2020.

[242] Werr A, Runsten P. Understanding the role of representation in interorganizational knowledge integration: A case study of an IT outsourcing project[J]. Learning Organization, 2013, 20: 118-133.

[243] Williams T. Learning from projects[J]. Journal of the Operational Research Society, 2003, 54: 443-451.

[244] Wong P S P, Cheung S O. An analysis of the relationship between learning behavior and performance improvement of contracting organizations[J]. International Journal of Project Management, 2008, 26: 112-123.

[245] Yang C F, Lai C S. Relationship learning from organizational knowledge stores[J]. Journal of Business Research, 2012, 65: 421-428.

[246] Yang S M, Fang S C, Fang S R, et al. Knowledge exchange and knowledge protection in interorganizational learning: The ambidexterity perspective[J]. Industrial Marketing Management, 2014, 43: 346-358.

[247] Yap J B H, Abdul-Rahman H, Chen W. Collaborative model: Managing design changes with reusable project experiences through project learning and effective communication [J]. International Journal of Project Management, 2017, 35: 1253-1271.

[248] Yao R, Ma G. Tendering Evaluation Method of Hydraulic Projects Based on Variable

Weight[J]. Procedia Engineering，2012，31：868-873.

[249] Zahariadis N. Megaprojects and Risk：An Anatomy of Ambition[J]. Perspectives on Politics，2004，2：609-610.

[250] Zahra S A，George G. Absorptive capacity：A review，reconceptualization，and extension [J]. Academy of management review，2002，27：185-203.

[251] Zhang Y，Sun J，Yang Z，et al. Mobile social media in inter-organizational projects：Aligning tool，task and team for virtual collaboration effectiveness[J]. International Journal of Project Management，2018，36：1096-1108.

[252] Zhao D，Zuo M，Deng X. Examining the factors influencing cross-project knowledge transfer：An empirical study of IT services firms in China[J]. International Journal of Project Management，2015，33：325-340.

[253] Zhao Y，Wang G. The impact of relation-specific investment on channel relationship performance：evidence from China[J]. Journal of Strategic Marketing，2011，19：57-71.

[254] Zhu Q，Krikke H，Caniëls M C J. Supply chain integration：value creation through managing inter-organizational learning[J]. International Journal of Operations and Production Management，2018，38：211-229.

[255] Zollo M，Winter S. Deliberate Learning and the Evolution of Dynamic Capabilities[J]. Organization Science，2002，13：339-339.

[256] 毕克贵.组织间和组织内知识转移：对其前因后果的元分析及评估[J].管理世界，2012，4：159-168.

[257] 陈会英，高晓航，周衍平.我国海外专利布局网络演化特征——基于社会网络分析[J].中国高校科技，2019，6：23-26.

[258] 高星林，张鸣功，方明山，等.港珠澳大桥工程创新管理实践[J].重庆交通大学学报(自然科学版)，2016，35:12-26.

[259] 顾琴轩，王莉红.研发团队社会资本对创新绩效作用路径——心理安全和学习行为整合视角[J].管理科学学报，2015，18：68-78.

[260] 胡延楣.巨变：上海城市重大工程建设实录.世博城[M].上海:上海文艺出版集团，2011.

[261] 李林英，徐礼平.重大科研项目团队心理资本维度及与创新绩效的关系[J].科技进步与对策，2017，34：132-138.

[262] 李贞，杨洪涛. 吸收能力、关系学习及知识整合对企业创新绩效的影响研究——来自科技型中小企业的实证研究[J]科研管理，2012，33：79-89.

[263] 乐云，李永奎，胡毅，等."政府—市场"二元作用下我国重大工程组织模式及基本演进规律[J].管理世界，2019，35:17-27.

[264] 李永奎,乐云,张艳,等."政府—市场"二元作用下的我国重大工程组织模式:基于实践的理论构建[J].系统管理学报, 2018, 27: 147-156.

[265] 李永奎, 庞达, 李东宇,等.基于元网络的项目组织学习能力对任务完成影响评价仿真方法[J].系统工程理论与实践, 2016, 36(05):1252-1260.

[266] 廖列法, 王刊良.基于多 Agent 仿真的组织学习与知识水平关系研究[J].管理科学, 2009, 22: 59-68.

[267] 廖列法, 王刊良.网络信息不对称性、嵌入性与组织学习绩效研究[J].中国管理科学, 2011, 19: 174-182.

[268] 林润辉, 米捷.子群结构下的组织学习多主体仿真研究——对 March 的探索式-利用式学习模型的扩展[J].系统管理学报, 2017, 26: 906-915.

[269] 刘人境, 李伟荣.知识仓库和 wiki 对组织学习影响的比较研究——基于多主体仿真模型[J].软科学, 2016, 30: 1-5.

[270] 罗晓燕,苏权科.港珠澳大桥创造 600 多项专利[N].中国高新技术产业导报, 2018-03-12(010).

[271] 马鸿佳, 马楠, 郭海.关系质量、关系学习与双元创新[J].科学学研究, 2017, 35: 917-930.

[272] 潘以锋, 盛小平.社会网络理论与开放获取的关系分析[J].情报理论与实践, 2013, 36: 21-26.

[273] 沙振权, 周飞, 何美贤.企业间关系嵌入对供应链合作绩效的影响机制[J].经济管理, 2013, 35: 87-95.

[274] 邵昶, 蒋青云.营销渠道理论的演进与渠道学习范式的提出[J].外国经济与管理, 2011, 33: 50-58.

[275] 宋艳双, 刘人境.基于多 Agent 仿真的双元创新平衡与组织绩效关系研究[J].运筹与管理, 2018, 27: 115-123.

[276] 唐朝永, 陈万明, 彭灿.社会资本、失败学习与科研团队创新绩效[J].科学学研究, 2014, 32: 1096-1105.

[277] 田起宏, 汪保华, 邬俊,等.科学基金国际合作项目 2018 年度评审与资助情况及未来的工作思考[J].中国科学基金, 2019, 33: 33-35.

[278] 王国才.市场导向一定有利于组织创新吗? ——基于学习理论视角的综合考察[J].南京社会科学, 2010, 8: 38-45.

[279] 王国才, 刘栋.营销渠道中控制机制对合作创新的影响研究[J].科研管理, 2012, 5: 56-66.

[280] 王国才, 刘栋, 王希凤.营销渠道中双边专用性投资对合作创新绩效影响的实证研究

[J].南开管理评论，2011，6：85-94.

[281] 王红丽，陆云波.可计算组织模型的验证难点与验证方法综述[J].系统工程理论与实践，2014，34：382-391.

[282] 王辉，张广玲，詹志方.营销渠道中的冲突与合作如何影响关系学习[J].经济管理，2013，35：81-92.

[283] 王敏，朱泽燕. 中国与“一带一路”沿线国家经贸合作的社会网络分析[J].统计与决策，2019，35：124-127.

[284] 魏芹，张琳，刘秀萍，等.科学基金组织间国际合作网络及近十年资助概况[J].中国科学基金，2016，30：332-335.

[285] 吴锦华，张建忠，乐云.复杂工程管理书系：医院建设项目管理丛书[M].上海：同济大学出版社，2015.

[286] 吴楠，赵嵩正，张小娣.关系嵌入性，组织间学习能力与技术创新绩效关系研究[J].科技管理研究，2015，35：167-172.

[287] 吴贤国，冯宗宝，王洪涛，等.基于动态元网络的地铁施工安全事故致因分析[J].中国安全生产科学技术，2019，15：141-147.

[288] 解学梅.都市圈城际技术创新“孤岛效应”机理研究[J].科学学与科学技术管理，2010，31：78-83.

[289] 熊元斌，王娟.动态环境下的顾客关系学习研究[J].武汉大学学报(哲学社会科学版)，2005，2：274-278.

[290] 徐蕾，魏江，石俊娜.双重社会资本、组织学习与突破式创新关系研究[J].科研管理，2013，34：39-47.

[291] 许景.企业间正式契约对关系绩效影响的实证研究[J].南京工业大学学报(社会科学版)，2011，10：60-64.

[292] 许治，杨芳芳，陈月娉.重大科研项目合作困境——基于有组织无序视角的解释[J].科学学研究，2016，34：1515-1521,1540.

[293] 鄢璐，赵奥.上海迪士尼投融资模式与发展战略研究[J].合作经济与科技，2016，13：58-60.

[294] 严杰，刘人境，徐搏.基于合作与竞争关系的组织学习研究[J].软科学，2015，29：70-75.

[295] 余晓钟，杨洋，刘维.不同合作竞争类型的组织学习策略研究[J].软科学，2015，29：140-144.

[296] 袁博，刘文兴，张亚军.基于创新氛围视角探讨知识产权保护能力对重大科研项目技术创新的影响[J].管理学报，2014，11：1834-1840.

[297] 袁红军.基于关系学习的CDRS知识整合模型构建[J].现代情报，2013，33：3-5.

[298] 詹志方.渠道网络嵌入性对合作创新绩效的作用机制——以关系学习、双元能力为中介变量[J].经济经纬，2018，35：115-121.

[299] 张兵，乐云，李永奎.工程腐败的网络结构特征与打击策略选择——基于动态元网络视角的分析[J].公共管理学报，2015，12：33-44,156.

[300] 张闯.管理学研究中的社会网络范式：基于研究方法视角的12个管理学顶级期刊(2001—2010)文献研究[J].管理世界，2011，7：154-163,168.

[301] 张春阳，徐岩，丁堃.关系学习研究述评与展望[J].经济管理，2019，41：193-208.

[302] 张树娟，万腾飞.HRM、关系学习及SCM对企业创新绩效的影响研究[J].哈尔滨商业大学学报(社会科学版)，2014，3：20-28.

[303] 彭新艳.基于准市场组织的项目跨组织合作创新行为研究[D].成都：西南交通大学,2018.

[304] 赵晨，陈国权，高中华.领导个人学习对组织学习成效的影响：基于情境型双元平衡的视角[J].管理科学学报，2014，17：38-49.

[305] 赵晨，高中华，陈国权.团队领导学习策略对组织学习影响的仿真研究[J].系统工程理论与实践，2015，35：2074-2082.

[306] 赵大丽，刘闲月，李立望.企业跨项目学习研究回顾与展望[J].山东社会科学，2017，4：152-157.

[307] 朱永灵，曾亦军.融合与发展：港珠澳大桥法律实践[M].北京：法律出版社,2019.

[308] 周杰，江积海.联盟组合中探索性学习与挖掘性学习的平衡模式：案例研究[J].技术经济，2014，33：13-18

[309] 朱朝晖.探索性学习、挖掘性学习和创新绩效[J].科学学研究，2008，4：860-867.

[310] 朱朝晖.基于探索性学习和挖掘性学习的创新动力机制研究[J].科技进步与对策，2009，26：99-101.

[311] 朱朝晖，陈劲.探索性学习与挖掘性学习及其平衡研究[J].外国经济与管理，2007，10：54-58,65.

[312] 朱朝晖，陈劲.探索性学习和挖掘性学习的协同与动态：实证研究[J].科研管理，2008，6：1-9.

内 容 简 介

现有跨组织项目的组织间学习实践对项目参与组织知识和能力提升存在“孤岛效应”。为此，本书基于项目管理理论和网络学习理论，提出跨组织项目参与组织和组织间关系形成的网络具有组织间的学习功能，并对其学习机制进行系统分析：探究了学习机制的影响因素，构建了学习机制的动态仿真模型，提出了学习策略最优选择方案。

本书的读者对象为项目管理领域从事组织学习管理相关工作的实践者和理论研究者。

图书在版编目(CIP)数据

跨组织项目网络组织间学习机制与策略研究 / 吴智磊，乐云著. --上海：同济大学出版社，2020.9

(理论研究与探索丛书/乐云主编)

ISBN 978-7-5608-9475-1

Ⅰ.①跨… Ⅱ.①吴… ②乐… Ⅲ.①项目管理—组织管理学—研究 Ⅳ.①F224.5

中国版本图书馆 CIP 数据核字(2020)第 165712 号

跨组织项目网络组织间学习机制与策略研究

吴智磊　乐　云　著

责任编辑 姚烨铭　**责任校对** 徐春莲　**封面设计** 张　微

出版发行　同济大学出版社　www.tongjipress.com.cn

(地址:上海市四平路 1239 号　邮编:200092　电话:021-65985622)

经　　销　全国各地新华书店、建筑书店、网络书店

排　　版　南京月叶图文制作有限公司

印　　刷　江苏凤凰数码印务有限公司

开　　本　710mm×960mm　1/16

印　　张　12.5

字　　数　250 000

版　　次　2020 年 9 月第 1 版　2020 年 9 月第 1 次印刷

书　　号　ISBN 978-7-5608-9475-1

定　　价　58.00 元